한가람 대본집 2

날씨가 좋으면 찾아가겠어요

일러두기

○ 이 책은 2020년 2월 24일부터 JTBC에서 방영된 16부작 월화드라마 〈날씨가 좋으면 찾
  아가겠어요〉의 대본을 엮은 것입니다.
○ 이 책의 편집은 드라마 대본 집필 형식을 최대한 따랐습니다. 단어, 표현, 구두점 등이 한
  글맞춤법에 맞지 않더라도 양해 바랍니다.
○ 이 책은 방송 전 집필한 대본으로 연출에 의해 방송된 영상물과 다소 차이가 있습니다.
○ 본문 내 인용된 저작물 중 저작권사에서 인용 사용 허가를 불허한 경우 부득이하게 해당
  부분을 비워두었습니다(2, 3회). 이 점 양해 바랍니다.
○ 이 책은 이도우 장편소설 《날씨가 좋으면 찾아가겠어요》(시공사, 2018)를 원전으로 하였
  습니다.

한가람 대본집 2

날씨가 좋으면 찾아가겠어요

시공사

용어 설명

S	보통 신이라고 부르며, 같은 장소와 시간에 이루어지는 행동이나 대사가 한 신을 구성.
플래시 컷	화면과 화면 사이에 삽입한 짧은 컷.
E	대사와 음악을 제외한 효과음으로 인물은 보이지 않고 소리만 나는 경우에 사용. 플래시 컷 화면과 일반 화면 사이에 들어가는 짧은 장면을 가리킴.
O.S	오프 스크린. 출연자가 화면에 나오지 않은 상태로, 대개 이때 대사가 나가는 상황을 가리킴.
D	낮.
N	밤.
W	무전기로 들려오는 소리.
F	전화기 너머로 들리는 목소리나 마음속 말 등을 의미.
M	효과 음악.

차례

목해원

여 ∗ 28세 ∗ 무직

"난 오해라는 말 싫어. 그 말은 좀 비겁하지 않니?"

모난 것도 특별할 것도 없는 평범한 해원이 남들과 조금 다르게 살아온 게
있다면 어릴 때부터 첼로를 연주했다는 것 정도.
그 덕에 주목을 받기도 했지만 그럼에도 언제나 평균치의 평범함을 유지
했던 해원인데 그런 그녀의 18세, 아버지가 돌아가시면서 해원의 인생이
조금 달라졌다.

엄마는 아버지 죽음에 대한 과실치사로 7년 형을 선고받아 교도소에 갔고
해원은 이모와 함께 할머니가 사는 북현리로 내려왔다.
가족을 한꺼번에 잃고 시골로 내려와 처음 사귄 친구는 그녀의 비밀을 다
른 친구들에게 떠벌렸으며 서울의 대학에 가긴 했지만 거기엔 그녀만큼
첼로를 잘 켜는 친구들이 넘쳐났다.
첫 직장으로 들어간 교습소에선 원장부터 학생까지 그녀를 인격적으로

모독했고 그렇게 해원은 마음을 잔뜩 다친 채 다시 북현리로 돌아왔다.

마음을 다친 해원이 선택한 건 마음을 치유하는 일이 아니었다.
더는 다치지 않기 위해, 상처받지 않기 위해 차가운 벽돌로 마음의 벽을
꼼꼼히 메우게 된 것.

"거기 누구 있어요, 내가 들어가도 되나요." 물어도 모른 척하고
아프다. 지친다. 투정하지 않기로 한 것.
친절을 오해하지 않고, 미소를 믿지 않으며 선의를 부담스러워하고 호의
는 경계하기로 한 것.

그렇게 받는 마음, 주는 마음 없이 철저히 혼자임을 선택한 해원은
이제 엉엉 울고 싶어도 전혀 울지 않게 되었고 하고픈 말이 많아도 꿀꺽꿀
꺽 속으로 삼키는 법을 알게 되었다.

웬만하면 뭐든 내색하지 않고 너무 싫어도 좋은 척 표정을 관리할 수 있게
되었으며 그 누구의 말도 흐르는 물소리처럼 상처받지 않고 넘어갈 수 있
게 되었달까.
그렇게 차갑디차가워진 그녀에게 다가온 건, 다름 아닌 은섭.

"거기서 멈추고 더 이상 다가오지 마세요." 크게 손을 뻗어 두르는 해원에
게 은섭은 다른 무례한 사람들처럼 다가오지 않았다.
그저 선 밖에 서서 "안녕." "더 하고 싶은 말이 있어?" 물을 뿐.

따뜻한 얼굴을 가졌지만 마음은 언제나 추운 날의 윗목 같았던 행복을 믿
고 싶었지만 아무리 찾아도 자신의 곁엔 없었던 그래서 행복은 아주 가까

이에, 이를테면 내 바로 옆에 있었는데 우리가 보지 못하는 것뿐이라는 들
뜬 말은 싫어하기로 해버린, 사랑을 두려워하지만 누구보다도 사랑받고
싶었고 "추워도 괜찮은데요." 새침하게 말했지만 사실은 솜 외투라도 어디
든 들어가 몸을 데우고 싶었던 해원이

나 좀 제발 따뜻하게 안아주세요.

붙잡고 애원하고 싶었지만 한 번도 그런 말은 해본 적 없던 해원이
아주 조심스럽게 은섭에게 투정을 부리기 시작했다.
가까이 닿은 은섭은 따뜻했다. 특히 손이 그랬다.

임은섭

남 ＊ 28세 ＊ 북현리 굿나잇책방 운영

**"세상에서 가장 긴 역사를 가진 야행성 점조직, 굿나잇클럽 여러분.
전⋯ 망했습니다."**

산에 살던, 산이 집보다 편했던 아이 은섭이 사람들이 사는 마을로 내려오
게 된 건 열 살이 되던 해, 그와 같이 살던 남자가 그를 억지로 내려보냈기
때문.

어떤 짐승은 죽을 때가 되면 눈에 안 띄는 곳에 들어가 숨는다지.

마을 사람들 사이에서 부랑자였던, 그러나 은섭에겐 피를 나눈 단 하나의
혈육이던 그 남자가 그랬다.

은섭의 친아버지는 죽을 때가 되자 자신의 어린 아들을 쫓아내버렸고 숨었고, 그렇게 사라져버렸다. 태어나서부터 죽음까지 미상에 가깝길 소망했던 그 남자는 그렇게 자신의 꿈을 이뤘지만 그의 아들 은섭은 도무지 그 남자처럼 홀가분할 수가 없었다.

어린 은섭은 단번에 아버지가 사라져서 외로웠고 슬퍼할 기회가 없어 외로웠으며 하늘 아래 오직 자신뿐이라는 것이 늘 사무치게 외로웠다.
그렇게 은섭은 속이 깊고 말이 없으며 진지하고 사려 깊으며 하고 싶은 말을 두 번, 세 번 생각한 뒤 하는 사람이 되었다.

북현리에서 책방을 운영하고 책방에 들르는 사람들에게 커피를 내어주는 은섭.
아침에 일어나 커피를 내리고 책을 읽는다.
낮에는 책방 문을 잠시 닫아두고 스케이트장에 내려가 아이들과 놀아준다.
밤에는 잠이 안 와 블로그에 [책방 일지]를 쓰고 일주일에 한 번 동네 사람들과 독서회를 연다. 이것이 은섭의 오래된 일상.

그의 일기는 언제나 어제와 같은 이야기뿐이다.
그런 은섭의 [책방 일지]가 해원이 북현리로 돌아오고 나서부터는 조금은 스펙터클.

1년에 두어 번 내려올까 말까 했던 그녀가 이제 북현리에 오래 머물겠다 한다. 5년에 한 번, 그에게 말을 걸까 말까 했던 그녀가 이제 그의 책방에서 알바를 한다. 같은 교실에 있었지만 눈 한 번 마주친 적 없던 그녀가 그의 눈을 보고 이야기하고 스치기는 해도 웃음 한 번 보인 적 없던 그녀가 그의 말에 웃기도 한다.

오랫동안 은섭의 마음에 있었던 해원이 그에게 조금씩 다가오고 있다.

선뜻 마음을 열고 싶지만 그래도 될까, 싶은 건
정말 행복하고 싶지만 쉽사리 걸음이 떨어지지 않는 건
행복의 절정에서 사라지는 슬픔이 무엇인지 잘 알고 있어서.

은섭은 그것을 두 번 다시 겪고 싶지 않다.

심명여

여 ＊ 48세 ＊ 전직 베스트셀러 소설가

"왜. 뭐. 불만 있니?"

명문대 문예창작과를 나온 재원으로 대학 시절에도 명여는 유명했다.
아름답고 글을 참 잘 쓰기로. 동시에 남자를 잘 사귀고 잘 버리기로.

그렇게 빛나던 20대를 지나 그녀의 30대는 소설가와 여행가로 또 달리 빛
나는 시간이었다. 그때도 문학 및 출판업계에서 명여는 유명했다. 여전히
아름답고 여전히 글을 참 잘 쓰며 동시에 남자를 잘 사귀고 역시나 잘 버
리기로.

그리고 그녀의 40대. 불현듯 명여는 모든 것을 관두고 자신의 엄마가 사는
북현리로 조카와 내려와 이제부터는 조카를 키우는 일에 매진해보겠다며
더불어 엄마가 운영하는 펜션을 잘 이어받겠다는 포부를 밝혀 엄마를 아
연실색하게 했으나 그녀의 고집은 황소도 뒷걸음치는 고집이라 '그렇게

하시오. 네 맘대로 사시오.' 명여의 엄마, 즉 해원의 할머니는 그 일로 암을 선물 받았다.

심중을 알 수 없다. 무슨 생각을 하는지 속 얘기를 전혀 하지 않는다.
가장 친한 수정에게조차 벽 치는 일을 아주 잘한다.
"아니요. 됐어요. 하지 마세요."는 명여의 전문용어다.

한때 명여는 뜨거웠다. 그래서 누구보다도 차갑게 식어버렸다.
언제나 사는 게 너무 좋다던, 행복하다던 그때의 명여는 이제 없고 그저 태어난 김에 사는, 숨 쉬는 김에 지탱하는 다 시든 여자만 여기 남게 됐다.

언제나 선글라스를 쓰고 다닌다. 잘 때도 쓰고 잔다는 얘기가 있는데 본인은 '패션 철학'이라 주장하는 편이다.

이장우

남 * 28세 * 해천시청 공무원

깨끗한 미소가 매력적인 자칭 해천시의 보물, 이장우.
초등학교 때부터 전교 1등에 전교 회장을 놓쳐본 적이 없다. 서울대에 합격한 그가 공무원이 되어 고향으로 돌아왔을 때 다들 "장우야. 니가 공무원이라니. 너는 좀 더 화려한 일을 할 줄 알았어." 했지만 고향의 공무원이 되길 바랐던 건 다름 아닌 장우의 부모님. 장우는 늘 부모님의 바람을 열렬히 이뤄주려 노력하는 효자다.

하지만 뭐랄까. 그 바람은 뭔가 끝도 없달까?

공무원으로 열심히 일을 하면 '이제 됐겠지.' 싶었는데 이젠 어서 빨리 결혼을 하라고 성화.

나 이장우. 겨우 스물여덟. 만 나이 26세. 결혼이라니. 이건 말도 안 된다. 열여덟에도 그런 말을 들은 적은 있었지만, 그 말이 전혀 농담이 아니었다니.

시의원 아버지와 의사인 어머니 명성에 먹칠하지 않기 위해 열심히 살아온 장우는 늘 부모가 원하는 요구사항에 딱 맞는 사람이 되려고 노력했었지만, 부모님의 요구사항이 그럭저럭 자신이 원하는 행복과 맞닿아 있다고 생각했었지만, 그래도 결혼만은 아니다.
단란하고 아기자기한 가정을 이뤄 온 식구가 한동네에서 오순도순 사는 것이 부모님의 꿈이었다 한들 결혼만큼은 좋아하는 여자와 하고 싶다.
이를테면 지은실 같은. 뭐, 그냥 그렇다고.

김보영
여 ✱ 28세 ✱ 영어보습학원 강사

혜천 시내 우체국 옆 방앗간집 딸, 보영. 1남 2녀의 첫째. 아들을 귀하게 여기는 전형적인 집의 장녀로 태어나 늘 찬밥 취급을 받았다. 대학도 안 보내겠다는 걸 겨우겨우 우겨 대학을 간 거다.

어디서든 자신이 빛이 나고 주목받고 분위기를 이끌어 나가길 원하는 타입. 그러나 보영은 원하는 이상과는 달리 주목을 받거나 호감을 사는 스타일은 아니다. 자신이 그런 사람이 될 수 없는 자격지심을 꽁꽁 감추며 '그래도 이 동네에서는 내가 좀 괜찮지 않아?' 홀로 정신승리를 하며 살아왔었는데 그런 그녀 앞에 해원이 나타났다.

해원은 서울에서 전학을 온 첼로를 켜는 아이. 오자마자 모두의 주목을 받았고 성격도 좋아 아이들이 호감을 가졌다. 그런 그녀와 친해지면 다른 친구들이 부러워할 것 같았다. 성큼성큼 다가가 친해졌더니 웬걸, 친구들이 보영을 부러워하기는커녕 다들 해원만을 더 바라본다.

해원이 싫었던 건 아니다. 그래도 좋았다. 진심으로 좋아했다.
어쩌면 언제나 자기 자신만을 더 챙기고 싶었던 보영에게, 진짜로 좋아하는 게 생겼는데 그게 해원일 수도 있었다는 생각을 한다.

하지만 보영이 생각하는 '오해'로 그녀와 멀어졌고 보영은 언제나 해원과 다시 친해지고 싶어 한다. 왜냐하면 그건 정말 '오해'니까. 정말 정말 그건 해원이 생각하는 '오해'니까.

절대로 나쁜 역할을 하지 않는다. 착한 역할만을 해야, 그것만이라도 해야 사람들이 보영을 봐주는 걸 알고 있기 때문이다.

오영우
남 * 28세 * 바리스타. 커피숍 운영

잘생겼다. 그리고 차갑다. 영우는 그런 아이다.
초등학교 때부터 영우는 혼자였고 엄마는 없었다. 사채업을 하는 아버지는 늘 바빴고 영우는 그렇게 버려졌다. 아버지는 가끔, 아주 가끔 집에 왔고 그때마다 영우를 무차별적으로 때리기도 했다. 그건 초등학교 때도, 중

학교 때도, 체격이 건장했던 고등학교 때도 늘 일어나던 일.

그렇게 자란 영우는 어둡고, 차갑고 무례하기 짝이 없어졌다. 그래도 어딜 가든 사람들은 영우를 치켜세웠는데 그건 단지 영우가 잘생겼다는 이유만으로. 주변 환경에 무심하다는 이유만으로.

합동 음악 수업 때 피아노를 치던 해원은 어릴 적 꿈에서 본 듯한 엄마의 모습과 닮아 있었다. 그 모습이 예뻐서 다가갔지만 해원은 그에게 그다지 관심을 가지지 않았고 영우는 그게 신기할 지경이었다. 다가가 흔들어봐도 어느 정도의 틈만 내어준 채 더 이상 다가오지 않던 해원.

오랜만에 내려온 고향에 그녀가 왔다고 한다. 심지어 같은 학교였는지도 몰랐던 남자애와 만나고 있는 것 같은 분위기. '어쩌지? 그럼 괜히 가서 흔들어보고 싶은데?' 오영우가 움직이기 시작했다.

| 임휘
여 ＊ 18세 ＊ 해천고 2년

은섭과 무려 10살 차이가 나는 여동생.
철없고 시끄럽다. 몹시 산만하여 걷지 않고 늘 뛰어다닌다. 자전거를 타고 다니면서 아무도 없어도 "다 비켜!!" 소리를 지른다. 엄마와 아빠에게 끊임없이 "사줘." "내놔." "해줘." 말한다. 하나뿐인 오빠, 은섭에겐 절대 오빠라고 부르지 않는다. 휘가 은섭을 부르는 용어는 "야." "야. 임은섭." "야. 은섭아." "야. 저놈이." 정도.

친구가 없다. 원래 이렇게 너무 시끄럽고 산만한 애들은 친구가 없기 마련. 하지만 그래도 밥을 혼자 먹진 않는데 그건 불쌍한 건 못 보고 넘어가는 친구, 권현지가 있기 때문이다. 학교에서 가장 공부를 잘하는 영수를 좋아한다. 당연히 영수의 마음 따윈 상관없다.

김영수
남 ＊ 19세 ＊ 해천고 3년

할 줄 아는 게 공부뿐이라 공부를 한다는 영수의 꿈은 오직 서울대에 가는 것이다. 서울대에 가서 이 동네를 벗어나 신림동으로 가는 것. 신림동으로 가서 대학을 졸업한 뒤에는 이 동네로 영영 오지 않는 것.
그렇게 이 동네에서 영원히 살 것만 같은 임휘를 보지 않는 것이다.
왜 꼭 서울대냐고 묻는다면, 이 성적에 농어촌 특별전형을 살포시 더하면 갈 수 있는 곳이 서울대인데, 굳이 다른 데 가야 되나요? 물을 테니 그런 질문은 제발 패스.

임휘가 처음부터 싫었던 건 아니다. 휘가 입을 다물고 있었을 때는 그래도 호감이 있었다. 하지만 다짜고짜 "나 너가 좋은데?" 할 때 아주 약간 정이 떨어졌었다. 그래도, 그래도 뭐랄까, 걔가 나쁘지는 않았달까? 그러나 휘가 다짜고짜 영수에게 "어젠 뭐 했니? 난 책을 읽었어. 소설책이었는데 주절주절." 하기 시작한 다음부터는 휘는 아웃. 말이 많은 여자는 딱 질색이다. 심지어 선배인 자신에게 다짜고짜 반말이라니. 어이가 없을 지경인데. 괜한 정의감에 불타올라 휘를 구해줬다가 더 큰 모욕감만 안게 되었다.

영수에게 휘는 참 신기한 존재. 언제나 영수를 당황케 하고 어이없게 하며 심지어는 부끄럽게까지 만드는데 자꾸 눈길이 가는 존재다.

소설을 좋아한다. 소설가가 꿈이다. 정확히 말하자면 서울대 나온 소설가가 꿈이다.

은섭 모, 윤여정

여 * 60세 * 전업주부

북현리에서 가장 곱고 청순한 은섭 모. 서울 출신.

은섭을 정말 사랑한다. 이 세상에 은섭만 있으면 된다고 해서 은섭 부를 서운하게 만드는 여자. 아이가 생기지 않아 고생하던 중, 어렵게 임신을 했는데 만삭 즈음 남편이 은섭을 데려왔다.

친딸과 데려온 아들을 차별하지 말아야지. 데려왔으니까 더 잘해줘야지. 생각하며 더 사랑하고 애썼더니 진심으로 은섭을 더 사랑하게 돼버렸다. 항상 은섭이 애틋하다.

은섭 부, 임종필

남 * 64세 * 온갖 동네일 전문, 환영

은섭 모와 휘를 정말 사랑하는 은섭 부.

여자에게 꼼짝도 못 하는 공처가이자 딸 바보인 이 남자는 사실 걸걸하고 터프하다. 전생에 나무꾼이었나 싶을 지경으로 나무를 잘 쪼갠다. 그러나 언제나 은섭 모와 휘에게 어쩔 줄 몰라 하는 남자.

다른 아들 아빠가 그러하듯 은섭을 마치 학교 후배인 양 대하는 남자. 하지만 사실 은섭 부는 은섭이 정말 자랑스럽다. 잘 자라주어서. 그리고 자신을 많이 닮아주어서.

최수정

여 ＊ 48세 ＊ 전업주부

대학생 딸과 군대에 간 아들, 건설사 현장소장인 남편을 둔 이 시대 보통의 여성.

가정적이다. 집에서 꽃도 키우고 뜨개질도 하고 호두파이도 만든다. 시간이 남으면 살구파이도 만들고 머핀도 굽고 쿠키도 구워 마을에 돌린다. 더 시간이 남으면 퀼트를 만들어 동네에 내다 팔기도 한다.

명문대 문창과를 나왔지만 명여처럼 글재주는 없어 글을 업으로 삼을 수 없었다. 그러나 누구보다도 책을 많이 읽는 문학소녀.

명여의 베스트 프렌드. 명여의 모든 남자를 만났고 명여 인생의 희로애락에 늘 함께 있었다.

그래서 지금의 명여가 너무나도 안타깝지만 절대로 티는 내지 않는다.

차윤택

남 ＊ 48세 ＊ 출판사 편집장, 여행 작가·소설가

명여의 대학 시절 남자친구.

수려한 외모를 자랑하진 않지만 마음이 참 수려한 남자. 진중하고 사려 깊다. 명여가 버렸던 수많은 남자들 중 명여가 유일하게 잊지 못하는 남자. 명여가 수많은 남자를 만나고 사귀는 동안 윤택은 뭐랄까, 나무 기둥이랄까.

명여와 항상 사귀고 있었고 항상 버림받아 있었다. 정확히 20년 정도를.

당연히 명여와 결혼을 생각했지만 어느 날 그녀는 조카와 고향에 내려가서 살겠다며 윤택을 버렸다. 사실 윤택은 명여가 다시 돌아올 줄 알았다. 윤택은 명여에게 수없이 차였지만 명여는 언제나 윤택을 다시 찾아오곤 했었으니. 그러나 1년이 지나고, 2년이 지나도 그녀는 돌아오지 않았다. 윤택은 그제야 명여를 잡고 있던 마지막 끈을 놓았고 가정을 이루고 싶은 열망으로 다른 여자와 결혼했다. 애정이 없이 시작된 결혼생활이니 당연히 파국으로 치달을 거라 생각했겠지만 사랑이 넘치는 윤택은 그녀와 행복한 결혼생활을 보냈고 아이가 생기지 않아 서로의 행복을 빌며 이혼했다. 그 이후 윤택은 두 명의 여자를 더 만났고, 늘 그렇듯 진심으로 그들을 사랑했으며 늘 그렇듯 아이가 생기지 않아 이혼했다.

다들 윤택에게 명여의 안부를 전한다. 아직도 고향에서 살고 있대. 글은 안 쓴대. 조카를 정말 키운대. 누가 찾아갔었는데 문전박대만 당했대. 욕을 했대. 쌍욕을.

윤택도 명여가 궁금하긴 하다. 그러나 그녀를 찾아갈 순 없다. 그게 그녀에게 버림받은 그가 가진 마지막 자존심이다.

권현지

여 ＊ 18세 ＊ 해천고 2년

하님약국집 딸. 어릴 땐 야자수 머리 뽐내며 원목 망아지를 타고 놀던 아이였지만 이제 커트머리에 시크한 표정이 트레이드마크인 고등학교 2년생이다.

얼굴도 하얗고 이목구비도 오목조목해 머리를 기르면 예쁠 것도 같은데 본인은 한사코 거부. "왜 기르죠? 피곤하게."

현지의 꿈은 래퍼. 무대에서 랩을 하는 게 현지의 꿈인데, 오디션 프로그램에는 절대 나가지 않을 거다. 유명해질 계획인데 유명세를 얻지 않을 거다. 대중의 공감과 인기를 끄는 랩을 쓰고 싶긴 한데 흔해 빠진 감수성은 싫단다. 그렇게 누구보다 아주 어려운 진로를 택한 현지는 무척이나 세상에 시니컬하나 불쌍한 걸 참지 못하는 성격 덕분에 독서회 때 늘 엄마 몰래 훔친 손난로를 승호와 승호 할아버지에게 주고 온다. 불쌍한 걸 전혀 참지 못하는 성격 덕분에 전교 왕따인 휘와 같이 밥을 먹어준다.

배근상
남 ＊ 47세 ＊ LED 조명 영업

"하하하하하!!" 호탕한 웃음이 멋진 남자, 근상은 시작은 LED 조명 영업을 위해 굿나잇책방에 들른 것으로 사료되지만 어느새 책에 푸욱 빠져 독서회에 열심히 나오고 있는 열혈회원이다. 어릴 적 해원의 엄마인 명주를 사모했던 남학생들 중 한 명. 노총각.

정승호
남 ＊ 9세 ＊ 북현 초등학교 2년생

조손가정의 어린이지만 어려움을 티내지 않는다. 늘 당차다.
학교가 끝나면 굿나잇책방으로 가서 책도 읽고, 스케이트도 타는 승호.
항상 은섭이 잘 돌봐줘서 따뜻함이 많은 어린이. 은섭에겐 삼촌이라 부르고 해원과 해원의 친구들에겐 누나라고, 명여에겐 명여 씨라고 부르는 적절한 사회성도 가지고 있는 사랑스런 어린이다.

정길복

남 * 77세 * 폐지 수거

폐지를 주워 생활하는 승호 할아버지는 어느 날 아들이 키워달라며 데려
온 승호만을 보며 살아간다. 몸이 힘들어 쉬고 싶은 때가 있어도 승호 밥
한 번 더 먹이려고 아침마다 폐지를 주우러 돌아다닌다.

심명주

여 * 50세 * 무직

동네 사람들 보란 듯 혼전임신을 해 23세의 그 어린 나이에 결혼을 하고
6개월도 안 돼 해원을 낳은 명주는 혜천시에서 가장 예뻤던 아이였다.
그 예쁜 얼굴에 걸맞게 원체 도도하고 차가운 성격이었는데 그 시절, 혜천
시 남학생들의 첫사랑은 전부 명주일 정도.
그런 명주가 자기 좋다는 온갖 남자들을 다 버리고 선택한 사람이 해원의
아빠, 주홍. 주홍은 명주의 말이라면 뭐든 하는 남자들 중에서도 가장 열
렬하던 남자. 자존감이 높고 시골에서 벗어나고만 싶었던 명주는 자신이
부리기 가장 편한 상대를 골라 결혼을 하자마자 서울로 올라갔다.
'잘 살겠지? 잘 산대. 저번에 내려왔던데? 여전히 멋쟁이더라. 근데 요즘은
뭐 한대냐? 글쎄. 그렇게 잘해주는 남편이랑 사는데 행복하겠지.' 그리고
18년이 지난 어느 날. 명주는 남편을 죽인 살인자가 되어 있었다.

목주홍

남 * 50세 * 제약회사 대리

해원의 아빠 주홍은 다정다감의 대명사. 명주가 저 멀리에서 저것을 가져오라면 가져오고 아니, 그게 아니라 하면 그것이 아니냐. 다른 걸 가져올게. 그래? 그럼 뭘 가져올 건데? 하면 뱃속에 있는 걸 다 꺼내주며 이거라도 괜찮겠어? 묻는 명주밖에 모르는 남자…였었다.

특유의 승부욕을 짓누르며 동네에서 가장 예쁜 명주를 차지하는 데 성공. 아이가 생기고 결혼을 했는데 그때부터 주홍은 심사가 뒤틀리기 시작한다. 명주의 명령을 더 이상 들어줄 수 없게 되었다. 이제 명주는 자신의 여자가 분명했고 그러므로 잘해줄 이유도 더는 없었다.

주홍은 명주를 거슬렀고 명주가 화를 내자 싸웠으며 사소한 걸 빌미 삼아한 대, 두 대 그녀를 때리기 시작했다. 어느 날 정신을 차려보니 그녀는 쓰러져 있었고 주홍은 그녀를 정신없이 밟고 있었다. 이제 원래대로 돌아가는 법을 모르겠다.

박흰돌
남 ＊ 51세 ＊ 세기서림 대표

자존심이 강하고 지기 싫어하는 문학가. 호탕한 척하지만 마음 한구석은 여린 사상가. 학창 시절 명주를 남몰래 좋아했었지만 소심한 성격과 수많은 라이벌로 인해 가볍게 포기. 그 후 명주가 시집을 가고 한참을 잊고 지냈었는데 남편을 죽이고 감옥에 들어갔다는 얘기를 듣고 그때부터 흰돌은 명주에게 편지를 쓰기 시작한다. 별거 아니다. 좋은 시나 좋은 글귀를 적어 보내는 것이다. 그녀가 읽고 마음이 조금 나아질 것 같은 것으로.

박, 흰, 돌 이름 석 자 써서.

부디 자신을 알아주길 바라는 마음으로. 여전히 그 시절 소년처럼.

윤혜자

여 ＊ 살아 있다면 72세 ＊ 호두하우스 운영

20세에 결혼해 22세에 명주를 낳았다. 그때만 해도 굉장히 늦게 아이를 가진 거라 혜자는 마음고생이 심했다. 명주를 낳고 3년 뒤 명여를 낳은 그 이듬해 남편이 죽었다. 그때부터 혜자는 혼자서 딸 둘을 키워내기 시작했다. 여자 혼자 할 수 있는 일이 무엇일까, 생각하다 찾은 것이 결혼할 때 받은 조금 큰 집의 빈방에 세를 주기 시작한 것. 그러다 그 방에 손님을 받기 시작한 것. 그렇게 민박집을 차렸다. 펜션 사업이 인기를 얻기 시작하자 그때껏 모은 돈을 다 들여 2층집을 짓고 키우던 강아지의 이름을 딴 '호두하우스'를 마련하기까지 자식 하나는 어엿한 집에 시집보내고 또 하나는 대학에 보내 소설가로 만들기까지 혜자의 인생은 바빴고 고단했고 가여웠다. 이제야 두 다리를 쭉 펴고 남은 노년을 즐겨보고 싶었는데 첫째 딸은 두 눈에 피멍이 들어 가끔씩 집에 찾아오더니 결국 남편을 죽였다며 교도소로 가버리고 남은 둘째 딸은 첫째 딸의 조카를 봐주겠다며 소설도 쓰지 않고 시골로 내려와 빈둥빈둥 살기 시작했다. 혜자의 가슴엔 다시 피멍이 들었고, 그 멍은 암이 되어 온몸에 퍼져나갔다. 두 딸은 그런 그녀의 마음도 모른 채 제멋대로 살아가고 있는데.

지은실

여 ＊ 28세 ＊ 강릉시청 공무원

장우의 첫사랑. 대차고 명랑하기 짝이 없다. 그러므로 학창 시절 장우의 고백을 가볍게 내다 버렸다. "어머. 미안. 난 너한테 관심 없는데?" 원하는 걸 꾸준히 노력해서 얻어온 우리의 성실남, 장우는 열심히 준비한 이벤트와 장미꽃 백 송이를 몹시 하찮게 취급하는 은실에게 상처를 심하게 받았다. 은실은 다른 뜻이 있어 그러는 건 아니다. 그저 그때는 장우가 마음에 들지 않았다. 장우가 구구절절 쓴 편지도 왠지 궁상맞아 보였다. 오랜만에 간 동창회에서 장우를 봤는데 여전히 그때의 그 모습 그대로. 다만 은실이 조금 변했다. 은실은 이제 그렇게 성실한 남자가 멋지다는 걸 조금 알게 되었다.

민지연
여 ＊ 28세 ＊ 전업주부

올해 세 살이 되는 아이를 둔 엄마. 요새 스물여덟에 벌써 엄마가 되는 사람이 어디 있어요, 하냐만은 지연이 바로 그렇다. 대학을 졸업하자마자 대학 때 만나 사귄 남자친구와 바로 결혼했다. 지역의 대학을 간 터라, 남편 역시 혜천시 사람. 아주 작은 도시에서 예상 가능한 바운더리 안에서만 생활해온 지연은 마음 깊은 곳에 애도 남편도 버리고 이 도시를 탈출해 어디론가 아주 멀리 달아나고픈 열망이 있다.

심영춘
여 ＊ 45세 ＊ 베스트셀러 소설가

평범한 얼굴에 비범한 재능을 가진 여자. 그 재능에 만족해하며 살아간다면 좋을 텐데 남자들이 전부 자신을 좋아해줬으면 하는 열망도 있는 여자. 하지만 도통 그러질 않아 열등감과 자격지심이 충분한 여자. 여우기가 다분하다. 예명도 일부러 조금 촌스럽게 지었다. 이름만 듣고 할아버지를 상상했다가 젊은 여자인 자신을 보고 예쁘다고 생각해주길 바라는 마음으로. 실제로 사람들은 영춘을 직접 보면 예쁘다는 칭찬을 해준다. 원하는 걸 얻고 싶어 하고 얻어내기 위해 부단히 노력하는 편.

윤택은 출판계의 핫한 남자다. 이 남자를 가질 수 없다는 건 말도 안 된다. 심지어 사랑이 넘쳐흘러 결혼도 세 번이나 했다는 이 남자. 영춘은 이 남자를 가져서 좀 더 핫해지고 싶다.

장하님
여 ＊ 47세 ＊ 약사

현지의 엄마. 미혼모. 아이섀도가 진하고 파마머리. 대학 때부터 사귀던 남자친구와 당연히 결혼할 줄 알았는데 그놈은 임신만 시키고 도망갔다. 집안이 풍족한 덕에 시내에 약국을 낼 수 있었지만 정확히 아이를 낳고 키우는 것부터는 전부 그녀의 일이었다. 혼자서 억척스럽게 현지를 키워냈다. 잘 키우고 못 키우고 생각할 겨를도 없이.

최민정
여 ＊ 26세 ＊ 혜천시청 공무원

로터리 빨간 지붕집 셋째 딸. 할 줄 아는 게 공부뿐이라 열심히 공부해 9급 공무원 시험에 합격했다. 오빠 하나에 기 센 언니 둘 밑에서 할 줄 아는 게 거의 없이 자랐다. 온 가족이 민정이는 뭘 먹고사나 걱정을 했었는데 공무원 시험에 합격해 집안에 경사가 났다. 여리고 착하지만 그 여리고 착한 게 가끔 남에게 피해가 되기도 한다. 정수기 물통 채우는 것부터 뭐든 혼자 해보겠다고 애를 쓰지만 남자들이 꼭 도와주고 싶게끔 생겨서 의도치 않게 도움을 받곤 한다.

군밤
남 * 7세 * 강아지

호두하우스의 마스코트인 커다란 개, 호두의 아들.
호두의 아들이라 군밤이라 지었다. 갈색 털이 보슬보슬 군밤 같다.

제 9 회

쇠똥구리를 싫어한

소년의 비밀

그럼 한 번 더 하고
실수가 아닌 걸로 해.

S #1   (D) 산

과거 ○ 2002년 초가을 — 은섭, 해원 10세

험한 산을 투두투둑 헤치며 빠르게 내려오는 새까맣게 그
을린 얼굴의 남자아이, 은섭이다. 풀도 헤치고 나무도 잽싸
게 피하고 바위도 민첩하게 넘어 산을 타는데. 산 밑으로
내려와 오솔길로 걸어가려다 하얀 얼굴에 커트머리를 하고
반바지를 입은 마치 소년 같은 해원과 마주친.

해원   **(길이 아닌 곳에서 은섭이 튀어나오니. 뒷걸음) 아. 깜짝이야.**

새까만 은섭이 해원을 뚫어져라 쳐다본다. 은섭과 해원의
뒤에 있던 나뭇잎들의 색이 좀 더 짙어지자

S #2   (D) 산 입구: 오솔길

과거 ○ 2002년 가을 — 은섭, 해원 10세

단풍색 짙어진 가을의 오솔길. 산에서 내려온 은섭이 다다
다 뛰어와서는.

은섭   야.

해원   (쭈그리고 앉아 나뭇가지로 그림 그리다 올려다보니)

은섭   (주먹 쥔 손을 내밀며. 선심 쓰듯) 너 이거 가질래?

해원   ('그게 뭔데?' 하듯 보면)

은섭   (씨익 웃으며) 손 내밀어봐.

해원이 손을 내밀자 은섭이 주먹 안에 있던 쇠똥구리벌레
를 톡 손에 올려주는. '좋아하겠지.' 씨익 웃으며 보는데 꼼
짝도 못 하고 한참을 쳐다보던 해원이

해원   (작은 목소리) …싫어.

은섭   (못 들어서) 어?

해원   (고개를 들고 분명하게 밀하는) 싫어. 빨리 가저가.

은섭이 '뭐지?' 의아해하며 쇠똥구리벌레를 가저가니 손을
탁탁 털며 일어난 해원이 휙 돌아서 가버린다.

은섭   저기. (해원이 대답하지 않자) …저기!! 야!

가는 해원의 저편에는 거대한 호두하우스가 보이는데.

S #3   (D) 산: 정상

34

해원	(마음을 다잡았다) 이제 그런 의심 안 해. (은섭을 향해 웃는데 저도 모르게 눈가에 고이는 눈물)
은섭	(보고 있다)
해원	(눈물 꿀꺽 삼켜버리며) 안 할 거야. 니가 하지 말라고 했으니까. 안 해. (울지 않고 스스로에게 하는 말처럼 고개를 숙이며) …이제 안 해. 정말,

고개를 숙인 해원. 가만히 고개를 숙이고 서 있으니 그런 생각이 든다. '이제 괜찮아. 정말이야.' 그렇게 해원이 고개를 확 드는 순간.

S #4   (N―새벽 1, 2시 즈음) 호두하우스: 1층 거실
       과거 ○ 2005년 가을―은섭, 해원 13세

조용한 한밤의 호두하우스.
거실 한복판엔 이불을 대충 깔고 잠든 어린 은섭이 무겁게 깔린 밤기운 사이로 툭툭 계단을 내려오는 소리에 눈을 떠 보니 어둠 속 긴 머리에 아이보리 원피스 잠옷을 입은 해원이 계단 중간에 서서는.

해원   **…넌 누구야?**

마치 밤의 요정 같은 해원의 모습에 넋이 빠진 은섭.

은섭   (E) 내가 너를,

어둠 속 멍─해져 해원을 바라보는데.

은섭   (E) 그 순간부터 지금까지

S #5   (D) 산: 정상

지도처럼 펼쳐진 너른 북현리를 곁에 두고 오랜 시간 기다
린 사람들처럼 키스하는 은섭과 해원.

은섭   (E) 사랑해왔음을.

은섭이 서서히 입술을 떼고 해원을 쳐다보자

해원   어떡해?
은섭   (가만히 쳐다보면)

은섭   (E) 네게 말한다면

해원   …의심이 이루어졌어. (믿어지지 않는 듯 은섭의 뺨을 천천히
         가르자)

은섭이 다시 해원의 입술을 파고든다. 두 사람이 서로의 체
취를 느끼며 눈밭에서 오래오래 키스를 하는데.

은섭   (E) 너는 어떤 표정을 지을까.

S #6   (D) 산

             산을 내려오는 은섭과 해원.
             은섭은 먼저 내려오면서도 해원을 자꾸자꾸 돌아보는. 해
             원도 따라 내려오다 은섭을 보고 빙긋 웃는다. 은섭도 잠시
             보다가 툭툭 돌아 걸어 내려가는데.

해원   (뒤에서) …은섭아.

             조금 가파른 곳에서 도와달라는 듯 손을 내미는 해원. 은
             섭이 성큼 다가가 손을 뻗으니 해원이 그 손을 확 잡아버린
             다.
             은섭, 그런 해원을 멈춰 쳐다보자 '왜에?' 하듯 바라보는 해
             원의 뺨을 비추는 햇빛.

은섭   (E) …네가 좋아.

             은섭은 그늘 속에 서서 눈부신 햇빛 속 해원의 모습을 뚝
             바라만 보는데.

S #7   (D) 산

햇빛 쏟아지는 산을 내려오는 두 사람의 모습이 멀리서 비춰지면. 손을 잡기도 하고 잡아주기도 하고. 은섭이가 먼저 이끌고 해원이가 따라가는 모양새로 내려오는 둘인데.

S #8   (D) 산 입구: 오솔길

은섭   (다 내려와 입구에서 마주 보고 서서) 서울 가서 연락할게.
해원   (미소) 응.
은섭   **조심해서 들어가.**
해원   (조금 더 미소) 응. (살짝 보고 뒤돌아 걸어가는)

은섭은 가지 않고 그 자리에 서서 해원이 가는 걸 지켜보는데. 가던 해원이 환한 미소 머금고 잠시 돌아본다. 곧 번쩍 손을 들이 아이처럼 흔드는 해원.

은섭   **(E) 하지만,**

그런 해원에게 은섭도 살짝 손을 들어 인사하는. 뒤로 걸어가는 해원이 눈부시게 미소를 짓는데.

은섭   **(E) 하지만 해원아.**

그녀에게 쏟아지는 햇빛을 그늘 속 은섭이 묵묵히 바라보는.

S #9   (D — 한낮) 산속: 오두막집

과거 ○ 2001년 겨울 — 은섭 9세

따스한 햇살이 들어오는 방 안. 방 한쪽의 라디오에선 오래
된 음악이 옅게 흐르고 상 위엔 컵 끝까지 가득 찬 물이 고
요히 앉아 있다. 쿵쿵 누군가 바깥에서 장작을 부수자 그
진동에 물 잔의 물이 넘칠 듯 찰랑거리는. 삐약삐약 소리 나
면 작은 병아리가 쫑쫑 걸어 다니는데.

그 앞에 어린 은섭, 병아리를 바라보다 가만히 손안에 앉혀
보니 털이 노오랗고 몽글몽글한 병아리가 쉼 없이 울어댄
다. 아주 작고 연약해 보인다. 은섭이 병아리를 가만 보고
있는데.

은섭   **(E) 나는 따뜻하고 다정한 것들이 전부 불안했어.**

갑자기 확 문이 열린다.

S #10   (D) 호두하우스: 1층 현관

탁 문을 닫자 일렁이는 먼지와 함께 호두하우스로 들어온
해원. 자꾸 바람이 새어 나오듯 피식피식 웃음이 새어 나온
다.

마침 현관문이 열리며 군밤이의 케이지를 든 명여가 들어
와 '뭐야?' 하듯 해원을 쳐다보자

해원   아, 이모 왔어? (자꾸 나오는 웃음)
명여   ('왜 저래.' 하듯 보며 케이지에서 군밤이를 꺼내주는데)
해원   (세상 반갑게) 어머. 군밤아!! (손을 내밀며) 이리 와. 이리 와
          봐. (군밤이가 오자 활짝 웃으며) 오구오구.
명여   (오구오구?)
해원   오구오궁. 우리 군밤이 잘생긴 것 봐. 누가. 누가 우리 군
          밤이보고 누추하댔어요? 누가. 그치? 누가 그랬어요?
명여   (니가 그랬잖아…)

군밤이 해원이의 얼굴을 발로 조금 만지자 그게 뭐가 좋다
고 "아하하하! 이히힛히힛." 웃는 해원이다. 해원의 뒤로 현
관문이 보이면.

S #11   (D) 굿나잇책방: 1층

드륵 문을 닫고 들어온 은섭. 아무것도 못 한 채 그대로 서
있다.

은섭   (E) 위태로운 내 행복의 순간이

책방 한쪽으로 비추는 햇빛.

은섭   (E) 단숨에 사라져버릴까봐.

은섭의 책방 창 너머 저 멀리 지나는 기차 소리. 은섭은 멈춰 그대로인데.

은섭   (E) 스르르 빠져나가 버릴까봐.

창밖으로 펼쳐지는 북현리가 점점 까만 밤으로 변한다.

S #12   (D—새벽 4시 50분) 혜천 시내: 신문 인쇄소

깜깜한 혜천 시내에 유일하게 불 켜진 동트기 직전의 신문 판매소. 인쇄기 안에서 신문들이 아주 바쁘게 나온다. 판매소 앞에 신문배달부가 자전거를 세우고 두꺼운 신문 뭉치를 자전거 뒤에 싣기 시작하는.

S #13   (D—새벽 6시) 승호의 슬레이트 집 앞

자전거로 다니며 집집마다 신문을 던지는 신문배달부와 스쳐 지난 우유배달부가 어느 집 앞에 우유를 놓는다. 곧 문이 열리더니 승호가 나와 우유를 꼭 안고 들어가는. 승호의 집 저 너머로 달려가는 기차.

S #14   (D—아침 8시 30분) 혜천역 : 역무실

그 기차가 닿은 기차역에 출근한 역무원1이 자신의 자리
옆에 서서 외투를 벗고 있자

역무원2   **(이미 출근해 자리에 앉아서는) 오늘은 더 춥죠.**
역무원1   **네. 비 온 뒤라 그런가봐요. (머리를 묶으며 자리에 앉는데)**

혜천역 밖으로 보이는 흔들거리는 나무들.

S #15   (D—아침) 나무 오솔길

상록수 푸릇한 나무 숲길을 "다 비켜!!!" 소리치며 시원하게
자전거로 달려가는 휘. 쭈욱 내지르다 가다가 갑자기 끼이
이익 멈춰 서면.

누구도 없는데 자기가 아픈 걸 나무들도 알아야 된다는 듯
"아!!" 소리치더니 내려 안장을 탕탕 치면서 "이놈의 안장!!
이놈의 안장!!!" 그러곤 다시 앉아보니 좀 괜찮다 싶어 "잘
하자. 어? 우리 속도 한번 내보자. 어?" 안장에게 당부하고
는 다시 또 달리기 시작한다. 자전거가 꽤 잘 나가니 "정말
다 비켜!!" 소리치는 휘.
그런 휘 등 뒤로 펼쳐지는 푸르른 숲. 저 멀리에서 부- 기
차 소리 들려오는데.

S #16   (D — 아침 9시) 호두하우스: 2층 해원 방

기차 소리 저 너머에서 들리는 해원의 방 창문. 팍 창문을
열면서 기분 좋게 아침을 맞는 해원. 춥지만 깨끗하고 청아
한 공기를 코에 한껏 머금는데.

명여   (O.S) (부엌에서 부르는) 목해원!

해원, 창문을 닫고 가벼운 발걸음으로 방을 나선다.

S #17   (D) 호두하우스: 1층 부엌

방문과 같은 결의 식탁 앞. 해원이 숟가락에 밥을 꼭꼭 담
아 야무지게 밥을 퍼먹고 있자

명여   (군밤이 밥 주다가 해원 흘끗 보고) 기분이 좋은가봐.
해원   응. (맑게. 밥 냠냠) 나쁠 거 없잖아. (밥 꼭꼭 씹어 먹으며) 근
      데. (반찬도 냠냠)
명여   (자리에 앉아 자기 밥을 먹기 시작하는데)
해원   (밥 열심히 먹으며) 이모는 왜 갑자기 밥을 하기 시작했어?
명여   (명치) 어?
해원   그찮아. (꼭꼭 씹어 먹으며) 요즘. (순수한 얼굴로 명여를 보면)
명여   그냥 먹어라. (한숨) 깊은 뜻이 있으니.

해원, '응!' 하듯 밥숟가락 가득 밥을 꼭꼭 퍼서 '아아.' 입을 벌려 먹는데. 마침 거실에서 따르릉 전화벨이 울리자 획 돌아보니

명여   (E) 예. 여보세요?

S #18   (D) 호두하우스: 1층 거실

명여   (전화를 받는) 네. 네. 아…. (살짝 옆을 보니)

뭔가 기대에 차고 꿈에 부푼 듯한 얼굴로 명여를 보는 해원이 있다.

명여   (아무래도 신경 쓰여) 왜. 뭐.
해원   (입 모양으로 '누구?')
명여   전기설비업자.
해원   (실망) 아아.
명여   (수화기 너머 소리 듣고) 예. 듣고 있어요. 그건 다음 주에 방문해주시면 될 것 같은데요. (슬쩍 보니)

약간 처진 어깨로 2층으로 올라가는 해원. 명여, "네. 아뇨. 좋습니다." 말하면서도 해원을 슬쩍 쳐다보는데.

S #19   (D) 파주 출판단지: 중소형 출판사―책 창고

출판사 여직원1   (계단을 내려오며) 은섭 씨. 여기는 오랜만에 오신 거죠?

파주 출판단지 내 출판사의 책 창고로 들어가는 출판사 여직원1과 은섭. 책들이 거대하게 쌓여 있는 창고다.

은섭   예. 거의 1년 만.

출판사 여직원1   (주변의 거대한 책 두르며) 연초라 신간이 많아요. 연초가 책이 제일 잘 팔리는 시기잖아요.

은섭   (주변 두르며) 예. 그렇죠.

출판사 여직원1   (은섭 보고) 참. 편집장님이 물으시던데.

은섭   ('뭘?' 하듯 보면)

출판사 여직원1   은섭 씨 책이요. 정말 출간할 생각이 전혀 없냐고.

은섭   아. (조금 생각하다) 예. 아직은.

출판사 여직원1   왜요. 아직 원고가 덜 됐어요? 듣기론 그냥 내기만 하면 된다던데.

은섭   (가만히 보다가) 이미 이 세상에, …정말 좋은 책들이 많잖아요.

출판사 여직원1   ('근데요?' 하듯 보면)

은섭   굳이 저까지 보태지 않아도,

출판사 여직원1   (웃으며) 그런 게 어딨어요. 그 좋은 책들 사이에 은섭 씨 책이 껴서 한몫하게 되는 건데.

은섭   저는 이미 나와 있는 좋은 책들도 다 못 읽었거든요. (미소)

출판사 여직원1   (웃으며) 에이. 그러지 말고 저희 주세요. 소설 쓰는 게 꿈이라고 하셨다면서요. 원고 주시기만 하면, 그 꿈을 이

룰 수 있는데 뭘 망설이세요?

은섭   (여직원1을 생각하듯 쳐다보자)

출판사 여직원1   (안쪽의 서가를 기웃하더니) 아, 잠시만요. (더 안쪽으로 들어
가며) 찾으시는 책은 저쪽에 있을 것 같아서. 제가 좀 보
고 올게요. (안쪽에는 해가 비치는데)

은섭이 서서히 멈춰 선다. 마치 해가 비치는 곳으로 가는 게
두려운 듯한 얼굴로. 거대하게 쌓인 책 창고 사이, 그렇게
책이 만든 그늘 아래 서 있는 은섭인데.

S #20   (D) 호두하우스: 1층 현관

햇빛 내리쬐는 현관문 열려 있는 호두하우스. 《백야행》 1, 2
권이 쌓여 작게 그늘져 있다. 그 옆엔 김이 나는 머그컵.

해원   (E) 하루 중에는 태양이 뜨는 때와 지는 때가 있어.[1]

곧 저쪽에서 전화선을 길게 뽑아 가져오는 해원. 전화기를
현관문 옆에 두더니 현관 데크에 앉아 《백야행》 2권을 펼쳐
읽는.

해원   (E) 마찬가지로 인생에도 낮과 밤이 있지.

해원, 책을 읽으면서도 전화기가 잘 있나 문득문득 보는데.

해원   (E) 사람에 따라서도 늘 태양이 비치는 사람이 있고

그렇게 책을 읽는 해원에게 저 멀리서 햇살이 따스하게 비춰 들어오기 시작한다.

해원   (E) 내내 캄캄한 어둠 속에서 살아야 하는 사람도 있는데. 사람은 뭘 무서워하는지 알아?

그 햇살 속에서 책을 읽는 해원.

은섭   (E) 그때껏 나를 비추던 태양이 사라지는 것.

S #21   (D) 파주 출판단지: 중소형 출판사 — 책 창고

해가 들어오는 창고의 높은 창.

은섭   (E) 빛이 저물어 다시는 그 눈부신 태양을 볼 수 없게 되는 것.

까만 그늘 아래 서서 그 창을 쳐다보는 은섭. 천천히 움직이는 햇살. 마치 은섭에게 닿을 듯 서서히 다가오는데.

은섭   (E) 차라리 본 적이 없었다면 나았을 텐데.

그렇게 은섭의 지척까지 햇볕이 닿았다. 하지만 곧 은섭의

발끝에서 멈춰버리는.

은섭   (E) 내가 그 따스함을 알고 있어서

은섭, 자신에겐 닿지 않는 그 빛을 운명인 듯 가만히 바라
보는데.

플래시 컷   S #6

눈부신 햇빛 속 해원의 모습. 그늘 속에 서서 은섭이 그런
해원을 뚝 바라보는.

은섭   (E) 눈부신 해를 보고 찡그린 적이 있어서

한 걸음 조심스럽게 햇빛 안으로 발걸음을 내딛는 은섭.

은섭   (E) 그래서 두려운 거야.

안으로 들어서자 은섭에게 따사롭게 내리쬐어 드는 빛. 은
섭, 고개를 들고 눈부신 그 빛을 쳐다본다.

출판사 여직원1   (O.S) (아주 안쪽에서) 은섭 씨!!!

햇빛을 쳐다보던 은섭이 가만히 그쪽을 향해 고개를 돌리
는. 얼굴은 어느새 스며든 햇살만큼 밝아져 있다.

S #22   (D) 호두하우스: 1층 현관

따뜻한 햇빛 아래서 책을 읽던 해원이 읽다 말고 전화기를
한 번 더 들었다 놨다 한다. 여전히 전화는 없다. 해원, 웬지
풀이 죽어 쪼그리고 앉아 무릎에 얼굴을 대고 옆을 보는데.
저 멀리 동네에 자전거들이 마구 지나간다.

S #23   (D — 해 질 녘) 혜천고: 자전거 주차장

자전거 주차장에서 자전거를 빼서 바로 타고 나아가는 휘.
씽 – 가고 있는데 갑자기 자전거를 탄 영수가 와서 휘를 앞
지르기 시작한다.
'응?' 휘가 슬슬 달려 나가니 영수가 지지 않고 또 앞질러버
리는. 휘, 정신 똑바로 차리고 미친 듯이 페달을 밟아 따라
잡는다. 저만치에 놓아두고 숨을 몰아쉬고 있는데. 방심한
사이 영수가 휘를 완전히 따라잡아 지나쳐 가버리는.

휘   **(숨이 차서 더 이상 못 가) …야… (젖 먹던 힘까지 소리) 야아
       아!!!!!!!!!!**

쾅! 자전거를 넘어뜨려버리는 휘.

휘   **이건 다 안장 때문이야!!**

S #24   (N) 호두하우스: 1층 거실

산책길에 자전거 지나는 장면이 나오는 뉴스. 새까매진 거
실 소파엔 힘없이 누워 담요를 반쯤 덮고 음소거로 TV를
보는 해원. 어느새 껌껌해진 바깥. 해원, 슬쩍 바깥을 돌아
보고 힘없이 리모컨으로 TV 음소거를 해제하자

기상캐스터2   **(M) 현재 서울의 기온은 −11.8도로 올겨울 들어 가장
낮고요. 찬바람 때문에 체감 온도는 −18도까지 떨어졌
습니다.**

갑자기 커진 소리에 다시 음소거를 하는 해원. 전화를 본
다. 아무 소리도 없다.
귀찮고 짜증 난다는 듯 몸을 돌려 소파 뒤로 몸을 묻곤 담
요를 머리끝까지 덮어버리는데. 그녀의 등 뒤에선 여전히
밝고 환한 리포터가 무음인 채 날씨를 전하고 있다.

뉴스 아나운서   **(E) 오늘 아침 출근길. 최강 한파가 찾아왔습니다.**

날씨 뉴스 화면에 겨울 시골 풍경들이 나오는데.

S #25   (D − 새벽 7시 즈음) 굿나잇책방 앞쪽 길 — 굿나잇책
             방: 1층

자동차 앞 유리 너머 보이는 동네의 추운 풍경. 열쇠고리가 덜렁거리는 은섭의 앞좌석. 라디오가 나오는 차 안.

뉴스 아나운서　(E) 동상이나 저체온증 같은 한랭 질환뿐 아니라 수도 계량기 동파사고가 속출할 가능성이 큽니다. 미리 단단히 대비하시기 바랍니다. 지금까지 HBC 양민하입니다.

책방 앞에 다다라 차를 세우는 은섭. 내려서 뒷좌석에 있던 외투를 꺼내 입고 책방으로 들어서려는 찰나.

해원　(O.S) 저기.

은섭　(열쇠로 책방 문 열다가 휙 돌아보니 해원)

해원　(애써 아무렇지도 않게) 너 기차 타고 간 거 아니었어?

은섭　아. (짐 들고 책방으로 들어가는)

해원　(쭈뼛거리며 따라 들어가는데)

은섭　(열쇠 놓고, 책 꾸러미 놓고) …기차역에 세워놨다가 가지고 들어온 건데.

해원　(달리 할 말이 없어) …그렇구나.

은섭　어.

해원　(쭈뼛) 알았어. 그럼 들어가 쉬어. (나가려는데)

은섭　나 금방 다시 나가야 돼.

해원　('왜?' 하듯 삐딱하게 돌아보면)

은섭　장우가 기획한 행사가 있는데. 꼭 와서 보라고 신신당부를 했거든.

해원　아아. (조금 생각하더니) 그럼 잘 다녀와. (휙 돌아서 나가려다가 다시 휙 돌더니 약간 시비조) 근데 그 자리는 내가 가면 안 되는 자린가봐?

은섭	(순간적으로 당황) 어?
해원	니가 같이 가자는 소리를 안 해서.
은섭	아니야. 너도 가도 돼.
해원	(가만히 은섭을 쳐다보자)
은섭	(부드럽게) 준비하고 와. 같이 가자.
해원	(잠시 은섭을 보다가) …아냐. 싫어. 안 갈래.
은섭	(보면) 왜.
해원	안 갈 거야. 잘 다녀와. (돌아서서 문을 열려고 하니)
은섭	…해원아.
해원	(멈춰 뒤돌아보니)
은섭	이리 와봐.
해원	(괜히 툴툴 걸어와) 왔어. (괜히 딴 데 보며) 왜?
은섭	(저항할 수 없는 미소가 스치며) 왜 시비조인데?
해원	(은섭의 앞에 서서 괜히 딴 데 보며) 글쎄. 모르겠는데.
은섭	같이 가지.
해원	(딴 데 보며) 싫어. 너 불편해 보여.
은섭	('아닌데. 왜 그런 생각을 하지?' 하듯 보면)
해원	(똑바로 보고. 작은 목소리) …후회하는 것 같아 보이니까.
은섭	뭘,
해원	우리가 (꿀꺽) …산에서 했던 일들.
은섭	(뚝 쳐다보자)
해원	나 그런 건 진짜 싫단 말이야. 그러니 그냥 서로 실수한 걸로 쳐. 난 그래도 돼.
은섭	(묵직) 실수 아냐.
해원	그걸 내가 어떻게 믿어. 너는… (털어놓는 진심) 전화한대

놓고서 전화도 안 하고. 내가 얼마나 기다렸는데. 또…
이렇게 내가 같이 있는 것도 좀 불편해 보이고.

은섭   한 번의 키스는 실수였을지도 모르지만. 두 번째부터는
그럴 수가 없겠지.

해원   뭐?

은섭, 자석에 끌리듯 해원에게 조금씩 천천히 다가가니, 천
천히 팔을 올려 은섭의 목을 감싸는 해원. 은섭의 머리칼이
헝클어지고 그녀의 손끝이 머리칼에 닿자

은섭   (속삭이듯) 그럼 한 번 더 하고 실수가 아닌 걸로 해.

그렇게 해원에게 키스하는 은섭.
두 사람이 서로 다가갔다가 떨어지니.

해원   (코앞에서 속닥이는) …나는 니가 나를 싫어하는 줄 알았
어.

은섭   (해원을 가만히 안으면서) 그럴 리가.

서로를 꼬옥 안은 두 사람.
책방엔 따스하게 태양이 비추어 들어오고.

은섭   **미안해.**

해원이 은섭의 품으로 더욱 파고들자 은섭도 해원을 더욱
꼬옥 안는다.

S #26   (D) 혜천시청 신축 청사: 별관 입구

[혜천시의 오후 2020 독서의 해
신영춘 작가와의 만남]

거대한 현수막 펄럭이는 혜천시청의 별관. 수많은 사람들
이 브로슈어를 들고 안쪽으로 들어간다. 손을 잡은 은섭과
해원도 브로슈어를 들고 들어가는데.

S #27   (D) 혜천시청 신축 청사: 대형 세미나홀

브로슈어를 든 사람들이 입구에서 휴대폰을 건네고 번호
표를 받아 들어온다. 마치 세미나를 하듯 사람들이 모여 앉
은 대형 세미나홀.

윤택   (E) (마이크) 안녕하십니까.

강당에는 멀끔하고 세련된 차림의 윤택이 사회자석에서 진
행을 하고 있는데. 근처에는 진행위원처럼 장우도 서 있고.

윤택   혜천시민을 위한 문화행사, 〈혜천시의 오후 신영춘 작가와의
             만남〉을 주최하게 되어 영광입니다. 다들 얼굴 없는 작가
             로 알고 계시죠. 여러분도 신영춘 작가의 얼굴이 궁금하

실 텐데요. 관객분들이 휴대폰을 잠시 맡겨주시는 수고
만 해주신다면, 작가가 얼굴이야 얼마든지 공개할 수 있
다고 하여 이렇게 서프라이즈 이벤트를 준비해봤습니
다.

관객들 중 웃는 사람들도 있다.
은섭과 해원도 나란히 자리에 앉아 윤택의 말을 듣고 있는
데. 은섭의 주머니에 손을 넣고 있던 해원이 뒤쪽 문가 쪽에
서 뭔갈 보더니

해원	어?
은섭	('왜?' 하듯 해원을 보자)
해원	아니… (뒤쪽 문가로 시선 따라가며) …이모…. (를 본 것 같은 데)
윤택	그럼 신영춘 작가를 모시도록 하겠습니다. 박수로 맞이 해주시죠.

홀에 꽉 찬 사람들이 모두 박수를 친다. 앞자리엔 흰돌도
있는. 무대에 등장하는 사람은 빨간 립스틱에 딱 붙고 파인
원피스를 입은 40대 여자. 사람들 모두 "우오오오." 탄성을
지르는데.

해원	(은섭에게 속닥) 신영춘이라 해서 할아버지를 상상했어.
은섭	(웃으며) 나도.

행사장 한 켠에 서 있던 장우는 해원과 은섭이 귓속말을 하

는 걸 보고 못 믿겠다는 듯 눈을 한 번 깜빡. 그러고도 '아니 겠지?' 싶어서 두 손으로 두 눈을 비벼본다.

그사이 단상에 선 신영춘이 색기를 마음껏 뿜으며 "안녕하세요." 인사를 하더니

영춘   (윤택을 돌아보고는) 근데 우리 편집장님 소개는 안 해주시나요?
윤택   (영춘을 흘끗 보더니 사람들을 향해서) 아, 안녕하십니까. 저는 차윤택입니다. (미소를 지으며 저쪽 너머를 쳐다보는데)

그사이 장우는 다시 한 번 해원과 은섭이 앉은 자리를 보고 또 못 믿겠다는 듯 눈을 비벼대는데. 아무리 봐도 해원과 은섭이 다정하게 손을 잡고 있는 게 맞는 것 같다.

S #28   (D) 해천시청 신축 청사: 대형 세미나홀

행사가 끝나 홀에 있던 사람들이 모두 일어나 나가는 상황. 시청 직원들은 행사 뒷정리를 한다.
한쪽에 선 장우는 은섭과 해원을 다시 확인하고 싶어 깨금 발까지 딛고 마치 미어캣처럼 은섭과 해원을 찾아보는데. 하지만 없는.
'아씨, 진짜 내가 본 게 실화야, 뭐야?' 싶어 포기하지 않고 찾는 장우인데.

민정	(O.S) 저기.
장우	('어?' 확 돌아보니 민정인 것에. 대충) 어. 그래. 민정아. 민정아. (계속 나가는 사람들을 보며) 내가 지금 말이다. 어? 조금 바빠서 말이다. 뭘 본 것 같은데 안 본 것 같기도 하고.
민정	저도 은섭 오빠를 본 것 같거든요?
장우	(제대로 못 듣고. 계속 찾으며. 대충 대답) 아, 그랬으면 인사라도 하지 그랬냐.
민정	예. 그래서 인사라도 하려고 그랬는데.
장우	('내가 방금 뭘 들었지?' 당황) 너 뭘 봤다고?
민정	은섭 오빠요.
장우	(너도 봤나 싶어서) 그럼 은섭이 옆엔 누가 있었는데?
민정	그건 잘….
장우	(아 못 봤구나) 아. 그래. 그럼 니가 은섭이한테,
민정	네. 고마워서 인사라도 하고 싶은데. 밥도 먹고 싶고요.
장우	(찾으며) 그치. 니가 그랬었지. 그건 걱정 마. 내가 전해줄게. 상황을 봐서 말이야.
민정	무슨 …상황을.
장우	(계속 찾으며) 그게 별건 아니고. (마침 [박흰돌] 전화가 오자 민정에게 양해 구하는) 아. 잠깐만. (전화 받는) 예. 대표님. 아, 국숫집으로요? (입모양으로 민정에게 '나중에 전화할게.' 말하고 나가면서) 예. 지금 갈게요. 그럼.

약간은 얘기가 덜 끝난 듯한 민정을 뒤로하고 장우가 홀 밖으로 빠르게 나가면.

S #29   (D) 해천시청 신축 청사: 대형 세미나홀 입구

사람들 사이에 자연스럽게 묻어 걸어가는 명여. 선글라스를 쓴 채 뚜벅뚜벅 복도를 걸어가는데.

명여 출판사 남직원1 **(E) 심 작가님은 차윤택 편집장과 동문이시죠.**

사람들이 마주 오고 지나간다.

S #30   (D) 서울 연남동 일대의 소형 출판사: 회의실

사람들 지나다니는 복도 너머 작은 회의실. 그곳에 앉아 출판 회의를 하고 있는 명여와 출판사 직원 세 명.

명여   예. 그런데 왜요?

명여 출판사 남직원2 아, 별건 아니고요. 저희가 작가님 책 준비할 즈음에 차윤택도 책을 낸다더라고요.

명여   (덤덤) 아. 그래요.

명여 출판사 여직원1 그분이, 워낙… 냈다 하면 자꾸 5만 부씩 팔려서. 혹시 미리 정보를 알 수 있나 해서. (민망한 듯 웃는데)

명여 출판사 남직원1 (여직원1에게) 그 출판사에서 이번에 신영춘 소설 나왔지?

명여 출판사 여직원1 네. 2주도 안 됐는데 벌써 베스트셀러.

명여, 대화하는 그들을 가만히 쳐다보는데.

S #31   (D) 혜천시청 신축 청사: 별관 복도

선글라스 속 알 수 없는 명여의 표정. 사람들 지나다니는
복도를 아주 빠르게 걷는다.

명여 출판사 남직원2 **(E) 근데 신영춘 작가랑 차윤택이 사귄다는 소문은 진짭
니까?**
명여 출판사 여직원1 **(E) 에? 신영춘이 여자였어요?**
명여 출판사 남직원1 **(E) 어. 여자랜다.**

사람들 사이로 확확 파묻히는 명여의 뒷모습이 세미나홀
복도를 지나 바깥으로 나가려는 순간 명여의 뒷덜미를 확
잡는 누군가. 확 돌아보니 윤택이다. 선글라스를 쓴 명여,
뚝 떨어져 윤택을 쳐다보는데.

S #32   (N) 혜천 시내: 시장 내 국숫집

선글라스를 쓴 사람이 테이블에 선글라스를 벗어 내려놓
는. 그 옆자리에 흰돌이 앉아 자신의 잔에 술을 따르며

흰돌   **고사에 현인은 술을 드신 후 면으로 속을 달랬다고 합
니다. (앞을 보니 [先酒後麵] 큼직하게 쓰인 나무 현판이 보인다)**

장우	(흰돌 옆에 앉아 잔을 내밀며) 그래서 현판이 선주후면이군요.
흰돌	(맞은편 해원에게 술 따라주며) 반갑습니다. 말로만 들었지 뵙는 건 처음이군요.
해원	(미소) 예. 저도요. 반갑습니다.
흰돌	어머니와 무척 닮았네요.
해원	그런가요? (옆의 은섭 보고 웃으며) 성격은 좀 다른데.
흰돌	아뇨. 성격도 뭔가 비슷한 느낌인데요?
해원	진짜요? (잔을 드는데 누군가 해원의 팔꿈치를 탁 치고 지나가 술이 바지에 쏟아진) 아.
장우	(익숙하게 티슈를 뽑아 팔 뻗어 해원에게 주며) 뭐, 잘 생각해 보면 목해원이 일장일단이 있긴 하죠. 제가 해원이 어머님은 잘 모르지만 외모만 봐서는 왠지 그 일장일단의 마침표를…. (뭔가를 보더니 멈칫하는데)

장우의 시선 끝엔 무심하고 자연스럽게 해원의 바지에 튄 술을 닦아주고 있는 은섭이 있다.

장우	(심상치 않은 분위기를 읽고. 티슈를 들고 벙해서) 저. …저기요? 아까 제가 본 게 실사였나요? (두 손으로 눈을 비비는)
해원, 은섭	(함께 '어?' 고개 들어 보자)
장우	두 분, …지금 무슨 분위기신가요? (끔뻑끔뻑 믿기지 않아)
흰돌	(술을 마시며) 뭘 그런 걸 물어보나. 반백 살 내가 봐도 곧 국수 먹을 분위기구만.
장우	(정말이야?) 에에?
해원	(괜히 장난스레 장우 따라 하며) 에에? (히히 웃으며 은섭을 보

자)

장우   (은섭에게 티슈로 손가락질) 야. 너 뭐야.

은섭   (피식 웃기만 하자)

장우   뭐? 야. 와. 너. 뭐 하는,

흰돌   (장우 잔에 술 따라주며) 자네는 그냥 술이나 드시게. 저쪽
        은 상관 말고.

장우   너 이씨. 그 이야기의 엔딩이 바로 이거였어?

해원   (웃으며) 그 이야기? 그게 뭔데?

장우   뭐긴 뭐야. 얘가 너한테 반한 이야기지.

해원   (미소 지으며 은섭을 돌아보곤) 진짜?

장우   왜. 해줘? 해줄까?

흰돌   아하. …그거참 궁금한데.

은섭   아니요. (당황. 해원에게) 아무것도 아닌데. 아냐. 아무것
        도.

해원   (은섭이 무시) 해봐. 궁금해. 응?

은섭   아니. 해원아.

장우   그게 무궁화열차부터 시작하거든?

은섭   야. (장우를 좀 더 말려보는데)

저 멀리 어디선가 기차가 들어오는 소리가 들린다.

S #33   3회 S #11 (D—새벽 6시 즈음) 혜천역
            과거 ○ 10년 전 가을—은섭, 해원 18세

기차가 들어오는 혜천역. 사정없이 흩날리는 혜천역의 큰

나무 잎사귀들. 가을 단풍 잔뜩 든 그 나무들이 바람에 미친 듯 흔들리고 있는데. 교복을 입은 해원이 상처받은 얼굴로 가방을 손에 들고 바람에 머리칼이 잔뜩 나부낀 채 서 있다.

해원   (E) 무궁화열차와 단풍나무.

기차의 불빛이 깜빡 켜진다.

S #34   (N) 혜천 시내: 시장

드문드문 불 켜진 저녁의 시장 거리를 꼭 붙어 손을 잡고 걷는 은섭과 해원.

해원   그게 나한테 처음으로 반했을 때인 거야?
은섭   (가만히 해원의 얼굴을 보다가) …아니.
해원   ('응?' 쳐다보다) 그럼?
은섭   (묵직) 몇 번이고 반했었는데. 그중 하나.
해원   (얼굴이 조금 빨개지는)
은섭   (픽 웃자)
해원   나 근데 그때가 언젠지 모르겠어. …기차역에 하도 많이 가서.
은섭   아마 니가,

저 멀리서 장우가 "야!! 빨리 와!!" 소리친다.

은섭   …가출하던 날이 아닐까 싶은데.

해원, 심장이 쿵 떨어지며 '뭐?' 눈동자가 커지는데. 은섭이
해원의 손을 잡고 장우 쪽으로 마구 뛰어간다. 해원, 은섭
에게 끌려가면서도 은섭의 옆모습에서 눈을 떼지 못하는
데. 그들 뒤에 놓인 불 켜진 밤의 시장. 포장마차 천막이 훅
날린다.

S #35   (N) 혜천 시내: 1층 커피숍

드문드문 불 켜진 포장마차가 있는 밖을 보며 1층 커피숍
안의 명여가 앞을 돌아보곤.

명여   사람 됐네. 차윤택.
윤택   (차 마시며) 넌 많이 늙었다. 심명여.
명여   (차 마시며) 넌 요즘도 많이 우니?
윤택   넌 요즘도 공공장소에서 욕을 하고.
명여   이혼했다며.
윤택   (당당) 어. 세 번째.
명여   좋겠다. 헤퍼서.
윤택   헤프긴. 난 전부 다 사랑인데 무슨 소릴 하는 거야.
명여   왜 불러 앉힌 거야. 저녁부터 짜증 나게.
윤택   너 서울 왔었지. 얼마 전에.
명여   (멈춘다)

윤택	(차를 마시며 싱긋 웃으며) …우리 집 앞에서 본 것 같은데 아닌가?
명여	(혼잣말처럼) …귀신새끼.
윤택	(명여를 위아래로 훑으며) 니 복장이 튄다는 생각은 해본 적이 없지?
명여	(창밖 보며) 그냥 가본 거야. 하도 성공했다, 잘산다 그러기에 구경이나 가봤지. 얼마나 큰 집에 사나. 하고. 큰 집에는 살더라. 월세니?
윤택	아니. 자가야.
명여	좋겠다. 개새끼야. (차 마시며) 용건이나 말해라.
윤택	(픽 웃으며) 너 책 낸다며.
명여	근데.
윤택	나도 책 내는데.
명여	그래서.
윤택	니네 출판사에서 내 출간 날짜 알아내려고 진짜 애쓰더라? 그치?
명여	안 그래도 만난 김에 너한테 그거 물어보려고… 너 책은 언제 내니?
윤택	너 책 낼 때 내지.
명여	('뭐?' 하고 보자)
윤택	내가 (픽 웃으며) 원고를 다 써놔서. 내고 싶을 때 언제든지 낼 수 있어요. 좋겠지.
명여	('아이씨.' 하듯 보면)
윤택	난 니 책 나오는 날짜에 맞춰서 무조건 출간할 거야. (씩 웃자)
명여	(괜히 태연한 척 차 마시며) 복수라면 너무 쪼잔하네. 학교

다닐 때 나보다 글 못 쓰고 인정 못 받았던 걸 이런 식으로 풀 줄은 상상도 못 했는데. 서울 한복판 자가에 살면서 그러면 안 되지. 차윤택이 못쓰겠다. 옛날에도 못썼지만 지금도 못쓰겠네.

윤택	(픽 웃으며) 그럼 우리 출판사에서 책을 내시던지.
명여	(몸을 일으키며) 뭐?
윤택	니 책. 우리 출판사에서 내라고. 내가 내줄게.
명여	(가만히 보면)
윤택	대신 …니 대학 얘기서부터 지금까지의 이야기를. 소설로 쓰는 거야. (씨익 웃으며) 어때?

명여, 찻잔을 내려놓고 완전히 몸을 일으켜 윤택을 뚫어져라 처다보는데.

S #36   (N) 은섭의 본가: 부엌

찻잔을 씻어 싱크대 한쪽에 놓는 은섭 모. 밖에서 덜그럭 문 여는 소리 들리자 서둘러 부엌에서 나와서는.

은섭 모	(점퍼를 입으며 나오는 은섭 부에게) 지금 나가요?
은섭 부	응. 다녀오리다.
은섭 모	(조심스레) …여보. 오늘 상가회 사람들 만나죠.
은섭 부	(신발 신으며) 그렇지.
은섭 모	그럼 얘기 좀 해줘요. 산에서 …사람 없어졌을 때 은섭이 좀 찾지 말라는 얘기.

은섭 부	(곤란) …그건,
은섭 모	해줘어. 상가회 사람들한테 얘기를 해야 다른 사람들도 안 하지.
은섭 부	(곤란) …그걸.
은섭 모	이번에도 안 하면 다음에 또 일 터졌을 때 안 간다고 할 수 없잖아.
은섭 부	(곤란) 그래…도….
은섭 모	아, 경찰이랑 구급대원만 있으면 됐지. 우리 애가 왜 거기에 필요해.
은섭 부	(곤란) 그렇지만…서도.
은섭 모	걔 지난번에 갑자기 없어졌을 때 왜 산에 갔었는진 알아요?
은섭 부	(모른다. 쳐다보면)
은섭 모	…그 여자가 보였대.
은섭 부	그 여자?
은섭 모	(목소리 잦아드는) 네. 그 여자 환영을 보고 따라간 거래요. …따라갈 수밖에 없었대.
은섭 부	그 여잔 (생각하다가) …죽었잖아.
은섭 모	그러니까!! 이러다 우리 애가 산에 홀리는 건 아닌가 했어. (다른 데 보며 꿀꺽 삼키며) 무섭더라고.
은섭 부	(일어서며) 알았어. 그럼 말할게.
은섭 모	진짜?
은섭 부	응. 말하고 오리다.
은섭 모	고마워. 여보.

은섭 모가 마음이 놓인 듯 웃는데. 마을 저 멀리 버스가 지

66

난다.

(N) 혜천 시내: 대형 커피숍 건너편 꽃집 앞 버스정류장

곁으로 버스가 하나 지나고 버스정류장에 선 은섭과 해원.
해원이 은섭에게 꼭 붙어서 은섭을 바라보는데.

은섭   (버스 오나 보다가 해원의 시선에) 왜.

해원   그냥.

은섭   뭐가 그냥이야.

해원   아니. (배시시 웃으며) 그냥 갑자기 사라져버리면 어쩌나
        싶어서.

은섭, 자신과 같은 생각을 하는 해원을 뚝 쳐다보는데. 뛰
어다니던 이장이 은섭과 해원을 보더니

이장   (숨이 차) 아. 여기 있었네.

은섭   이장님.

이장   저기. (손가락으로 저쪽 식당 가리키며. 조금 곤란한 얼굴) …어
        디 좀 가봐야 될 것 같은데.

은섭   예?

이장이 가리킨 곳을 은섭과 해원이 함께 바라보는데. 저 멀
리 길가에 식당이 보이는.

빛나는 식당 간판 안쪽으로 들어가면.

식당 주인 　　아, 여기서 이러지들 마시라고요!!!

식당에서 술판 중 싸움이 났다. 은섭 부와 은섭 부 친구1이
손가락질을 해가며 고성을 쏟아내고 있는데.

은섭 부 친구1 　　뭘 좀 그럴 땐 데려다 쓸 수도 있지!! 어? 그럼 애를 죽
여? 젊은 애를 죽이냐고! 어? 구할 수 있는 놈이 구하는
거지!! 엉?!

은섭 부 　　우리 애도 산 타면 다치고 아파!

은섭 부 친구1 　　안 다칠 놈이니까 올라가라 했지!! 그리고!! 그런 일이
한두 번이었어? 왜 그때는 가만히 있다가 지금 와서 이
러는 건데?

은섭 부 　　그래. 사람은 그렇다 쳐. 그런데 전번엔 한밤중에 개 한
마리 없어졌다고 우리 애 불러서 산에 올려 보냈잖어!
아, 그건 아니잖어!

은섭 부 친구1 　　아, 개 좀 찾아달라는 게 뭐가 잘못됐어? 그때도 잘 찾
아왔잖아! 잘 찾아왔으면 됐지!!

은섭 부 　　아, 그러니까 그러다 우리 애가 다치면 어쩔 거였냐고!!
우리 은섭이가 다치면 그땐 누가 구할 거냐고!!

"아, 거 고만해!" "고만합시다!!" "이러지들 마쇼!!" "다 지난

일을 가지고!!" 모두들 은섭 부와 은섭 부 친구1을 말려대
는데.

은섭 부 　　　아, 우리 애가 이 동네 좋아야? 우리 애도,

은섭 부 친구1　(어이가 없다는 듯) 참내.

은섭 부 　　　('뭐?' 허듯 보자)

은섭 부 친구1　우리 애… 우리 애… (침 뱉듯 하는 말) 허. 누가 보면 진짜
　　　　　　　지 자식인 줄 알겠어.

순식간에 장내에 침묵이 돈다. 찬물 끼얹듯 내려앉은 침묵.

은섭 부 친구1　(비웃듯) 아, 그찮어. 누가 들으면 딱 틀림없이 자네 자식
　　　　　　　인 줄 알겠다고. 내가 잊어버릴 뻔했어. 걔가 자네 자식
　　　　　　　아니라는 걸.

은섭 부 　　　(황망히 보고 있으면)

은섭 부 친구1　어디서 버려진 걸 주워….

픽! 은섭 부가 은섭 부 친구1의 얼굴을 주먹으로 날렸다.

은섭 　　　　…아버지.

마침 문을 열고 들어온 은섭이 그 모습을 마주한. 따라와
뒤에 있던 해원도 확 겁에 질려 보고 있는데. 해원의 뒤로
식당 문.

식당 문을 열고 나오는 퉁퉁 부은 얼굴의 은섭 부와 은섭.

은섭 부 친구1   (뒤에 나오며. 코 감싸 쥐고. 흥분) 자네!! 이러는 거 아니야!!

은섭이 아버지 소매를 꼭 쥐고 도로에 서서 택시를 잡는데.

은섭 부 친구1   (다른 친구들이 말리는데도 계속 따지는) 내가 자네랑 30년이
야!! 30년!! 근데 나한테 이래? 이러냐고!! 친구니까 그
런 말 해줄 수 있는 건데!! 나한테 이래?! 어?

은섭   (택시가 잡혔다. 은섭 부 친구1을 향해) 죄송합니다. 아저씨.
(은섭 부를 조용히 모셔 뒷좌석에 태우는)

은섭 부 친구1   에이씨!! (주변에 말리는 사람들 팔을 확 뿌리쳐버리고 가버리는
데) 아. 에이씨!!!!

은섭   (같이 타려다가) 아. 해원아.

해원   (너무 놀란 채 뚝 멈춰 보고 있으면)

은섭   **미안한데.**

해원   (침착) 응. ('걱정하지 마.' 쳐다보면)

은섭이 해원을 한 번 보고 차에 탄다. 곧 출발하는 택시. 은
섭이 떠난 자리엔 동네 사람들이 모여 서서 웅성웅성거리
는. 해원은 어쩐지 멍 - 해 있는데.

장우   (해원의 곁에 쓱 다가와) 아주 한바탕 또 난리가 났네. (한숨
쉬면서) 무슨 분기별로 점 찍는 것도 아니고.

해원	('언제 왔어?' 확 쳐다보니)
장우	…은섭이 아버지는 괜찮으시냐?
해원	장우야. 너…. (너는 다 알고 있었어?)

해원, 어안이 벙벙해 장우를 쳐다보는데. 그들 뒤 골목 불빛이 하나둘 꺼진다.

S #40   (N) 혜천 시내: 시장

혜천시장. 밤이 되어 하나둘 꺼지는 불. 그 사이를 천천히 걷는 장우와 해원.

장우	(걸어가며) 초등학교 2학년 땐가… 3학년 땐가?
해원	(본다)
장우	어느 날 갑자기 시꺼먼 남자애가 학교에 굴러들어 왔지. (해원을 쳐다보는데)

S #41   (D) 혜천초등학교: 은섭 3학년 교실
과거 ○ 2002년 겨울―은섭, 장우 10세

시꺼먼 콩 같은 은섭이 매서운 얼굴로 아이들 사이를 가른다.

장우	(E) …그게 임은섭이었어.

교실 맨 앞줄 하얀 얼굴의 어린 장우가 겁을 잔뜩 먹고 그
런 은섭을 쳐다보는데. 마침 장우의 짝이 장우에게 귓속말
을 한다.

장우 짝   (귓속말) …쟤 늑대가 물어 왔대.

장우   (E) 뭐, 소문엔 산에서 살던 애다. 짐승이 키우던 애다.

순간 은섭이 매섭게 장우 쪽을 쳐다보니 장우가 쓱 눈을 피
하는데.

해원   (E) 왜 그런 얘기가 나왔는데?

S #42   (D) 혜천초등학교: 쓰레기장
             과거 ○ 2002년 겨울 ― 은섭, 장우 10세

옆쪽을 보던 장우가 고개를 돌려 앞을 보니 쓰레기장 한쪽
옆에 아이 하나를 눕혀놓고 마구 때리는 은섭이 있다. 장우
의 눈이 커지는데.

초등학생 남아1   (맞으면서 할 말 다 하는) 우리 엄마가!!! 니 아빠가 부랑자
             랬어!!! 너!!! 짐승이 버린 새끼랬어!! 이 그지새끼야!!

은섭이 눈이 돌아 아이를 마구 팬다.

장우	(E) 은섭이 친아버지가 산에 사는 부랑자였거든.

장우가 학교 건물 안으로 들어가 "선생님!!" 급하게 찾는다.

해원	(E) 산에 사는… 부랑자?
장우	(E) 응.

학교 저 너머 산이 보이는데.

플래시 컷   4회 S #36

해원	그렇게 큰 산에. 아무리 남자여도. 이렇게 어두운 데를 혼자서.
명여	은섭이는 아무 상관 없을 것 같은데.
휘	언니. 산 타는 건 우리 오빠 재능이에요. 그래서 다들 이러는 거고요.
해원	(이해 안 돼. 휘를 보는데)

플래시 컷   4회 S #7

해원	넌 어떻게 거길 막 다녀? 너는 뭐가 보여?
은섭	난 익숙하니까. (다시 한 번 생각하고 말하는) …익숙해.

S #43   (N) 혜천 시내: 시장

해원	(걸음이 느려지는) 그래서. …그렇게.
장우	웅. 그래서 그렇게.
해원	(장우를 쳐다보고) 그럼 은섭이 친아버지는?
장우	뭐. (잘 몰라서 으쓱) 돌아가시지 않았을까?
해원	('응?' 보면)
장우	나도 거기까진 잘 몰라. 알다시피 임은섭이 그런 얘기는 또 하는 놈이 아니라서. (큰길로 나오자) 어떻게. 어디까지 내가 데려다줘야 하나.

해원, 그런 장우를 뚝 쳐다보는데.

8회 S #58

해원	(E) …나무 무덤은 처음 봐.

S #44	8회 S #58 (D) 산: 나무 무덤

무덤 앞 작은 나무 묘비엔 [金吉常 ? - ?]

해원	누구 무덤인지 알아?
은섭	(말없이 있자)
해원	(다가가서 한자를 읽어보는) 김길….
은섭	늑대의 은빛 눈썹 이야기.
해원	(쳐다보면)
은섭	그 이야기를 해준 사람의 무덤이야. (해원을 건조하게 바라

보는데)

S #45 (N) 혜천 시내

큰길가를 좀 빠르게 걸어가는 해원. 해원의 뒤쪽으로 풍경
들이 빠르게 지나간다.

S #46 (D) 산

과거 ○ 2002년 가을― 은섭 10세

오두막에서 툭 튀어나온 은섭이 아주 빠르게 산을 뛰어다
니기 시작한다. 가다가 날쌘 짐승처럼 아주 높은 나무에 오
르더니 그곳에서 벌떡 일어나 넓게 펼쳐진 북현리 동네를
바라본다.
맑고 환하게 웃음 짓는 은섭인데. 햇살이 내리쬔다.

은섭 (E) 혹시 내가 말했었나.

S #47 S #9 (D ― 한낮) 산속: 오두막집

과거 ○ 2001년 겨울― 은섭 9세

햇살이 내리쬐는 오두막의 방. 은섭이 병아리를 가만 보고
있는데 갑자기 확 문이 열리더니.

제9회 ―― 쇠똥구리를 싫어한 소년의 비밀   75

길상	야. 내 닭을 잡아 왔는데. 볼래? (웃으며) 먹어도 되고 키워도 되고.

은섭, 활짝 웃으며 병아리를 내려놓고 일어서는데.
병아리는 살금살금 걸어 다니고 햇살이 내리쬐어 들어오는 따뜻한 방엔 먼지가 일렁일렁 흩어지고 있다. 은섭, '참 따뜻하다.' 생각하며 방을 나서는데.

은섭	(E) 내가, 내가 정말 행복했었다고.

S #48 　(D) 산
　　　　　과거 ○ 2002년 겨울 ― 은섭 10세

털컥 문이 열리는 오두막집.

은섭	(웃으면서 오두막의 문을 활짝 열고) 아빠! (손에 잡은 벌레를 보여주려는데)

휑-한 오두막. 안에는 아무도 없다. 옷가지들조차 없는 썰렁한 오두막 안.

은섭	(E) 그리고 어느 날 그 행복이

문가의 은섭이 믿을 수 없다는 듯 한 걸음 뒷걸음질 치는

데. 은섭의 손에서 떨어진 벌레가 도르르 기어가버린다.

S #49   (N) 산
         과거 ○ 2002년 겨울 — 은섭 10세

         시간이 좀 흐른 산의 숲과 하늘이 보이면. 벌레 한 마리 보
         이지 않는 오두막집. 황폐한 그곳엔 구석에서 창밖만 보는
         어린 은섭이 있는데.

은섭   (E) 단숨에 사라져버렸다고.

         울 것 같은 얼굴로 "아빠." 되뇌며 창밖만 보는 은섭의 등이
         너무나도 추워 보이는.
         창밖으로 살살 눈이 내리기 시작한다.

S #50   (N) 산 : 입구
         과거 ○ 2002년 겨울 — 은섭 10세, 은섭 부 46세

         살살 눈이 내리는 아름다운 북현리 마을의 전경. 산 밑에는
         자전거를 타고 집으로 돌아가던 은섭 부가 산어귀에 얇은
         티셔츠 한 장만 입고 눈밭에서 오들오들 떨며 쪼그리고 앉
         아 있는 아이를 보고 멈춘다.

         은섭 부, 품에서 회중전등을 꺼내 그쪽을 비추니 쪼그려 앉

아 떨던 은섭이 불빛에 서서히 고개를 드는데. 어린아이의 눈에 담긴 황망함과 슬픔.

은섭 부   ···아가.

은섭이 길 잃은 고양이처럼 은섭 부를 뚫어져라 쳐다보는데.

은섭   (E) 그럼 바로 불행해져야 하는데.

S #51   (N) 은섭의 본가: 실외 부엌
              과거 ○ 2002년 겨울 ― 은섭 10세, 은섭 모 42세

              알몸인 채 빨갛고 깊은 고무대야에 앉아 누군가를 뚫어져라 보는 어린 은섭. 보면 자상한 미소를 짓는 은섭 모가 쭈그리고 앉아 알몸의 은섭을 정성스레 씻기고 있다.

은섭 모   (다 씻기고서 옆에 놓인 수건으로 머리칼 털며) 이제 좀 괜찮니?
은섭   (대야에 쪼그리고 앉아 고개를 끄덕이자)
은섭 모   (머리 다 닦아주고 일으켜서 몸 닦아주며) 근데 넌 이름이 뭐니?
은섭   (한참 생각하다가) ···이름?
은섭 모   (설마) 혹시 이름이 없니?
은섭   (곰곰이 생각해보니) ···응.

은섭 모	(순간 왈칵해서 쳐다보면)
은섭 부	(급하게 산 옷가지를 비닐봉지에 넣어 들고서. 부엌으로 들어와서는) 그럼 은섭이 하자. 아저씨가 임씨니까. 임은섭이. 어때?
은섭	(가만히 쳐다보면)
은섭 모	(봉지 받아서 옷 꺼내며) 은섭아. 아줌마가 뭐 해줄까? 뭐 먹고 싶은 거 있니? (웃으며) 떡볶이?

은섭 모가 웃으면서 몸을 쭈욱 일으켜 일어나는데 만삭의 몸이다.

은섭	(E) 그렇지 않아 더 두려웠었다고.

만삭으로 은섭을 보며 활짝 웃는 은섭 모.

은섭	(E) 그래서 이 세상 모든 행복이 무서워져버렸다고.

S #52	(N) 혜천 시내: 대형 커피숍 건너편 꽃집 앞 버스정류장

버스정류장에서 버스를 기다리는 해원. 동동 발을 구르며 저 앞의 버스가 오나 안 오나 보고 있다. 해원의 뒤쪽 꽃집에 노란 불빛이 탁 켜지는.

플래시 컷   **2회 S #24**

휘	오오. 언니 안녕? 난 임휘. 안 닮았지만 (커피 내리는 은섭 턱으로 가리키며) 쟤 동생이에요. (씨익 웃으며 악수를 하자고 손을 내민다)

플래시 컷	**8회 S #53**

은섭 모	(활짝 웃으며) 아유. 해원 학생. 혹시 지금 시간 있어요?

해원, 은섭 모의 발을 보니 슬리퍼를 짝짝이로 신고 있다.

S #53	6회 S #24와 6회 S #27 사이 (D) 굿나잇책방: 1층

바에서 책을 읽는 해원.
드르륵 문이 열리더니 은섭 부, 들어오더니 은섭을 찾는 듯 두리번거리자.

해원	은섭이 …잠깐 나갔는데.
은섭 부	아. (약간 당황해 어쩔 줄 몰라 하자)
해원	제가 한번 연락해볼까요?
은섭 부	(당황) 아. 아. 내가 할게요. (황급히 돌아서는데)
해원	(그렇게 여자 앞에서 당황하는 모습을 보고는) 근데 아저씨.
은섭 부	(나가려다가 '응?' 돌아보면)
해원	아저씨. 은섭이랑 정말 많이 닮으셨어요.
은섭 부	(뚝 쳐다보더니 머쓱하지만 속에서 올라오는 기쁨으로 웃으면서. 머리를 긁적거리며) 그놈의 자식이 챠. 나를 참 많이 (흐훗

웃으며) 닮았죠, 진짜. 하하. (기분 좋은) 하하.

해원, 그런 은섭 부를 미소 지으며 바라보는데.

S #54   (N) 혜천 시내: 대형 커피숍 건너편 꽃집 앞 버스정류장

저 멀리서 버스가 다가오자 해원이 한 걸음 내디디며 그 불
빛을 바라본다.

S #55   (N) 은섭의 본가: 거실

거실엔 콩나물을 손질하는 은섭 모. 은섭은 마당 평상에 걸
터앉아 멍하니 앞을 보고 있는데.

은섭 모   (자상하게) 아빠한테 뭐라고 하지 마.
은섭   (돌아보면)
은섭 모   상가회 사람들 만나러 간다길래 내가 부추겼어. (은섭 보
    고는) 너 산에 올려 보내지 말라고 하라고.
은섭   ('그랬구나.' 하듯 보다가) 네. 뭐라고 안 해요.
은섭 모   고마워. (빙긋 웃더니 콩나물 딴 바구니 들고 부엌으로 가는)

은섭, 다시 천천히 앞을 보는데 마침 휘가 들어와서는 자전
거를 팡 던져놓고는.

휘	(빠르게 신발 벗고 들어가며) 아빠! 나 자전거 바꿔줘. 최고 속도 80짜리로. 어? 대따 빠르게 타버릴 거다. 아니면 자전거 안장이라도 바꿔줘. 내가 자꾸 궁뎅이가 너무 아프거든? 어? 아빠? (방문 열고 들어가려다가 은섭이 자기를 보고 있자) 뭘 봐.
은섭	(휘를 보고 픽 웃자)
휘	('왜 저래.' 하고 들어가려다가) 야. 참. (교복 재킷 주머니에서 지갑을 꺼내 던져주는)
은섭	(던진 지갑을 착 받더니 무덤덤) 아아. 이거 니가 가져갔었어?
휘	와. 내가 18년 동안 지갑 훔치면서 너 같은 놈은 처음 봐. 지갑이 없어졌는데 찾질 않아.
은섭	(괜히 엄하게) 다음부터는 꼭 오빠한테 말하고. (주머니에 지갑을 넣자)
휘	('뭐래.' 하듯 비웃는 얼굴로 보는)
은섭	(자기도 모르게 웃으며) 왜.
휘	(재킷 주머니에서 뭐 하나 더 꺼내 은섭에게 던진다)

가벼워 아무 데나 날아가는 사진.

플래시 컷   4회 S #11

뚝 떨어지는 사진 한 장.

휘	(주워 드는) 이게….

어린 남자아이가 산기슭 앞에서 아저씨와 적당히 거리를
둔 채 서 있는 사진.

휘   뭐…. (뚝 멈춰 서서 사진을 보는)

은섭이 사진을 주워보니 같은 사진이다.

은섭   (사진을 받아 들고 휘를 쳐다보자)
휘   그거 니네 아빠니?
은섭   (쳐다보면)
휘   너랑 꼭 닮았더라고.
은섭   (대답이 없는데)
휘   (문 열고 들어가려다가) 근데 은섭아. (착하게) 그 사진 버리
           면 안 되겠니?
은섭   어?
휘   모르는 사람 사진 가지고 다니면 내가 좀 질투가 나서
           그래.
은섭   ('뭐? 질투?' 픽 웃자)
휘   저기요. 저는 지금 진지하거든요?
은섭   (픽픽픽 가소롭다는 듯 웃자)
휘   저게 미쳤나. (문을 열고 들어가며) 아빠. 임은섭 돌았어. 혼
           자 웃어. (문을 콩 닫는) 아빠 진짜 쟤 왜 저래? 못생겨서?

은섭이 휘가 들어간 쪽을 미소 지으며 바라보는데.

S #56　　　(N) 논둑길

연기가 모락모락 피어오르는 은섭의 본가.

현지　　　(집 앞에서 두 주머니에 손 넣고 소리치는) 야. 임휘! (잠잠하자
　　　　　'에이.' 돌아서려는 순간)

다다다다다 로켓처럼 달려 나오는 휘. 현지가 먼저 주머니
에 손 넣고 뒤돌아 걸어가자

휘　　　　(옆에 와 주머니에 손 넣고 걸으면서) 근데 정말 그 가게에서
　　　　　자전거 안장이 3만 원 맞아?
현지　　　몰라. 니가 봤잖아.
휘　　　　응. 내가 봤지. 진짜 3만 원이었어. 근데 보고도 자꾸 못
　　　　　믿겨서 그렇지. 3만 원이라니.
현지　　　니 혹시 30만 원인데 3만 원으로 본 거 아냐?
휘　　　　아. 내가 바본 줄 아나.
현지　　　(무덤덤하게 팩트폭격) 그게 아니면 뭐지.

그때 마침 어둠 속 맞은편에서 오는 다리를 저는 남자 하
나. 현지, 문득 남자가 무서워 휘의 팔짱을 끼자

휘　　　　(남자를 못 보고) 아. 왜 이래. 너 혹시 나 좋아하니.
현지　　　(꽉 붙어) 닥쳐라.

휘는 계속 "아. 그럼 곤란한데. 전따는 친구가 지속적으로

84

없어야 멋진 거라." 하고

현지는 "뭐래냐. 진짜." 둘은 종알거리는데.

해원   (E) 항상 사람들에게 상처를 받고 했던 한 소년은

스쳐 지난 남자가 가다가 멈춰 천천히 휘와 현지 쪽을 돌아
본다. 남자는 은섭의 친부, 길상과 같은 얼굴이다.

해원   (E) 늑대의 은빛 눈썹을 대고 사람들을 지켜보곤 했어.

휘의 꽁무니가 향하는 은섭의 본가를 유심히 쳐다보는 남
자.

해원   (E) 수많은 가짜 사람들 중 진짜 사람을 찾아내기 위해
서.

S #57   (N) 은섭의 본가 앞

자전거를 타고 책방으로 가고 있는 은섭. 천천히 논둑길을
가르는데.

해원   (E) 하지만 소년이 바라본 세상 그 어디에도 진짜 사람
은 없었지.

마침 버스도 옆을 지나간다. 버스 안에는 해원이 있는데.

| 해원 | (E) 소년은 외로웠어. |

은섭의 뒤에 있는 어두운 산.

| 해원 | (E) 그 누구에게도 마음 주기가 어려웠거든. |

S #58   (D) 산속: 오두막집 앞
        과거 ○ 2002년 초가을— 은섭 10세

산 오두막 앞에 서서 은섭의 두 어깨를 꽉 잡고 내려다보며
아주 무섭게 말하는 은섭의 친부, 길상의 얼굴이 서서히 비
춰진다.

길상	(설설하고 탁한 목소리) …사람들의 진짜 모습을 알아야
	돼.
은섭	('무슨 소리야.' 보다가) …왜요?
길상	(불신) 사람들은 말이야. 너를 속이려고만 할 거다. 그러
	니 우리는 그 표정을 읽어서 진짜 마음을 알아내야 돼.
은섭	(무서워하며) 사람들이 …왜 우리를 속이려고 하는데요?
길상	세상에. (진지) 진짜 사람은 없으니까.

| 해원 | (E) 아니. |

은섭이 도무지 이해가 안 된다는 듯 남자를 쳐다보는데.

해원	(E) 니가 틀렸어. 은섭아.

S #59   (N) 굿나잇책방 앞

자전거를 타고 책방 앞에 도착한 은섭. 자전거에서 내려서 안으로 들어가려고 하자.

해원	(O.S) 니가 틀렸다고. 임은섭.

은섭, 소리에 돌아보니 해원이 서 있다.

해원	늑대의 은빛 눈썹을 가진 그 소년의 이야기. 그거 말이야.
은섭	(가만 보자)
해원	니가 그랬지. 결국 소년은 진짜 사람들이 사는 마을을 찾지 못한다고.
은섭	응. ('근데?' 하듯 보면)
해원	아니. 찾아. …소년은 진짜 사람들만 사는 그런 마을을 결국 찾아.
은섭	(안 믿는 듯 보면)
해원	그리고 그곳에서 평생토록 행복하게 살아. …지금의 너처럼.

은섭, 해원을 쳐다보는데. 왠지 두려운 얼굴이다. 그러나 해

원이 은섭에게 한 걸음 다가간다.

해원   (E) 네가 그 소년이었구나.

해원, 한 걸음, 두 걸음 속도를 내 은섭에게 다가간다.

해원   (E) 너도 그 소년이었구나.

은섭이 약간 머뭇하는 사이,

해원   (E) 너도 나만큼 추웠었구나.

해원이 빠르게 은섭에게 투두둑 다가가

해원   (E) 그럼 있지. 이제 네가 나를 안아줄래?

풀썩 은섭을 안아버리는데. 해원에게 안겨버린 은섭이 꼼
짝도 못 하고 서 있다. 해원, 놓치지 않으려는 듯 은섭을 꼬
옥 안아보는데.

해원   (E) 있는 힘껏 나를 좀 안아줄래?

그 자리에 멈춰 꼼짝도 못 했던 은섭이 잠시 생각하다가 팔
을 아주 천천히 움직여 해원을 안아본다.

해원   (E) 한순간 없어지지 않도록. 단숨에 녹아내리지 않도록.

그리곤 점점 있는 힘껏 해원을 안아보는 은섭.

해원   (E) 내게 와서. 네가 나를. 또 내가 너를

해원이 얼굴이, 뺨이, 머리칼이 은섭의 뺨과 어깨에 마구 닿는다. 그렇게 해원의 체온이 은섭에게 확 퍼지는데.

해원   (E) 그렇게 꼭 우리가 영영 따뜻하도록

은섭, 안쪽까지 따스해지는 마음에 안긴 해원에게 천천히 키스한다.

해원   (E) 안아줄 수 있겠니. 은섭아.

책방 앞 큰 버드나무 아래 꼭 안은 두 사람이 키스를 하는 풍경이 펼쳐지면서.

제9회 끝

책방 일지

돌이켜보면 무궁화기차가 문제였다.
가을이었고 새벽이었고 플랫폼엔 단풍나무가 있었고
그곳에 그녀가 서 있었다.
새벽 기차가 멈춘 곳에 그녀가.
그러니 어떻게 안 반해.

사실 아이린과의 역사는 꽤 깊다.
열 살쯤. 그녀와 마주친 적이 있었는데
그 무렵 나는 아이린이 사내아이인 줄 알았음.

그렇죠.
생각보다 우리는 많은 페이지를 함께 했었던 걸지도
모릅니다.

굿나잇책방 블로그 비공개글

posted by 葉

이벤트를

합시다

나는 처음으로 이다음이 궁금해.

은섭아. 너는 어때?

S #1   (N) 굿나잇책방 : 1층

밤빛에 버드나무 잎사귀가 마음껏 흔들리고. 하늘의 별이
찬찬히 이동하면.
바 위에 얼굴을 묻고 옆을 보는 해원. 해원의 시선 끝엔 책
을 정리하고 있는 은섭. 은섭이 책 정리를 하다가 해원을
흘끗 보니 해원이 몸을 일으켜 은섭을 쳐다보는.

은섭   (눈빛에) 왜. 뭐. 필요한 거 있어?
해원   아니이.
은섭   (다시 정리를 하는)
해원   아니다. 나 있다.
은섭   뭔데? (보는데)

불빛이 비춰지고.

S #2   (N) 굿나잇책방 : 1층

노랗게 켜진 책방 안엔 은섭이 혼자 바 뒤에 서서 책을 정리
하고 있다. 어쩐지 꼼짝 못 하고 서서 책을 정리하는 느낌
인데.

은섭   (책을 정리하며) 근데 해원아.

해원   (뒤에 앉아 은섭을 폭 안고 있다가. 아무렇지도 않게 고개만 쏙)
       어?

은섭   이게 필요했던 거야?

해원   (꼼짝도 않은 채) 응. 따뜻하니까.

은섭   (픽 웃더니 정리하는)

해원   (그대로 있는데)

은섭   저기… 근데 해원아.

해원   어?

은섭   지금 내가… 허리를 …구부려야 될 것 같아서.

해원   어어. (아무것도 안 하는)

은섭   아. 그럼 그냥 내가 구부려볼까?

해원   (태연하고 단호하다) 어.

은섭   (해원이 잡고 있어 불편하지만 조심스레 구부려 밑 선반에 놓아둔
       가위를 꺼내는)

해원   (뒤에서 그런 은섭을 보고 킥킥 웃는데)

은섭   왜 웃어?

해원   그냥.

은섭   (이제 눈치) 너 나 놀리는 거구나.

해원   아니야. 무슨?

은섭	놀리는 것 같은데.
해원	아닌데. 전혀 아닌데.
은섭	(겨우겨우 일어나면서) 내가. 나도 사실 눈치가 조금은 있어서.
해원	(정색) 없던데. 너 없던데.
은섭	아, 그래?
해원	눈치는 장우가 있지.
은섭	(인정) 어. 맞아.
해원	(픽 웃고 은섭을 사랑스럽게 보니)
은섭	왜.
해원	이대로. 딱 멈췄으면 좋겠다.
은섭	뭐가?
해원	그냥. 이 세상 모든 것들이.
은섭	(쿵 내려앉는데)

해원이 손을 뻗어 은섭의 머리칼을 만지려고 하고 은섭도 가만히 그런 해원을 바라보고. 해원이 서서히 일어나 은섭에게 다가가려는 찰나 팍 문이 열리더니

| 휘 | (다짜고짜) 은섭아! 은섭아!!! 임은섭! 임은섭! |

은섭과 해원이 우당탕탕 떨어져버리자

| 휘 | 뭐야. (뭔가 다 봤다는 듯 들어오며) 지금 뭐였지? |

은섭과 해원은 약간 겁을 먹어 갑자기 분주히 일을 하기 시

작하는데.

현지	(뒤에서 들어와) 뭐가 뭔데? 뭐가 있었어?
휘	(뭔가를 다 본 느낌) 야. 나 지금 뭐 봤거든?
현지	(무심히) 뭘 봤는데.
휘	(둘을 뚫어져라 보면서) 임은섭이랑 우리 해원 언니가….
현지	(쳐다보면)
휘	(단호하다) 뭘 먹은 것 같아.
현지	아. 그래?
휘	(미스터리) 응. 근데. (냄새를 킁킁 맡더니) 냄새가 전혀 안 나.
해원	나 물 마셨어. 물.
휘	아. 물을 마셨구나. 언니.
해원	응.
은섭	그니까 물이… 무색무취무미니까. (아무 데나 찾으며) 아, 물이 없는네.
휘	무슨 소리야. 바보야. 물이 없는데 물을 어떻게 마시냐? 재 왜 저러니?
은섭	(다급) 아니. 그래서 내가 찾아 마셨거든. 목이 말라서.
휘	뭔 소리야. 오빠. 오늘 어디 아프세요? 왜 이러세요? 이러실 거면 그냥 이마에 바보라고 써 붙이고 다니세요. 혹시라도 똑똑하다고 착각하지 못하도록.
은섭	아니. 그게 아니라,
현지	오빠. 근데 임휘, 애 오늘 자전거 안장 사러 나가서 주인 아저씨한테 완전 쫓겨났잖아요.
휘	(버럭) 야!! 너 내가 말하지 말랬지.

현지	오빠. 얘가 얼마나 바본 줄 아세요? 글쎄, 30만 원짜리 안장을 3만 원으로 본 거 있죠. (크게 한숨) 하. 저 진짜 한 숨 많이 나왔어요. 아까.
해원	(픽 웃으면)
현지	그러면서 아저씨한테 자기가 지금은 돈이 없는데 나중에 많이 벌어서 꼭 다시 오겠다고. 그러니까 어디에 팔지 말라고. 아. 진짜 완전 민폐.
휘	(버럭버럭) 야. 말하지 말라고 했잖아!! 아저씨도 비밀 지켜준댔는데 왜 니가 그걸 말하냐? 얘 웃기네?
현지	(아무렇지도 않게 바로 화제전환) 근데 너는 여긴 왜 온 거야?
휘	(바로 넘어가는) 아아. 임은섭 지갑 훔치려고 왔는데. 임은섭이 있어서 못 훔칠 것 같아.
현지	아. 그래. 그럼 가자.
휘	야. 우리도 뭐 먹자. 배고프지 않냐? 은섭아. 돈 있어?
은섭	없어.
휘	에이. (주머니에서 돈 꺼내며) 그럼 내가 쏘지 뭐. 나 3만 원 있으니까.
현지	그래. (나가는데)

휘와 현지가 재잘거리며 어느새 나가버리는.
다시 쿵. 문이 닫히자 해원과 은섭은 "하." 한숨을 털어내며
서로를 바라보다 웃음이 터지는데.

| 해원 | (픽픽 웃음을 참으며. 놀리는) 뭐야. 무색무취무미? |
| 은섭 | (조금 빨개지면서) 아니. 그게 생각나는 게 그것밖에 …없 |

어서.

해원 　(픽 웃으며) 우리 은섭이가 목이 말라서 물을 마셨구나. 물이 없는데.

은섭 　(반격) 너는 근데 니가 언제 물을 마셨다고. 거짓말.

해원 　나 마셨는데. 아까 니 등 뒤에서.

은섭 　("허." 웃으면)

해원 　(다시 은섭의 허리를 꽉 안으면서) 이제 하던 거 마저 하자.

은섭 　어?

해원 　책 정리.

은섭 　(좀 더 웃더니 다시 허리를 구부리는. 힘들다) 근데 진짜 해원 아. 나 잠깐만 놔주면. 그건 정말 안 되는 거야? 이게 조금 불편해서.

해원 　(장난스럽게 웃으며) 어. 안 돼. 그냥 그대로 해.

은섭, 한숨 대신 좀 더 웃으며 허리를 구부려 책을 꺼내는. 해원은 그런 은섭을 보고 웃고. 책방 밖으로 다정하고 따뜻한 그들의 밤이 천천히 지나간다.

S #3　(D — 오후) 혜천 시내: 버스터미널

아침이 오자 버스터미널로 버스들이 들어오고 그중 한 버스에서 내리는 남자. 은섭의 친부, 길상과 같은 얼굴의 남자. 다리를 전다. 남자, 버스터미널 밖으로 나서는데.

S #4   (D) 혜천 시내: 버스터미널 앞

터미널 앞에 쭈욱 서 있는 택시들. 남자가 밖에 나와 손님
을 기다리는 택시 기사에게 묻는.

남자   (목소리 걸걸) 저… 여… 임종필 씨 댁이 어딘지 아시능교.
택시기사   (종이컵에 든 믹스커피 마시며. '웅?' 쳐다보는데)

택시 안쪽에서 무전 소리가 들린다.

S #5   (D) 혜천 시내: 시장 내 철물점

전화기 너머 쩌렁쩌렁한 택시기사의 목소리. "(F) 거! 임종
필이를 찾던데." 시장통 철물점에서 주인 할아버지가 전화
를 받는.

철물점 할아버지 종필이 가는 은섭이네 아이나? (빗자루를 챙기는 덩치 좋은
              아들, 철물점 주인을 쳐다보며) …머이가 찾는데?

철물점 주인이 밖으로 나가 빗자루 두어 자루를 자전거에
싣고 출발한다.

S #6   (D) 북현리 동네: 슈퍼 앞

철물점 주인이 자전거를 타고 와 빗자루를 평상에 놓고 가자 소주 한 병을 산 남자가 안쪽에서 계산을 하고 절뚝거리며 나오면서.

남자   ···욕보이소.

빗자루로 앞마당을 쓸던 슈퍼집 할머니가 흘끗 남자를 본다.

슈퍼집 할머니   내··· 그···이를 어디서 보긴 봤었는데.
젊은이   (안쪽으로 들어가며) 할배! 대파라면 있어요?

남자와 쓱 스쳐 지나 들어오는 젊은이.

S #7   (N) 혜전 시내: 당구장

문을 열고 당구장으로 배달 온 남자가 헬멧을 벗으니 슈퍼에서 라면을 찾던 젊은이다. 철가방에서 자장면 꺼내주며 당구장 주인에게 뭐라 하자 당구장 주인이 저쪽 상가회 사람들과 당구를 치는 은섭 부를 보더니만

당구장 주인   (손을 들고는) 어이! 거 종필이!

S #8   9회 S #38 이전 상황 (N) 혜천 시내: 당구장

당구장 주인을 쳐다보는 은섭 부, 계산하다 눈 동그래져서
는 묻는.

은섭 부	(5만 원짜리 현금 내며) …나를 찾았다고?
당구장 주인	(3만 원 거슬러주며) 응. 터미널부터 찾았다던데.
은섭 부	누가?
당구장 주인	은섭이 (말하기 어렵다는 듯 생각하다) …친부 같았다고.
은섭 부	(순간 덜컹하는 얼굴로 당구장 주인을 쳐다보는데)
은섭 부 친구1	(은섭 부 어깨를 툭 치고 지나며) 거, 우리는 진주네 가서 한 잔 더 하자고.

은섭 부, 당구장 주인과 눈인사하며 은섭 부 친구1을 따라
나선다. 당구장 한쪽에 산 사진이 있는 달력. 그 산 안으로
들어가니.

S #9   9회 S #56 (N) 논둑길

산길을 익숙하게 내려오는 남자. 검은 비닐봉지를 들고 절
뚝거리며 걸어가다 현지와 걷는 휘와 스쳐 지난다. 남자가
가다가 멈춰 천천히 휘와 현지 쪽을 돌아보고 가는데 지나
쳤던 휘도 슬쩍 남자를 돌아보는. 절뚝거리며 멀어져가는
남자를 가만히 쳐다보는 휘.

그런 휘가 돌아본 옆 풍경으로 기차가 지나가고 바람이 불

고 별들이 내려앉고 밤이 지나 아침이 찾아온다.

S #10   (D — 아침) 굿나잇책방: 2층 거실

아침 햇빛이 천천히 들어오는 책방 2층 거실. 그곳에서 잠
든 은섭. 늦게까지 잠 못 들었다가 이제 막 잠이 든 모양새
인데.

그런 은섭을 쭈그리고 앉아 보는 해원. 눈부터 코, 입. 들었
다 나오는 숨까지. 믿기지 않는다는 듯 보고 있는데. 비추
는 햇볕에도 은섭은 쌕쌕 잘만 잔다.

해원   **(한참을 바라보다가) 은섭아. (조금 웃으면서 은섭이 코를 건드**
리며. 작게) 임은섭. (안 일어나니 은섭의 손을 들어 은섭의 콧구
멍에 넣었다가 ㄱ 손을 은섭의 입술에 다시 넣으려는 찰나)

뒤척이던 은섭이 얼핏 눈을 뜨니 눈앞에 웃는 해원의 모습
이 있는데. '꿈인가.' 툭 멈춰버린 은섭.
해원은 더 밝게 미소 짓는데. 창밖으로 쩍쩍 산새가 지저귄
다.

S #11   (D) 굿나잇책방: 1층 창가

지저귀던 산새가 후드득 날아가버리니 탕 — 창문을 열고

창밖의 버드나무를 쳐다보는 은섭. 곧 옅은 바람이 그의 뺨을 천천히 스치는데. 앞을 보니 조금 더 센 바람이 불어오는. 그 바람에 천천히 춤을 추는 버드나무의 잔가지. 옆에 놓아둔 커피에선 모락모락 김이 일어나고. 잠시 펼쳐둔 책장은 바람에 후룩후룩.

마침 뒤쪽에서 작게 들려오는 허밍 소리에 천천히 뒤를 돌아보니 바 앞에 앉은 해원이 노트북으로 첼로 연주 영상을 보며 기분이 좋은 듯 허밍을 부르는. 해원의 귀걸이가 쏟아지는 햇볕에 반짝반짝거린다.

은섭, 꿈꾸던 장면에 살짝 넋이 빠져 보고 있자

해원   (한쪽 손으로 머리를 괴고 영상 보다가) 왜에?

은섭   (정신 차리고) 어?

해원   (웃으며 은섭을 보자)

은섭   (혼잣말처럼 해원의 귀걸이와 해원의 얼굴을 보며) …빛이 나서.

해원   어?

은섭   (괜히 큼, 헛기침하면서) 아냐. (커피머신 쪽으로 가자)

해원   (영상 보면서) 은섭아, 내가,

은섭   ('어?' 돌아보자)

해원   (은섭에게 시선을 옮기며) 밥 해줄까?

은섭   (바로) 니가?

해원   (어어?) 저기. 나 잘하거든? 적어도 우리 이모보다는?

픽 웃어버리는 은섭인데.

S #12　　　　(D — 10시 조금 넘은) 호두하우스: 1층 부엌

부엌에서 정체를 알 수 없는 찌개를 끓이는 명여. 마침 거실
에서 전화벨이 울린다.

S #13　　　　(D) 파주 출판단지: 윤택의 대형 출판사 — 편집장실

사방이 통유리인 파주의 세련된 출판사 편집장실. 눈에 띠
는 감각 있는 가구와 소품들.

윤택　　(그 사이 걸어와 소파에 풀썩 앉으며) 아니. 휴대폰 번호를 알
　　　　수가 있어야지. …워낙 사생활 보호가 철저하셔서 말이
　　　　야.

명여　　(F) (로봇처럼) 용건만 말해라. 울보.

윤택　　(픽 웃더니) 계약 어떻게 할 거야? 빨리 대답 줘. 나라고
　　　　제안해놓고 끝도 없이 기다릴 수는 없거든.

명여　　(F) 아아.

윤택　　어떡해. 할 거야, 말 거야.

명여　　(F) 할게.

윤택　　(잘못 들었나. 이렇게 쉽게?) 뭐? (몸을 서서히 일으키며) 하겠
　　　　다고?

S #14   (D) 호두하우스: 1층 거실

명여   (거실에서 전화를 받고 있는) 뭐, 불만 있으면 안 하고.

윤택   (F) (의아) 아니… 불만은… 없는데.

명여   그럼 계약서 등기로 보내라. 울보. 일주일 내로. (끊으려고
            하자)

윤택   (F) 아, 저기 잠깐. …우린 계약서 등기로 안 보내거든?

명여   (어이가 없네) 그럼 뭘로 보내는데. 비둘기 발에 매달아
            서?

윤택   (F) 저희 출판사는요.

S #15   (D) 파주 출판단지: 윤택의 대형 출판사—편집장실

윤택   (픽 웃으며) 사람 만나는 걸 워낙 좋아해서요. (책상 자리로
            가며) 사람 만나는 일정이 아주 빼곡하답니다. (책상 위 달
            력을 본다. 스케줄표가 텅텅 비어 있다. 달력 집어 들며) 일단 아
            무 때나 와. 내가 널 위해서 특별히 시간 비워둘 테니까.
            (달력 놓고) 여기가 어디냐면, 경기도 파주시 회동길,

명여   (F) 새벽 6시 18분. 9시 18. 12시 18. 3시 18. 6시 18. 그
            리고 저녁 9시 18분.

            '그게 뭔데.' 하는 얼굴로 행동을 멈추고 서 있는 윤택.

명여   (F) 우리 동네 기차 시간.

| 윤택 | 지금… (어이없어하며) 나보고 거길 오라는 거야? |
| 명여 | (F) 당연하지. |

윤택, 너무 어이가 없어 가만히 있자.

S #16　(D) 호두하우스: 1층 거실

| 명여 | 니가 모르나 본데, …원래 아쉬운 놈이 오는 거란다. |

뚝 전화를 끊어버리는 명여.

S #17　(D) 파주 출판단지: 윤택의 대형 출판사—편집장실

| 윤택 | (이미 끊긴) 뭐? …여보세요? 여보세요? |

S #18　(D) 호두하우스: 1층 거실

전화를 끊은 명여가 뒤돌아서니.

해원	(어느새 들어와 부엌 쪽에서 나오며) …이모. 책 계약해?
명여	너 언제 왔어?
해원	방금 왔는데. (손에 식재료를 가득 들고) 이모 책 계약하냐고.

명여	어. 계약하는데. (식재료 가리키며) 너 그건 왜 가져가는 거니?
해원	(이해가 안 돼) 글쓰기 싫다고 난리였잖아. 이모. 생각나는 게 하나도 없다면서. 뭐. 창작의 샘이 말랐다 어쨌다… 근데 갑자기 무슨 바람이 불어서.
명여	사람이 밑바닥까지 닿으면 치고 올라가기 마련이잖니? 마침 나에게 가난과 궁핍이 찾아왔고. 그래서 말인데. 니 손안에 있는 내 감자와 내 토마토와 내 당근이 지금 나는 되게 거슬리는데.
해원	아아. 이건 내 돈 주고 산 거야.
명여	니 돈 주고?
해원	응. 저번에 은섭이네 있을 때 내가 산 거야. 내 꺼.
명여	아아. (못 믿겠다는 듯 혼잣말처럼) …니가 샀다.
해원	(후다닥 나가며) 아무튼 이모. 책 너무 기대된다. 나 다른 건 몰라도 이모 소설은 좀 좋아했잖아.
명여	(근데 얘 왜 이렇게 긍정적이지?)
해원	(나가면서) 책 얼른 나와서,
명여	(말 끊으며) 야.
해원	(엉?)
명여	…곧 겨울이 끝나간다.
해원	(그게 뭐)
명여	너도 동면을 좀 끝내야 되지 않겠냐는 말이다.

해원, '동면을 끝내라고?' 명여를 보자 명여는 부엌으로 들어가면서 혼잣말처럼 "봄이 오면 돌아간다고 하지 않았었나."

해원은 왠지 생각하는 듯 툭 서 있는데. 거실 창 너머 북현리 동네로 가면.

은섭 모   …뭐, 누구?

은섭 본가의 아침.

은섭 부   (바깥에서 세수를 하다가 허리 펴고 일어나며) 은섭이 친부.
휘   (방 안에서 다다다 달려 나오며) 엄마!! 나 실내화! 실내화!
은섭 모   니 자전거에 걸려 있어. (쿵 떨어져 은섭 부에게 수건 건네며
               작은 목소리로 아주 빠르게) …그 사람은 죽었잖아.
은섭 부   (수건으로 얼굴 닦으며) 그럼 누구겠어.
은섭 모   (생각났다) …그 삼촌?
은섭 부   뭐. 그런 것 같은데. 동네가 은섭이 친부가 왔다고 들썩
               이는 거 보면.
은섭 모   들썩여? (깊은 한숨) 하.
은섭 부   (슬쩍 눈치를 보니)
은섭 모   (받아 든 수건 무섭게 탈탈거리며) 아주 내가 이놈의 동네, 옛
               날부터 맘에 안 들었어. 코딱지만 해가지고. 뭐 하나 있
               으면 다들 모여서 수군수군수군. 어? 동네에 산에 사는
               부랑자 있다고 모여서 수군수군수군. 가끔씩 동네 내려
               와서 일하면 또 일한다고 수군수군수군. 그 남자한테 콩
               알만 한 남자애가 있네, 없네 그것도 수군수군. 그 애를

우리가 키우네 안 키우네 또 수군수군수군. (너무 짜증 나서) 하! 그 사람이 죽은 지가 언젠덴, 어? 아직까지도 그 사람 얼굴을 기억하고 또! (한숨) 징글징글해. 어? 징글징글하다.

은섭 부   (괜히 죄인이 된 마냥 치약을 묻히는데. 잘 안 짜진다)

은섭 모   (부욱 짜주면서) 근데 그 사람이 당신을 왜 찾아?

은섭 부   (은섭 모가 무서워 괜히 눈 회피하며 칫솔질) 뭐, 은섭이 지금 어디 있냐. 뭐, 그 정도겠지. 뭐, 지금껏 안 찾는 거 보면 책방으로 벌써 찾아갔을 수도 있고. 뭐.

은섭 모   (흥분해도 목소리가 그렇게 큰 건 아님. 휘가 들으니까) 그 사람이 책방을 왜 가! 왜! 가서 왜. 또. 뭐. 또 은섭이한테 돈 뜯어내게? 지난번에도 와가지고 한참 가져갔었잖아. 자기 배 사고 싶다면서. 다리 다쳤을 땐 병원비 한다고 가져가고. 은섭이 돈도 없는데 자꾸 왜 와가지고는.

은섭 부   에이. 설마… 이번에도 그러겠어?

은섭 모   아니. 그래. 돈은 그렇다 쳐. 근데 자꾸….

은섭 부   (보면)

은섭 모   …자꾸 …같이 배를 타자고 하니깐, 내가…, (짜증이 확 올라오는데)

휘   (방 안에서 나오며) 엄마 나 다녀올게!!!

휘가 자전거를 끌고 빠르게 마당을 빠져나간다.

S #20   (D) 나무 오솔길

화창한 나무 숲길을 자전거로 달려가는 휘. 한참을 말없이 가다가 결국 끼이이익! 멈춰 서는데.

플래시 컷   S #9

지나쳤던 휘도 슬쩍 남자를 돌아보는.

S #19

은섭 부   *(E) 은섭이 친부.*

절뚝거리며 멀어져가는 남자를 가만히 쳐다보는 휘.

플래시 컷   S #19

은섭 모   …그 사람은 죽었잖아.
은섭 부   (신문 읽으며) 그럼 누구셨어.
은섭 모   (생각났다) …그 삼촌?

휘, 가만히 서서 잠시 생각해보더니 뒤뚱뒤뚱 왔던 길 쪽으로 자전거를 돌려본다. 자못 심각한 얼굴로 페달을 밟아 다시 돌아가는 휘.

S #21   (D) 굿나잇책방 앞

탁! 문을 열고 나온 은섭. 오늘 택배 보낼 책들을 담은 상자를 밖으로 툭툭 내놓기 시작한다.

두어 상자 내려놓고 허리를 쭈욱 펴고 호두하우스 쪽을 돌아보니 어느새 저 멀리서 두 손 가득 식료품을 들고 환하게 웃으며 내려오는 해원. 은섭, 뚝 멈춰 그런 해원을 꿈처럼 바라보고 있자

길동   (눈앞에 확 나타나) 마!

은섭, 쿵 떨어져 앞을 보니 무서운 길동이 눈앞에 서 있다.

S #22   (D) 굿나잇책방: 뒷마당

탕! 탕! 뒷마당에서 장작을 패는 해원. 뒷마당의 평상엔 해원이 가져온 식재료 봉지가 아무렇게나 놓여 있고 해원이 장작을 패다가 궁금한 듯 까치발을 들어 안쪽을 살피는데.

S #23   (D) 굿나잇책방: 1층

소파에 앉은 길동. 은섭이 그런 길동에게 차를 내와 놓으니.

길동   (후룩 차를 들이켜며) …한 5년 됐나?
은섭   (맞은편에 천천히 앉자)
길동   니 군대 가기 전에 함 본 게 마지막이제.
은섭   예.

길동	(뚝 보면)
은섭	…배는 사셨어요?
길동	아니. (고개 도리) 몬 샀다.
은섭	(가만히 차를 마시자)
길동	(주섬주섬 안쪽에서 뭔갈 꺼내 내밀더니) 내 이게 나오데.

받아 보니 길동과 길상, 그리고 은섭이 찍힌 사진.

길동	니도 있나.
은섭	저는, (지갑에서 사진을 꺼내는) 이거.
길동	(사진을 보고) …같은 날이네. (은섭의 사진 짚으며) 내가 찍은 기다.

길동이 한참 주변을 본다. 그리곤 차 한 모금 마시면서 은섭을 툭 쳐다보는데, 매서운 길동의 눈. 은섭, 피하지 않고 그 눈을 가만히 보고 있자.

길동	니 지금 내랑 어데 쫌 갔으믄 싶은데.
은섭	어디를.
길동	여서 쫌 멀다.
은섭	혹시 같이 배를 타는 거라면, 삼촌.
길동	뭐. …그런 거랑… 쪼매 비슷하긴 한데.
은섭	(두려운 느낌으로 보면)
길동	(딱 알고) 니.
은섭	(보면)
길동	(정곡을 찌르는) …정신 단디 챙겨라이.

은섭	(들켜 보면)
길동	니 핏줄은 내다. 모르겠나? 니 몸 안에 흐르는 거랑 내 몸 안에 흐르는 게 같다는 기다. 그래서 땡기는 거라 그 말이다. 니, 결국엔 느그 엄마 보고 안 왔나. 거 가서 3년 이나 그 옆에서 병수발 들다 왔다이가. 결국 마지막은 있다이가. 핏줄이란 뜻이다. 알겠나.
은섭	(멈춘 채 있자)
길동	…니 안즉 그 댁 사람들한테 어무이 아부지 깍듯하게 그라제?
은섭	('예.' 하듯 쳐다보면)
길동	(툭 일어나며) 그게 다… 넘이니까 그란 기다.
은섭	('뭐?' 보면)
길동	(차가운 눈으로 돌아보며) 넘이라서 그란다.

은섭, 길동을 뚝 쳐다보는.

S #24   (D) 굿나잇책방 앞

길동의 표정은 보이지 않고 은섭이 길동을 보는 모습만 보이는 책방 문틈. 엉덩이를 쭉 빼고 책방 문틈 사이로 안을 몰래 들여다보고 있는 휘가 마침 컹! 컹! 동네를 지나던 큰 개가 짖자

휘	뭐? 넘? 뭐라고? (확 돌아보며) 저 개… (하는데 생각보다 개 가 크다. 다시 돌아보고) 아씨. 진짜 뭐라고 한 거야.

휘의 엉덩이가 마구 흔들리는데. 마침 뒷마당에서 나온 해원이 그런 휘를 보고는.

해원   (곁에 와서 같이 문틈으로 보려고 하며) 뭐 해?

휘   (화들짝 놀라 해원을 보자)

해원   안 들어가고.

휘   언니. 쉿! 쉿! 쉿! 쉿!

찰나 드르륵 문이 열리고 은섭과 길동이 나오자 놀란 휘가 누구보다 빠르게 사라져버리는데.

해원   (미소 지으며) 얘기는 다 끝나셨어요?

길동   (묵직하고 무섭게 해원을 보는)

은섭   해원아. 나…. (포복자세로 몹시 빠르게 자전거로 뒤로 이동하는 휘를 보고 '휘 아냐?')

해원   응. 말해.

은섭   나 어디 좀 다녀와야 될 것 같은데.

길동   (사이 큼, 헛기침을 하며 절뚝거리며 나간다)

해원   응. 다녀와. 그럼.

은섭   오늘 못 돌아올지도 몰라. 괜찮아?

해원   (미소) 응. 그럼.

은섭   플리마켓도 준비해야 될 텐데.

해원   괜찮아. 내가 알아서 하면,

휘   (저 멀리 도망치면서 소리 지르는) 안 돼에!

해원, 은섭이 '응?' 같이 돌아보는데 저 멀리로 자전거로 달려가며 소리치는 휘. 계속 "안 돼! 안 된다고! 이 오빠 새끼야!!!! 안 돼!!!" 소리치며 은섭의 본가 쪽으로 자전거를 타고 마구 달려간다.

S #25   (D) 은섭의 본가: 마당

자전거를 팡! 집 앞에 던지고 안으로 달려가는 휘.

휘	엄마!! 엄마아!
은섭 모	(빨래 널려다가 휘를 보고) 너! (상황을 보니 학교를 안 간 것 같아 등짝 퍽퍽 치며) 너 학교 안 가고 왜 다시 왔어. (등짝 퍽퍽) 너 또… 학교 땡땡이 쳤지. (퍽퍽) 엄마가 말했잖아. 공부를 못하면 성실이라도 하라고. 도대체 무슨 생각으로. (퍽)
휘	아! 엄마아!!
은섭 모	왜! 뭐!
휘	임은섭 도망갔어!!
은섭 모	(멈춰서) 뭐라고?
휘	아씨. 그 삼촌인가 하는 그 아저씨가 또 찾아와서어!!! 같이 어디 가자고오!!!
은섭 모	…돈을 달라진 않고?
휘	돈은 무슨 돈!! 아 차라리 돈을 달라 하지!! 데리고 어디 갔단 말이야!! 핏줄이 땡기네 어쩌네 막 그러면서어!!!!

은섭 모가 왠지 멍해져 휘를 본다. 마침 휘를 찾다가 들어온 은섭 부도 대문가에 서서 멍하니 휘를 쳐다보자

은섭 모 **은섭이가 정말 따라갔다고?**

휘 **아. 냉큼 따라갔어!! 냉큼!! 아!! 차라리 돈을 뜯어 갈 것이지!!! 아!!! 짜증 나아!! 아이씨!! (고무대야를 빵! 차버리는데)**

S #26 (D) 혜천 시내 : 버스터미널

빵! 소리와 함께 버스가 들어오는 버스터미널. 그곳에서 [강릉]이라는 행선지가 적힌 버스를 타는 은섭과 길동. 버스가 곧 출발한다.

S #27 (D) 북현리 동네

마을 이곳저곳에 붙는 [북현리 나눔 바자회. 굿나잇책방 플리마켓] 포스터. 그 앞으로 누군가 자전거를 타고 지나고 마주 오는 곳으로는 버스가 지나간다.

S #28 (D) 삼거리 버스정류장 — 굿나잇책방 주변

버스가 멈추며 사람들이 내리고 정류장에 붙은 플리마켓

포스터들. 저 멀리 굿나잇책방 근처가 아주 북적북적하다.
책방의 주변엔 색색의 천막과 돗자리들이 놓여 있는데.
책방 주변으로 사람들이 몰려들고. 그 안으로 대파가 튀어
나온 봉지 들고 타타타 뛰어온 기분 좋은 얼굴의 승호가 보
이면.

S #29   (N) 굿나잇책방: 1층

[며칠 전]

한쪽 난로에서 승호 할아버지가 오글오글 돌돌 대파를 굽
고 있는.

수정	(테이블을 쿵 치며) 자, 여러분!
해원	(바 뒤에서 컴퓨터를 하다 쳐다보니)
수정	우리, 이벤트를 합시다.
근상	무슨 이벤트 말입니까? 수정 씨.
수정	플리마켓이요.
장우	아. 우리 수정 이모님께서 혹시 시청 행사 아이디어를 저에게 주시는 겁니까?
수정	그러기엔 너무 작은 이벤트인데.
승호	(호기심) 플리마켓이 뭔데요?
휘	나 그거 알아! 완전 알아! 아나바다잖아! 아껴 쓰고 나눠 쓰고.
현지	(무심히 팩트폭격) 아니야. 임휘. 그거 아니야.

근상	근데 수정 씨. 플리마켓은 안 쓰는 물건을 가져와서 파는 거잖아요.
수정	어머. 그러네? …어쩌나. 나는 그런 게 단 하나도 없는데.
해원	음. 그냥 각자 잘 하는 걸 팔아도 되는데.
은섭	(마침 뒷마당에서 막 들어오다 '어?' 쳐다보면)
해원	(은섭을 향해 미소 지으며) 그치. 은섭아.

대파 굽는 연기가 솔솔 피어나는 책방.
해원이 앉은 창 너머 논둑길이 비춰지면.

S #30   (D) 굿나잇책방 주변

책방 근처에 옹기종기 모여 친 천막에는 동화책 전집과 장
난감들을 하나하나 진열해놓은 아저씨와 구슬을 꿰어 팔
찌를 만들어 파는 털모자를 쓴 어린 여자아이와 낫이나 괭
이, 호미 등, 농기구를 진열한 할아버지와 할머니.
가운데에는 기름난로가 끓고 있고 난로 주변에 사람들이
삼삼오오 모여 커피를 마시며 담소를 나누는.

해원	(E) 그럼 수정 이모님은 파이나 퀼트 같은 걸 팔아보시는 건 어떠세요?

그중 천막 부스 하나를 차지한 수정. 호두파이, 애플파이,
호박파이 상자를 쌓아놓고 팔고 있다. 테이블 뒤에는 화려

한 퀼트 작품들도 아기자기하게 걸려 있는데.

아주머니 (천막 안으로 들어와 뒤에 걸린 퀼트 작품 가리키며) 자기야. 저
건 얼마야?

수정 (웃으며 퀼트 작품을 떼어내) 이거요?

아주머니 (퀼트 작품 보며) 응. 이거 자기가 직접 만든 거지?

수정 그럼요. (환하게 미소를 짓는데)

해원 (E) 잘 팔릴 것 같은데.

수정의 천막을 기웃거리던 현지가 바로 옆 예쁜 천 돗자리
가 펼쳐진 곳으로 가 앉는데.

현지 (E) 그럼 저는요?

휘 (E) 야. 권현지. 너는 캘리 해. 너 그거 잘하잖아?

낮은 책상 위에 하얀 도화지를 놓고 붓을 다듬는데 마침 지
연이 그 앞에 쭈그리고 앉자

현지 (건조하게 영업) 뭐라고 써드릴까요?

지연 음. 우리 딸한테. "윤희야. 엄마는 너를 사랑해."

현지 (무심히 써주면서) 아빠는 안 사랑하시고.

지연 뭐라고.

현지 (말없이 글씨를 쓴다. [윤희야. 엄마는 너를 사랑해. 아빠는 제외하고])

지연 이보세요?

승호   (E) 누나, 누나!! 그럼 저는요?

돗자리에서 멀지 않은 곳, 기름난로 위 작은 냄비에는 보글
보글 단팥죽이 끓고 있다. 곁에는 대파도 돌돌 구워지고.

승호   (소리치는) 단팥죽과 대파구이 드실 분!!!!

지나던 사람들이 수군수군 몰려든다. 승호의 곁엔 승호 할
아버지가 쭈그리고 앉아 달고나를 만들고 있다.

승호   (의자에 앉으며) 달고나도 있답니다!

승호와 승호 할아버지에게 다가가는 사람들. 천막이 휘휘
날리는데.

근상   (E) 아, 그럼 저는 새고로 남아 있는 조명을 싼값에 팔겠
       습니다.

한쪽 천막에서 다양한 조명들이 현란하게 반짝이는 근상
의 부스.

근상   (침을 튀겨가며 설명) 자자! 여러분!!! 다양한 사이즈의 풀
       칼라 전광판을 한번 만나보십쇼. 이건 말입니다!! 실내
       에 설치해도 옥외에 설치된 효과를 누릴 수가 있어요!!
       가성비가 아주 좋은데 말입니다. 요기 이 리모컨으로 작
       동을 하면. (리모컨 뻑 눌러보자)

확 켜지는 조명이 무척이나 아름답다.

장우   (E) 내가 살면서 이렇게 완벽한 이벤트는 처음 기획해본
                 다.

책방을 중심으로 이루어진 천막 부스들. 그 주변으로 옹기
종기 모여드는 사람들.

장우   (E) 그래서 드는 생각인데…

저 멀리 버스정류장이 보이면 거기서부터 오는 검은색 세
단. 곧 책방 근처에 차가 세워지고 혜천시 시장이 비호를 받
으며 내린다.

혜천 시장   (입구의 장우에게 가) 자네. 고생이 많네.
장우   (돌아보고 꾸벅 90도로 인사하며) 아. 시장님!

장우   (E) 근데 나 시장님한테 너무 칭찬을 들어서 갑자기 부
                 시장으로 승진하면 어떡하지?

S #31   S #29 (N) 굿나잇책방: 1층

현지   (무심히 팩트폭격) 이 동네에 우리나라 5천만 전 국민이 다
                 오더라도 그럴 일은 없을 것 같은데.

장우	현지. 우리 얘기 좀 하자. 위 니드 딥 토크.
현지	(무표정) 노 땡쓰.
은섭	그럼 이제 다 된 건가요?
현지	아뇨. 해원 언니는 아직 안 정했어요.
해원	난 책을 팔아야지. 여기 알바생이니까.
휘	(정말 몰라 묻는 순수함) 누구랑?
해원	그야 당연히. (미소 지으며 옆을 돌아보니)

S #32   (D) 굿나잇책방: 1층

책방의 바 뒤에 부루퉁한 얼굴로 서 있는 휘. 안에는 대여섯 명의 사람들이 들어와 있는데, 키핑 서재 앞에 사람들이 북적이는. 서재마다 현지가 캘리로 쓴 테마가 붙어 있는.

* 헤이진 언인에게 권해주고픈 책.
* 화장실에서 읽기 좋은 책.
* 말 안 통하는 직장 상사에게 선물하고 싶은 책.

여중생	(혜천중 교복을 입고 해원과 휘에게 슬금 다가와) 저기···.
해원	(미소 지으며 보자)
여중생	입시에서 도망가고 싶을 때 읽을 만한 책은 뭐가 있나요?
해원	아. 그건···. (뒤쪽에서 찾으려 하자)
휘	(바로 찾아 여중생에게 떡하니 보여주며) 4,200원. 오케이?
여중생	우와! (화색을 띠며 책을 받아든다)

휘가 보여준 책의 제목은 [1등이 꼴찌 되고 꼴찌가 1등 되는 법 / 토마스 딜런]

여중생, 만족하며 돈을 내고 나가는데.

해원   (쭈그리고 앉아 책 정리하면서) 뭐야. 잘하네?

휘   (대답 없이 묵묵히 서 있다가 가만히 앞을 바라보며) …언니.

해원   (책 정리를 하며) 어?

휘   (앞만 보면서. 차분) 언니는 임은섭이 돌아올 거라고 생각하세요?

해원   (휘의 차분한 분위기에 슬쩍 눈치. 쓱 보면)

휘   저는 아니라고 생각해요.

해원   (가만히 일어나 '뭐라고?' 하듯 쳐다보면)

휘   언니. (한숨 깊게 쉬고) …임은섭은 떠날 거예요. 그 아저씨랑 아주 멀리멀리.

해원   아냐. 오늘 저녁에는 돌아온다고 아까 연락 왔어. 어머니한테도 전화드렸다면서. 아마 네가 걱정하는 일은, (없을 거야)

휘   언니. 임은섭이요. 이번엔 좀 달라요.

해원   (보면)

휘   …이번에는 안 올 것 같아요. (부루퉁) …틀림없이.

해원, '정말일까?' 문득 옅은 불안감이 들어 휘를 쳐다보는데.

길동   내는 …니랑 같이 살 끼다. 인자.

해변가를 나란히 걷던 길동과 은섭. 은섭이 '뭐?' 하듯 길동을 쳐다보니

길동   배 그만 탈라꼬. 그만 탈 때도 되지 않았나, 안 글라?
은섭   (묵묵히 쳐다보자)
길동   니도 인자 성인 아이가. 그 집에서 키워준 거는, 그만치 옆에 있어줬으니까 나는 됐다. 생각한다.
은섭   저는,

길동, 걷다가 멈춰 은섭을 똑바로 쳐다본다.
쏴아- 한 번에 들어왔다 저물어가는 파도. 푸르고 청아한 바다가 그들 발끝에 왔다가 거품처럼 사라지는데.

길동   **저 함 봐봐라.**

길동이 가만히 앞을 본다. 길동의 시선 끝엔 바다 가까운 작은 건물.
은섭, '뭐지?' 보면서 천천히 다가가자. 1층은 아기자기한 책방. 2, 3층은 팬션인 듯 조그마한 건물이다.

길동   (건물을 바라보며) **니가… 책을 좀 좋아했었나.**
은섭   ('설마…' 하듯 보는데)

길동   내 한 번씩 니한테 갈 때, 책 그거 들고 가믄. 억수로….

S #34   (D) 산속: 오두막집
           과거 ○ 1995년 가을─은섭 3세, 은섭 친모 27세

           동화책 한 장을 넘기는 고운 손.

은섭 친모   **이것 봐.**

           낡은 오두막에 통통 부었지만 아주 고운 얼굴의 은섭 친모
           가 세 살배기 은섭을 품에 안고 낡은 동화책을 읽어주고 있
           다.

은섭 친모   **옛날 옛적에, 커다란 산에 어린아이와 엄마가 살았습니
           다. (은섭에게) 우와. 우리 얘긴가봐? 그치? (후후 웃는데)**

길동   **(E) 억수로 좋아했었제.**

S #35   (D─해 질 녘) 동해바다

           바닷가의 작은 책방. 그 안쪽에서 웃는 몇 사람.

길동   **그래서 샀다.**

길동과 은섭이 멈춰 안쪽의 풍경을 보고 있는데.

길동 　　니한테 …지금껏 받은 돈이랑 내 배 타믄서 모은 돈이랑
　　　　다 합치가꼬.

은섭 　　(건물을 보며) …사셨다고요. 저걸.

바닷물이 스르르 들어왔다 빠져나가는 저녁.

길동 　　태어나서 죽을 때까지 혼자인 넘들이 있다.

S #36 　　(D ― 해 질 녘) 산속: 오두막집 앞
　　　　과거 ○ 2001년 가을 ― 은섭 9세

저녁 해가 지는 산. 툭 오두막 문을 여는 남자의 살짝 굽은
등. 문을 열고 나온 사람은 은섭 친부, 길상. 저무는 해를 아
주 쓸쓸하고 지친 듯 바라본다.
오두막에 앉아 책을 꼭 쥐고 앉아 아빠의 굽은 등을 보는
어린 은섭은 아빠가 떠날 것만 같아 불안하기만 한데.

은섭 　　(불안한 마음에) …아빠.

해는 지고 바람은 불어온다.

길동 　　(E) 느그 아부지가 그런 사람이었다.

S #37   (D — 해 질 녘) 동해바다

저 먼바다에 부— 지나는 배. 그렇게 떠나는 배를 쓸쓸히 바
라보는 길동의 외로운 얼굴.

길동   **···내도 마찬가지고.**

은섭, 그런 길동의 뒷모습을 가만히 바라보는데.

S #38   (N) 산속: 오두막집
               과거 ○ 1995년 가을 — 은섭 3세, 은섭 친모 27세

해맑게 웃고 있는 세 살배기 은섭.

길동   **(E) 니도 똑같다.**

뭣도 모르고 앞에 있는 낡은 동화책을 물고 빠는데.

길동   **(E) 우리는 있다이가. 누구랑도 같이 몬 산다.**

그 옆엔 벽에 몸을 기대고 앉아 지친 듯한 얼굴로 멍하니
앞을 보는 은섭 친모가 있다. 은섭이 뭘 하든 지친 듯 그저
문만 바라보는 은섭 친모.

길동   (E) 느그 엄마도 결국은 몬 버티고 갔다 아이가.

바깥엔 바람이 분다. 은섭 친모는 말없이 바람 몰아치는 오
두막의 창을 바라보는데.

길동   (E) 피가 그런 기다. 피가.

바람 부는 산속의 노란 불빛. 오두막이 외롭다.

길동   (E) 죽을 때까지 혼자 살아야 하는 피지. 그기.

S #39   (D ― 해 질 녘) 동해바다

길동   (멍하니 바다 보며 혼잣말처럼) 그래서 내가 인자 니랑 살라
꼬 하는 기다.

옅은 저녁이 오자 톡 불이 켜지는 해변의 책방.

길동   어차피 떠날 놈들끼리 같이 살믄 좋지 않긋나. 뭐. 상처
받을 일도 더 없지 않겠나 싶고.

바다의 물결이 찰랑찰랑 쉼 없이도 움직인다. 은섭도 바다
를 물끄러미 바라보는데.

길동   (천천히 돌아보며) 와? 니는 좀 다를 것 같나.

해가 서서히 바다 밑으로 저물어든다.

S #40   (N) 논둑길 — 굿나잇책방 앞

어두운 밤. 흙먼지를 일으키며 동네 꼬마 아이들이 달려가는 논둑길.

책방 앞은 밤이 되었는데도 여전히 북적거리는 와중 근상의 전구가 켜져 아름다운데, 털모자 꽁꽁 쓴 승호가 수정의 무릎에 앉아 단팥죽을 폴폴 먹으며.

승호   맛있어요. 이모.
수정   그렇지? (웃자)
승호   (배시시 웃어 보이는데)

갑자기 첼로 소리가 들려온다. 주변의 사람들, '뭐지?' '뭐야?' 소리가 나는 쪽을 쳐다보는데.

승호   (두 눈에 기대가 차) 이모. 이거 혹시 해원 누나가 하는 게 아닐까요?
수정   (바로 앞에 모여 있는 사람들 틈을 보더니 눈 커지며) 그래? 그럼 우리 한번 가볼까?

승호와 수정이 확 일어난다.

어딘가를 가만히 바라보는 해원의 깊은 눈. 해원의 눈앞엔
첼로, 바이올린, 비올라 합주를 하는 중학생들.

장우   (옆에서 해원을 툭 치면서) 야. 진짜 잘하지 않냐?

해원   응. (그렇다는 듯 가만히 미소를 짓자)

장우   (자랑하려는) 야. 이것 봐라. 우리 혜천시에서 말이다. 이
          렇게 방과 후 수업을 진행을 해서 말이다. 이렇게 반짝
          반짝 빛이 나는 인재들을…,

휘   (옆에서 두 주머니에 손 넣고 시니컬하게 방해) 붸붸붸붸. 뷔뷔
          뷔뷔.

현지   오빠. 저 집중하고 싶어요.

장우   (그흠. 헛기침을 하며 앞을 보니)

첼로 연주가 끝이 났다. 모두들 박수를 치는 와중.

승호   (둘 사이로 얼굴을 내밀고) 어어? 해원 누나가 아니었네요?

해원   (웃으며 승호에게) 나인 줄 알았어?

승호   네. 누나도 첼리스트니깐요?

해원   (승호의 '첼리스트'라는 말에 '오올.' 하는 듯 봐주자)

현지   (무심히) 언니도 한번 해주시면 안 돼요?

수정   그래. 해원아. 이모도 좀 듣고 싶다.

장우   (손으로 구호 외치며) 해줘라! 해줘라!

팬시리 소란스러워지자 주변 사람들도 흘끔흘끔 해원을
보니.

첼로 남학생   **(해원에게) 제가 …빌려드릴까요?**

해원, 뚝 서서 첼로를 바라본다.

S #42   (N) 논둑길에서부터 굿나잇책방 앞

새까만 논둑길을 지나오면 오색의 천막과 알전구가 빛나
는 굿나잇책방 앞. 웅성웅성 사람들이 서로 뭔가를 사고파
는 다정한 모습. 호호 불어 단팥죽을 먹는 사람과 책을 들
고 지나며 깔깔깔 넘어갈 듯 웃는 학생들. 바람에 나부끼는
마른 나무들.

그들 틈으로 첼로 연주 소리가 서서히 스며든다.
[Bach: Cello Suite No.1 In G Major, BWV 1007: I.
Prélude] 해원이 연주를 하는데 아주 풍성한 소리. 다들 조
용해져서 밤의 연주에 집중하는데. 점점 현란하게 움직이
는 해원의 손. 사람들 웬지 숙연해져 그녀의 독주를 바라보
는. 시골의 밤하늘을 꽉 채운 그녀의 열렬한 연주. 열정을
다하는 그녀가 반짝반짝 빛나는데.

곧 연주가 끝이 나고 잠시 긴장한 듯 멈춰 있던 해원이 천

천히 일어서자 우레와 같은 박수를 쳐주는 사람들. 독서회 회원들도 "우!!" 환호성을 지르며 박수를 치는데. 그 안에서 해원이 오랜만에 뿌듯한 미소를 지어 보인다. 논둑길 너머 저 멀리로 기차가 부— 소리를 내며 지난다.

S #43   (N) 국도: 고속버스 안

기차가 지나는 국도. 버스 안 은섭이 창밖을 보고 있는데. 휘룩휘룩 지나는 창밖 풍경.

8회 S #7

해원   *(걱정이 돼 한달음)* 은섭아.

플래시 컷   **8회 S #7**

해원이 걱정에 저도 모르게 은섭의 뺨을 만지자. 흔들리는 은섭의 눈. 뺨에 닿은 해원의 손을 내려놓으려는데.

S #35

길동   *(E) 태어나서 죽을 때까지 혼자인 넘들이 있다.*

툭 떨어지는 해원의 손.

플래시 컷   **9회 S #6**

은섭, 그런 해원을 멈춰 쳐다보자 '왜에?' 하듯 바라보는 해원의 뺨을 비추는 햇빛.

S #37

길동　　(E) …내도 마찬가지고.

은섭은 그늘 속에 서서 눈부신 햇빛 속 해원의 모습을 뚝 바라만 보는데.

S #38

길동　　(E) 피가 그런 기다. 피가.

플래시 컷　　**9회 S #25**

은섭　　(속삭이듯) 그럼 한 번 더 하고 실수가 아닌 걸로 해.

그렇게 해원에게 키스하는 은섭.

S #38

길동　　(E) 죽을 때까지 혼자 살아야 하는 피지. 그기.

플래시 컷　　**9회 S #37**

은섭　　(버스 오나 보다가 해원의 시선에) 왜.
해원　　아니. (배시시 웃으며) 그냥 갑자기 사라져버리면 어쩌나 싶어서.

은섭, 자신과 같은 생각을 하는 해원을 뚝 쳐다보는데.

S #39

길동   *(E) 와? 니는 좀 다를 것 같나.*

S #44   (N) 국도: 고속버스 안

창밖엔 시골의 적은 불빛들이 소소히 지나가고. 은섭의 쓸
쓸한 얼굴이 그 창에 반사되어 보이는 밤.

S #45   (N) 혜천 시내: 대형 커피숍

버스가 오가는 커피숍 앞. 통유리로 비춰지는 커피숍 1층
엔 윤택과 명여가 마주 보고 앉아 있는.

윤택   (계약서 내밀며) 오랜만에 기차 타니까 옛날 생각나더라.
너랑 기차 이런 거 진짜 많이 탔었잖아.

명여   (계약서 넘겨 보며. 교과서 읽듯) 맞아. 그때마다 넌 울고. 명
여야. 사랑해. 명여야. 미안해. 명여야. 엉엉. 질질. 훌쩍훌
쩍.

윤택   (픽 웃으며) 저는 전부 다 진심이었거든요?

명여   (계약서 확인하며) 아하. 그러세요. (계약서 쭉 내밀더니 한 조
항을 가리키며) 여기. 이것만 빼면 도장 찍어줄게.

134

명여가 가리킨 조항은 [제4조 (내용의 책임) (2) '갑'은 본서의
내용을 본인의 경험을 토대로 집필한다]

윤택	안 돼. 그게 가장 재밌을 예정이라.
명여	아니? 나는 조금도 재미없을 예정이라.
윤택	그건 니가 판단하는 게 아냐. 편집장인 내가 판단하는 거지.
명여	(진심으로 정곡 찌르는) 이보세요. 남의 집 불구경. 구경하는 새끼들이나 재밌지. 그 집에 갇힌 사람은 지옥이라는 걸 왜 모르세요?
윤택	(쳐다보면)
명여	(진심이지만 가벼운 듯) 난 끔찍한 지옥을 글로 쓸 수 없어.
윤택	(가만 보다가) 그럼 반반 섞든가.
명여	뭐?
윤택	섞으라고. 픽션과 논픽션을 적당히. 알 게 뭐야. 나는 뭐가 픽션이고 논픽션인지 모르는데.
명여	(한참 보다가) …그렇다면.
윤택	절대로. …뭐가 사실이고 뭐가 거짓인지 묻지 않는다.
명여	(보면)
윤택	됐지? (다른 계약서 꺼내며) 자, 여기에 도장 찍으시고요.
명여	(왜 계약서가 하나 더 나와) 이건 뭔데.
윤택	이럴 줄 알고 하나 더 준비해 왔거든. 유능한 편집장의 기본자세 아니겠냐. (씨익 웃으며 명여가 원래 보던 계약서를 박박 찢는)

명여, 어이없어하면서도 새로운 계약서에 도장을 쾅! 찍는데.

S #46   (N) 굿나잇책방 : 1층

해원이 승호의 안내서에 도장을 쾅! 찍어주자

승호   (어느새 도장이 꽉꽉 찬 안내서를 들고 방방 뛰며) 완전 재밌었어요!! 누나!! 그죠! 그죠!!

현지   (웬일로 긍정) 재밌었다. 진짜.

근상   (소파에 앉아서) 저는 뭐. 좀 싸게 팔긴 했지만. 그래도 재고를 많이 처리할 수 있어서 참 유익했던 시간이었습니다.

수정   (난로 앞에서 비장) 난 결심했잖아. 이참에 파이 가게를 내기로. 이름은 음… 그리스털 파이?

"하하하." 다들 웃고 좋아하는데.

근상   그런데 저는 무엇보다 해원 씨의 첼로 연주가 정말 멋졌습니다. (진심 감탄) 그런 건 처음 봤거든요.

현지   아. 맞아. 학교에서 애들이 끼적거리는 거랑은 정말 차원이 달랐어요.

휘   (기분이 꿀꿀해도 인정할 건 인정) …인정.

승호   저도 언젠간 그런 걸 배워보고 싶어요. 누나.

해원   (웃으며 승호 보고) 그래?

승호	(허리를 쭉 펴고 저쪽을 보며) 근데 은섭이 삼촌은 안 오네요.
수정	(약간의 한숨 쉬면서) …그러게요. 같이 있었다면 정말 좋았을 텐데.
근상	그러게나 말입니다.
휘	참나. (시무룩 툴툴) 걔는 이젠 안 온다니깐.

해원의 얼굴에도 슬슬 걱정이 드리워지는데 수정이 먼저 "이제 그만 가볼까요." 하며 가방을 챙겨 일어나고 승호도 한쪽에 앉아계시던 승호 할아버지에게 "가요! 할아버지!" 말하고 휘와 현지도 같이 일어나고 근상 역시 헛기침을 하며 일어서는데 갑자기 책방의 문이 확 열리더니

장우	아, 어딜 가려고. 아직 할 일이 남아 있어!

S #47   (N) 굿나잇책방 앞

장우	자자. 다들 여기 보시면 돼요. (삼각대에 휴대폰 고정시키곤) 자. 찍습니다.

책방 앞에 나란히 쭉 선 사람들.
활짝 웃는 승호와 현지. 부 – 부루퉁한 휘. 장갑을 끼고 가방을 들고 다소곳이 손을 모은 수정과 그 옆에서 머리를 긁적이는 근상. 지긋하게 미소 지은 승호 할아버지와 또 한가운데에 선 해원까지.

다만 해원은 은섭이가 없어 아쉬운 듯 살짝 깨금발을 들어
저 멀리를 바라보는데.

장우   (타이머를 맞추곤) 하나, 둘 (달려와 서자)

찰칵. 올해의 겨울이 추억으로 남겨졌다. 은섭이 없는 추억.
그들 뒤 노랗게 불 켜진 책방 안으로 들어가면.

S #48   (N) 굿나잇책방: 1층

해원   이제 너 가도 되는데.

플리마켓 후의 책방을 정리하는 해원. 장우가 옆에서 도와
주면.

해원   (정리 착착 하며) 나 혼자 할 수 있거든.
장우   (무거운 책이나 짐 올려주며) 이것까지만 하고 갈게. 임은섭
            이 워낙 부탁을 해놔서 도무지 발이 떼어지지가 않거든
            요?
해원   (픽)
장우   근데 너 마음은 좀 어때?
해원   (갑자기 훅 들어오는 질문에) 어?
장우   좀 복잡해 보였거든. 그동안은.
해원   아… (잠시 보다가) 답답하긴 했었는데.
장우   ('그랬구나.' 하듯 보면)

해원	이제 좀 편해졌어.
장우	(이해하는 얼굴로) 음. 피곤해. 그치. 서울살이?
해원	('아는구나.' 하듯 피식 웃으며)
장우	하긴. 뭐, 나도 가끔, 갑갑하긴 했었지.
해원	('너도?' 하듯 보면)
장우	뭐, 혼자 밥이라도 먹을 땐 약간 체할 것 같기도 했었고.
해원	(가만 보면)
장우	또 친구들이랑 있을 때도 좀 외롭기도 하고 말이야.
해원	(보면)
장우	근데 그것도 지나고 나니까 다 추억이 되더라고. 나는.
해원	(복기하듯) 추억?
장우	응. 니가 여기에서 지금 추억을 쌓고 있는 것처럼.
해원	(뼈가 있는 말이다. '어?' 쳐다보면)
장우	나한텐 서울 생활이 정말 좋은 추억이었거든? (씨익 미소 짓곤) 야. 근데 (책 뭉텅이를 보면서) 이건 도대체 어디에 놔야 하는 거냐. 어?

해원이 장우의 말을 곱씹느라 약간 멍한 사이
그들 뒤로 잘 놓인 은섭의 가족사진들이 보이면.

S #49   (N) 은섭의 본가: 거실

거실에 걸린 어린 은섭과 은섭 부모, 또 어린 휘가 찍힌 가
족사진. 은섭이 점점 커가면서 찍힌 사진들이 꽤 있는데.

은섭 모	(거실에 앉아 빨래를 개며) 나는 그래도 …못 보내요. 여보.
은섭 부	(거실 턱에 걸터앉아 방수장화에 테이프를 붙이다가 뚝 쳐다보면)
은섭 모	혹시라도 이따 은섭이가 돌아와서는 …그래. 정식으로 우리한테 인사하고. 그 사람 따라간다 말하더라도 (작은 목소리) …싫어. 말릴 거야. 가지 말라고 할 거야. 막 매달릴 거야, 난.
은섭 부	(방수장화 놓더니) 걔가 가고 싶으면 가는 거지. 뭐.
은섭 모	(벌써 그렁그렁) 당신은 그런 말을 어떻게 그렇게 막 해?
은섭 부	은섭이는 우리 애가… (침 꿀꺽 삼키고, 잦아드는 목소리로) …아니잖어.
은섭 모	(흥분) 난!! 당신이 걔 데려와서!! 애는 남의 자식이니까!! 남처럼 키우라고 했을 때도!! 난 그게 안 됐어. 그게 어떻게 돼요? 우리 집에서 먹고 자는 애가. 내 팔 베고 내 품에 안겨 자는 애가! 어떻게. (울 것 같은) 어떻게 남이야. 내 자식이지. 아니에요?
은섭 부	(말이 잘 안 떨어진다) 남이래. (한숨 크게 쉬면서) 남이라잖아. 동네 것들이. 죄다. 걔가 무슨 니 자식이냐고.
은섭 모	난!! 걔가 지 엄마 임종 지키겠다고 3년 동안 우리 곁을 떠났을 때도!! …믿었어. 믿었다고요.
은섭 부	(보면)
은섭 모	언젠간 돌아올 거라고. 그 3년 동안 은섭이가 우리한테 전화 한 번 안 했어도!!! 당신은 끝끝내 걔가 돌아오지 않을 거라고 나한테 몇 번이고 말했다고. 난 아냐. 난 끝까지 믿었어. 그래서 돌아왔잖아. 결국 우리한테. 지금 우리한테.

은섭 부	그래도 핏줄이… (꿀꺽) 핏줄이 땡겨.
은섭 모	핏줄? 그럼 당신도 그래?
은섭 부	(쳐다보면)
은섭 모	당신도 핏줄이 그렇게 땡기냐고. 당신도 그게 그렇게 땡겨서 휘만 더 예쁘고. 휘만 당신 자식 같고.
은섭 부	(바로. 아주 약간 흥분) 아니. (진심) 아니야.

은섭 모, 그런 은섭 부를 보다가 한순간 눈물이 주르르 흐르니 벌떡 일어나 안방으로 쾅! 들어가버린다.
은섭 부는 한숨을 푹 쉬다 옆을 보니 멍한 얼굴의 은섭이 대문가에 서 있다.

| 은섭 부 | (뚝) …은섭아. |

본가 너머로 큰 산이 보이면.

S #50   (N) 큰 산

큰 산의 밤에 바람이 불어 나무들이 휘엉청 넘어졌다 일어난다. 밤 짐승 달려가는 그림자. 후드득 떨어지듯 비행하는 새들과 그에 반해 느리게 움직이는 검은 구름. 그 아래 나무들이 천천히 흔들리면.

S #51   (N) 은섭 친모의 본가: 마당

제법 큰 한옥의 마당. 그 마당 한쪽, 휠체어를 탄 은섭 친모
가 옆에 서 있는 은섭의 손을 가만히 잡으며.

은섭 친모   **한 번만.**
은섭   (쳐다보면)
은섭 친모   **한 번만 나에게 말해줄 순 없겠니?**
은섭   (가만히 보는데)
은섭 친모   **응?**

은섭은 아무 말도 못 하고 바라만 보는데.

은섭   **(E) 사랑한다고.**

한옥의 낮은 굴뚝에서 연기가 천천히 땅 밑으로 흩어지는
데.

S #52   (N)은섭의 본가: 안방
            과거 ○ 2003년 초가을 — 은섭 모 43세, 은섭 11세, 휘 8개월

따뜻한 은섭의 본가. 안방의 아기 침대에 누워 "아아." "오
오." "아앙." 옹알이를 하는 어린 휘를 눈을 동그랗게 뜨고
보는 은섭.

은섭 모	(방으로 들어오더니) 은섭아. 너 2시간째야.
은섭	어머니. 얘 너무 신기해요.
은섭 모	(히히히 웃는데)

어린 은섭이 휘에게 시선을 뺏긴 채 뚫어져라 보고 있다.

| 은섭 | (E) 정말 당신을 |

S #53   은섭의 본가: 실외 부엌

과거 ○ 2003년 겨울 — 은섭 모 43세, 은섭 11세, 휘 10개월

부엌에서 어린 휘를 등에 업고 설거지를 하는 은섭 모. 그런 은섭 모에게 다다다 달려온 어린 은섭이 가만히 손을 내민다.

은섭 모	(설거지를 하다가 고무장갑을 빼면서) 이게 뭐니?
은섭	(쳐다보는데)
은섭 모	(손을 펼쳐 받아보니 쇠똥구리벌레다) 어머.
은섭	혹시…. (싫어하시는)
은섭 모	어머. 나 이거 너무너무 좋아하잖아. 이거 쇠똥구리벌레지?
은섭	(고개를 끄덕이며 아주 조금 미소를 짓자)
은섭 모	고마워. 정말정말 고마워. 응?

은섭, 고개를 숙이곤 조금 더 웃어보는데.

은섭	(E) 많이 사랑하고 있다고.

은섭 모가 쇠똥구리벌레를 들고 정말 좋아한다. 손안에 놓고 귀여워 죽겠다는 듯 소중히 바라보는데. 어린 은섭이 쑥스러운 듯 웃음 짓는.

은섭	(E) 혹은,

은섭의 본가 마당이 보이면.

S #54   (N) 은섭의 본가 앞

끼이이익 자전거를 집 앞에 세운 휘. 부루퉁한 얼굴로 앞을 보니 은섭이 서 있다.

휘	(오빠가 와서 너무 좋지만 괜히) 흥. (툭 치고 들어가자)
은섭	너 자전거 가지고 뒤뜰로 좀 와봐. (먼저 가버리는)

휘, 입 모양으로만 '왜, 왜 저래?' 괜히 그러면서 자전거를 끌고 뒤뜰로 가는데.

은섭	(E) 보고 싶었다. 미안했었다. 우리는 하지도 못하고.

굴뚝에 연기가 모락모락 피어오르는 은섭의 본가.

S #55   (N) 은섭의 본가: 안방

드라마에서 가족들의 화목한 모습이 나오는 안방 TV. 은
섭 모가 한구석에 쭈그리고 앉아 눈물을 훔치고 있다.

은섭 부   (O.S) (방문 밖에서) 여보. 괜찮은감?
은섭 모   응. (쓱 훔치곤) 나 드라마 봐. (쓱)

은섭   (E) 울지 마라. 떠나지 않을 거야.

방 밖의 은섭 부, 가만히 있다 곧 쓰윽 걸어가는데.

은섭   (E) 그런 말들이 뭐가 그리 어렵다고.

S #56   (N) 은섭의 본가: 마당

뒷마당에 던져놓은 휘의 자전거를 일으키는 은섭. 바퀴를
툭툭 쳐본다. 체인도 잘 굴러가나 보고. 벨도 잘 울리나 보
는데.

휘   (그 앞에서 비죽) 흥. 어차피 떠날 놈. 됐어. 퉤퉤. 얼른 떠나
버려.
은섭   (픽 웃으며 자전거 안장을 떼어내기 시작하는)

휘	내 자전거도 만지지 마. 어차피 떠날 놈은 내 꺼 손도 대지 마. 어?
은섭	(피식 웃으며 안장을 떼는데)
휘	(불안해서 괜히 더) 배 타버려. 타버려라. 그거 타고 태평양까지 떠나버려라!! (최선을 다해) 홍!!
은섭	(혼잣말처럼) …내가 배를 타든지 말든지. 떠나든지 말든지. (옆에 둔 새 안장으로 갈아 끼우면서) …지가 날 언제부터 그렇게 좋아했었다고.
휘	(짜증. 꽥!) 태어날 때부터!!
은섭	('뭐?' 멈추고 휘를 보자)
휘	(버럭버럭) 태어났을 때부터 좋아했었거든?!!
은섭	(쩡하지만 웃긴) 뭐어?
휘	응애응애 울 때부터!! 세상이 처음 보였을 때부터!! 니가 좋았다고 멍충아!!
은섭	(쩡한데 참는. 웃으며) 왜에?
휘	니가 내 오빠니까!!
은섭	(쿵 해서 보면)
휘	오빠니까!! 태어나 보니까 이미 벌써 니가 내 오빠였잖아!! 그래서 처음부터 좋았는데 나보고 뭐 어쩌라고!!! (으아아앙) 미워! 임은섭 미워! 임은섭 꺼져! 임은섭 저리 가아. 미워!! 배 타!! 타버려!! (으아아아앙 울어버리는데)
은섭	야.
휘	몰라. 모른다고!! 엄마. 아빠… 임은섭이 나 울렸어어!! (가려고 하니)
은섭	(울 것 같은 마음 꾹 참고 안장 바꿔주곤 안장 탁 치며) 비싼 거다.

146

휘	(울음 잦아들며. '진짜?' 하듯 보더니 슬쩍 안장 만지며) 많이? ···많이 비싸?
은섭	응. 오다가 시내 들러서 큰맘 먹고 샀어.
휘	(울면서도 다가가 보는) 니가··· (울먹) 오랜만에 물질로··· 나한테 뭘 표현했구나. (안장 만지며) 내가 너무 갖고 싶었던··· 그래··· 이거야. 3만 원짜린 줄 알고 갔더니··· (훌쩍) 30만 원이었던··· 우리 은섭이 돈 많나보다? ···(엉엉 더 울면서) 근데 다음엔 현금으로 줘. 학생이 이렇게 비싼 안장이 뭐가 필요하다고··· 30만 원이면 할 수 있는 게 얼마나 많은데. (훌쩍훌쩍 엉엉엉)
은섭	뭐라고? (어이가 없어 웃으니)
휘	(생각해보니 열이 받네) 뭘 웃어. 미친놈아. 웃지 마. 나는 우는데 니가 웃으면 반칙 아니겠니? (그 와중에 자전거는 또 타보는) 우와. 되게 좋다. 오빠. 오빠. 되게 좋아. 오빠아. (어느새 "아하하하." 웃는데)

은섭이 서 있고 휘가 자전거를 타고 마당을 빙빙 돈다. 휘는 어느새 기분이 한껏 좋아져 "꺄아!! 오빠아!" 소리치며 자전거를 타는데.

부드럽게 미소 짓는 은섭. 깔깔거리는 휘. 그렇게 평화로운 은섭의 집 뒤편. 그들 뒤로 밤이 천천히 흐르는데.

S #57   (N — 9시 15분 즈음) 혜천역

밤하늘 높이 떠 있고 저 멀리 기차 소리 들리는 혜천역 플랫폼. 그곳에 주머니에 손을 넣고 왠지 비틀비틀 서 있는 명여. 그 옆엔 멀쩡한 윤택도 서 있는데.

윤택	…마중까지 다 와주시고. 영광이네.
명여	(비틀비틀)
윤택	그 몸으로 말이야.

명여, 끔뻑끔뻑 서 있는데. 마침 기차가 소리를 내며 들어오자.

윤택	야.
명여	(비틀거리며 쳐다보자)
윤택	이제라도 말해보지그래?
명여	뭘.
윤택	그날. (포즈 뒤) …나랑 왜 헤어졌는지.
명여	(픽 웃으며) 내가 너랑 한두 번 헤어졌어야지. 한 천 번.
윤택	(흔들리지 않고 정색) 맨 마지막. 2010년 9월 5일 아침 9시 23분. 문자메시지. 헤어지자. 그거에 대한 대답을 해보라고. 심명여.
명여	(끔뻑끔뻑 모르는 척 피죽피죽 웃으며 보자)
윤택	내가 아직도 너한테 미련이 있어서 그걸 외우는 건 아니고요. 하도 어이가 없어서 외우고 있거든요. 그러니까.
명여	(픽)
윤택	그날 왜 우리가 헤어져야 했는지. 난 암만 생각해도 잘못한 게 없거든. 도대체 뭐 때문이었냐?

명여	글쎄. …기억이 안 나는데?
윤택	기억이 안 나?
명여	뭐래. 맨 정신도 기억 안 나는데. 지금 내가 그걸 기억할 것 같냐?
윤택	("허." 어이가 없다는 듯 비웃자)
명여	(픽 웃으며) 10년도 더 된 일이야. 그걸 어떻게 기억하라는 거지?
윤택	("허." 어이가 없다는 듯 비웃는데)

이윽고 플랫폼에 완전히 멈춘 기차. 문이 열리자.

윤택	갈게.
명여	잘 가라. (피식피식)
윤택	초고 나오면 연락하고.
명여	꺼져라. (피식피식) 울보.

윤택이 대답을 듣지 못해 못내 아쉬운 얼굴로 기차에 탄다. 명여, 윤택이 기차에 타는 걸 가만히 지켜보는데. 곧 안내음과 함께 기차의 문이 닫히고 기차가 출발한다. 윤택이 탄 기차는 점점 멀어져만 가는데.

윤택	(E) 이제라도 말해보지그래? 그날. 나랑 왜 헤어졌는지.

그 자리에 가만히 서서 끔뻑끔뻑 눈을 감았다 뜨는 명여. 몸도 비틀비틀 옆으로 흔들린다. 가만히 서 있다가 곧 뒤돌아서는 명여.

윤택　　　　(E) 2010년 9월 5일 아침 9시 23분. 문자메시지. 헤어지자.

뚜벅뚜벅 앞을 향해 걸어가는데 기차역의 커다란 시계가 보이는. 저녁 9시 22분이 다 되어가는데.

윤택　　　　(E) 그거에 대한 대답을 해보라고. 심명여.

S #58　　　(D — 아침 9시 22분) 파주서 : 취조실 앞 복도
　　　　　　과거 ○ 2010년 9월 5일 — 해원 18세, 명여 38세

휴대폰으로 시계를 보는 명여. 날짜는 [2010년 9월 5일] 시간은 [09 : 22]이다. 마침 문자메시지가 오는데.

내사랑 울보 : [어디야]

명여가 고개를 들어 주변을 돌아본다. 경찰들이 바쁘게 오가는 경찰서의 복도.
복도의 벤치에 앉은 명여. 옆에는 교복을 입은 초췌한 얼굴의 해원도 앉아 있다.
"아, 그 새끼 잡았냐고!!" "아. 거기서 영장 기각됐다니깐?"
"이번 주말 또 광화문 동원입니다." 경찰들이 분주하게 오간다.

그런 복도를 가만히 쳐다보던 명여가 윤택에게 답장을 보내는. [헤어지자] 바로 전송하는 명여.

S #57

명여   *(E) 글쎄. …기억이 안 나는데?*

시끄럽고 정신없는 경찰서 한가운데 휴대폰을 한 손에 쥔 명여가 넋이 나간 듯 앉아 있다.

S #57

명여   *(E) 10년도 더 된 일이야. 그걸 어떻게 기억하라는 거지?*

S #59   <u>3회 S #3</u> (D ─ 오후 4시 즈음) 해원의 파주집: 2층 계단
            과거 ○ 2010년 9월 4일 ─ 명여 38세

            한 손에 휴대폰을 쥐고 해원의 옛날 집 계단을 마구 내려오는 명여.

명여   **(다급) 언니!! 언니!!**

            어디선가 자동차가 부웅 ─ 출발하는 소리가 들리더니.

S #60   (D ─ 오후 4시 넘어) 해원의 파주집: 마당
            과거 ○ 2010년 9월 4일

쾅!! 자동차가 담벼락에 박힌다. 등나무 덩굴 덮인 담장 벽돌이 와르르 무너져 내린다. 바람이 불어 마당 한쪽 거대한 느티나무 잎사귀가 비현실적으로 흩날린다.

S #61   (D — 오후 4시 넘어) 해원의 파주집: 마당
         과거 ○ 2010년 9월 4일 — 명여 38세

담장을 뚫고 나올 듯 박힌 반파된 해원이네 자동차. 처참한 듯 그 옆에 서서 "하." 숨을 토하는 명여.

해원   (E) 은섭아. 우리의 미래가 어떻게 될지 나도 몰라.

S #62   (N) 해진역

멈춰서 "하." 숨을 토하는 명여.

해원   (E) 다만,

어둠 속 기차역. 가로등 하나가 그런 명여를 비추고 있다. 그 아래 선 명여가 숨을 토하더니 머리칼을 넘기며 고개를 드는데.

해원   (E) 나는 처음으로 이다음이 궁금해.

S #63   (N) 굿나잇책방 앞

구름 아래 탁 트인 밤하늘. 책방 문을 열고 나온 해원이 찬
바람에 외투를 부여잡는다. 안쪽에 있는 전화기를 흘끗 보
는 해원. 전화가 오지도 않고 은섭도 오지 않자 괜히 기다
리게 되는데.
저 멀리서 노란 불빛이 다가온다. '누구지? 은섭인가?' 해
원, 깨금발을 들어 보니 자전거를 타고 오는 은섭이다. 은
섭인 걸 확인하고 해처럼 환히 미소 짓는 해원.

S #64   (N) 굿나잇책방에서 호두하우스 가는 길

가로등 불빛이 환한 책방에서 호두하우스로 가는 길. 해원
이 돌아가는 길을 은섭이 바래다주고 있는.

해원   (일부러 천천히 걸어가며) 어제 온 그분.
은섭   (같은 속도로 맞춰 걸어가며) 응.
해원   네 삼촌이라면서.
은섭   응.
해원   휘가 그러는데.
은섭   (보면)
해원   네가 떠날 거래. 이곳을.
은섭   (뚝 보는데)

해원   (은섭을 쳐다보면서) 아니…지?

은섭, 한참 해원을 보더니.

은섭   …너도.
해원   (보면)
은섭   너도 봄이 오면 떠나잖아.
해원   (뭐?)
은섭   날씨가 좋아지면. 그래서 이곳이 따뜻해지면.

해원, 걸음을 멈춰 은섭을 쳐다보는데.

은섭   (묵직) 너도 결국 돌아갈 거잖아.

해원이 은섭을 바라본다. 은섭도 해원을 바라보는.

해원   (E) 정말 이다음이.

그리고 저 멀리 숲에는 바람이 불어온다.

S #65   (N) 혜천역

바람에 흔들리는 나무 아래 천천히 선글라스를 벗는 명여.

선글라스를 벗으니 그녀의 한쪽 눈, 동공이 크고 검고 빨갛

154

고 녹색이 섞였다.

해원   (E) 궁금해.

아주 허망한 얼굴로 앞을 보는 명여. 불어오는 바람에 마른
몸도 함께 비틀거리는 듯한데.
저 멀리 들리는 기적 소리. 그곳을 향해 명여가 천천히 고개
를 돌린다.

해원   (E) 은섭아. 너는 어때?

바람에 날리는 수많은 풍경들 비춰지며.

제10회 끝

책방 일지

굿나잇책방을 열고 처음으로 이벤트를 열었다.

실질적으로 아이린이 리더였고,
독서회 회원분들이 애정을 갖고 도와주셔서 무척 감사한
마음.
추억으로 남겨진 회원들의 사진을 보니
얼마나 즐거웠는지 온전히 느껴져서 좀 질투가…. (쿨럭)

아이린은 지난해 말 내려왔을 때보다 한결 밝아졌다.
내 착각이 아니라면 선보나 잘 웃고 그늘도 옅어짐.

순간순간 웃는 모습을 볼 때마다 눈이 부시다.

굿나잇책방 블로그 비공개글

posted by 葉

두
개
의

이
야
기

우리는 …사랑이야?

응. …사랑이야.

S #1 　　(D) 이신대: 공연영상창작학부 문예창작전공 ― 대형
　　　　강의실
　　　　과거 ○ 28년 전, 1992년 초가을 ― 명여 20세

넓은 대형 대학 강의실. 아무도 없다. 창가 쪽에 혼자 앉은
명여가 창밖을 가만히 보다가 누군가 강의실로 들어오는
소리에 앞을 보곤 말한다.

명여 　　　**우리 헤어지자.**

그쪽을 똑바로 응시하며 명여, 가만히 긴 머리를 쓸어 넘기
는데.

S #2 　　(D) 이신대: 운동장
　　　　과거 ○ 28년 전, 1992년 초가을 ― 명여 20세

긴 머리를 하나로 높이 묶으며 상큼하게 운동장을 걸어가는 명여가 살짝 뒤돌아보더니 차가운 얼굴로.

명여   **헤어지자고, 우리.**

휙 고개를 돌리니 뒤에는 '도대체 왜.' 하는 얼굴의 윤택이 서 있다. 명여의 머리가 이리저리 흔들리는데.

S #3   (D) 이신대: 도서관
         과거 ○ 28년 전, 1992년 초가을 ― 명여 20세

         책을 앞에 놓고서 머리카락을 살살 땋아가며.

명여   **(속삭이는) 어떻게 곰돌이가 그려진 옷을 입을 수가 있지?**

         머리를 땋으며 뒤를 돌아보니.

S #4   8회 S #24과 같은 날 (N) 서울 가는 기차 앞
         과거 ○ 28년 전, 1992년 초가을 ― 명여, 윤택 20세

         운동화를 신은 명여가 챙 넓은 모자에 원피스를 입은 채 산뜻하게 기차에 오르면서.

명여   **넌 니 걸음걸이가 너무 똑바르단 생각은 안 해봤니?**

명여가 기차에 오르자 보이는 건 울 것 같은 얼굴로 플랫폼에 서 있는 윤택이다. 저 멀리서 기차가 출발한다는 신호도 들리는데.

S #5   (D 아침 9시 23분) 윤택의 주상복합 : 윤택의 방
              과거 ○ 2010년 9월 5일— 윤택 38세

문자가 왔다는 소리에 부스스 침대에서 일어난 윤택. 가만히 휴대폰을 확인하니.

명여: [헤어지자]

윤택, 표정 없이 익숙하게 문자를 보낸다.

[왜]

답장을 보내고 마른세수를 하며 한참을 기다리는데. 답이 없자 다시 한 번 문자를 보내는.

[대답해]

곧 답이 온다.

명여: [이유는 없는데]

윤택, 휴대폰을 뚫어져라 쳐다본다.

S #6   (D — 오후) 혜천시립대학병원: 암병동

휴대폰으로 시간을 확인한 명여가 빠르게 걸어가는 곳은 대형 병원의 복도. [암병동] 팻말이 보이는 병원의 8층이다. 명여가 두리번거리며 코너를 돌자 문 활짝 열린 다인실 입구 쪽 병상. 수정이 서 있고 침대에 앉은 야윈 여자가 보이는. 명여, 그 둘의 모습에 서서히 멈춰 서자

순영   **(야위었지만 활짝 웃으며 손을 흔들며) 심명여!!**

명여, 순영을 기민히 쳐다보는데.

S #7   (D) 혜천시립대학병원: 암병동 6인실 문 쪽 자리

순영   뭐야. 죽는다니까 얼굴 보여주는 거야? 동창회 한번 오라고 해도 얼굴 한번 안 비춰주더니. 어?

명여   (순영의 옆에 아무렇게나 앉아서) 왔잖아. 왔으면 됐지 뭐래니. (아무렇지도 않게) 너 진짜 죽냐.

순영   (해맑게) 어. 그렇다던데? 야. 니들도 유방암 조심해라. 검사 꼬박꼬박 받고.

수정	(왈칵 감정 치달아 눈물을 뚝뚝 흘리면)
순영	아. 뭐야. (명여에게) 얘 왜 이래.
명여	(한숨 푹 쉬며) 그러게나 말이다. (창밖을 보다가 선글라스를 벗고 순영 쪽을 돌아봐준다)
순영	(명여의 눈에 놀라) 야. 너 눈이 왜 그래?
수정	(할 말을 잃고 바라보고 있는)
명여	어때. 위로가 좀 되나?
순영	(어이없어) 뭐어?
명여	원래 슬픔은 슬픔으로 위로하는 법이니까. (피식 웃는)
순영	(어이가 없어 보며) …뭐래.
명여	마음에 드시냐고요. (괜히 찡긋 윙크도 하는데)

다들 '허.' 어이없게 명여를 쳐다본다.

S #8   (D) 해천시립대학병원: 입구

수정	(종종 쫓아 나오며) 야. 너 설명 좀 해.

빠르게 병원 입구에서 나오는 명여와 수정.

수정	(명여의 뒤 바짝 쫓아가며) 야. 심명여. 설명 좀 해보라고.
명여	(가면서) 아, 보시는 바와 같으세요. 보시는 바와.
수정	(바짝 쫓아와) 그러니까 그 보시는 바가 뭔데!
명여	(멈추고 짜증) 아, 녹내장!
수정	(뚝 보더니) 병원은?

명여	한 10년 만에 처음 와봤다. 최순영 죽는대서. 아, 됐냐?
수정	(이해가 안 돼) 그 지경이 되도록 병원을 왜 안 갔는데?
명여	아까 말했잖아. 귀찮아서,
수정	(꽥) 미쳤어?!!!!
명여	시끄러 죽겠네. 소리 좀 고만 질러!!!
수정	(씩씩거리며 쳐다보면)
명여	괜찮아. 안 아파. 하나도 안 아프다고. 안 아프면 된 거 아니니?
수정	(손 잡아끌며) 들어가. 들어가서 검사라도 받아봐.
명여	(손 놓으며) 저기요. 이미 늦었거든요?
수정	(잡아끌며) 뭐가 늦어, 지금이라도.
명여	이미 안 보인다고. 수정아. 한쪽은 아예,
수정	('뭐라고?' 쳐다보면)
명여	실명했어.
수정	(무너진 듯) …심명여….
명여	아, 안 보이는 게 뭐 어녔다고. 나머지는 살아 있구만. (택시를 잡아타면서 주머니에서 선글라스를 꺼내 쓴다)
수정	(문이 닫히고 출발하자. 발 동동) 야!!

붕— 멀어져가는 차 뒤꽁무니인데.

S #9   (D) 굿나잇책방: 1층

택시가 지나는 책방 앞길. 아무도 없는 책방 안에선 따르
롱. 따르롱. 시끄럽게 전화벨이 울린다. 문이 열리더니 출근

164

해원   (조금 숨 몰아쉬며 전화 받는) 여보세요? (뭔가 듣곤) 아… 네.
(말하며 문 쪽을 보니)

마침 은섭이 문을 열고 들어온다.

은섭   (외투도 못 벗고 전화 받는) 예. 예. (뭔가 듣고) 그게… 주인어
르신이 직접 말씀하셨다는 거죠. (듣더니) 예. 알겠습니
다. (전화를 끊는)

해원   (한쪽에 쌓여 있는 플리마켓에서 팔다 남은 책들 정리하며) …왜?

은섭   (외투를 벗으며) 이 집 주인의 따님인데.

해원   (별일 아닐 거란 생각. 책을 책장에 넣어 정리하며) 어.

은섭   (아무렇지도 않게) 월세를 내지 않을 거면, …당장 나가라
는데?

해원   (책을 꽂아 넣다가 놀라) 뭐어?

S #10   (D) 굿나잇책방 앞

문을 열고 나온 은섭이 외투를 입으며 차 쪽으로 걸어가자

해원   (따라 나오며) 지금 가보게?

은섭   응. 집을 내주신 분들이 순천에 계시거든. (차 트렁크를 열
고 드릴 책 더미 싣는)

해원   (걱정스레 보고 있으면)

은섭   (트렁크 닫고 운전석으로 가며) 아무래도 직접 가서 이야기
        도 듣고 설명도 드리는 게 나을 것 같아서.
해원   그분들, …월세 없이 이 집을 빌려주신 거였어?
은섭   응. 폐가였으니까. (해원 보고) 다녀올게. (차에 탄다)

해원이 툭 쳐다보는데.

S #11   (D) 굿나잇책방 앞: 은섭의 차 안

차에 타 시동을 거는 은섭. 안전벨트를 하고 라디오를 켜려
는 찰나 차 문이 열리더니.

해원   (차에 툭 타더니) 나도 갈래. 그럼.
은섭   (돌아보고) 뭐?
해원   책방은 하루 문 닫아. 플리마켓에서 새고 정리도 많이
        했으니깐.
은섭   (벙벙해서 보자)
해원   왜?
은섭   (할 말을 생각하는데)
해원   …내가 같이 가는 거 불편해?
은섭   (쳐다보다가) …아니. 전혀.
해원   (보면)
은섭   (마음 정한) 그래. 같이 가자.

은섭이 미소 지으며 차를 출발시키는데.

S #12   (D) 국도: 은섭의 차 안

차창 밖 보이는 국도변. 빈 논에 뒹구는 곤포. 마른 나무. 풍
경이 빠르게 지나는데. 중앙선 철도역이 보인다. 국도와 나
란히 뻗은 구간. 마침 맞은편에서 커브를 돌며 나타나는 무
궁화열차.
해원, 열차를 보는데. 기관차 유리창 너머 기관사의 유니폼
이 살짝 비쳤다가 곧 뒤로 사라져버리는 열차. 해원, 그 풍
경을 물끄러미 보다가.

해원   (풍경을 보며 혼잣말처럼) 너는 그때 왜 저걸 탔었어?
은섭   (운전하다 슬쩍 해원을 보자)
해원   내가 단풍나무 아래 있던 날. 생각해보니까 너도 기차를
         탔던 거잖아.
은섭   (다시 앞을 보고 운전하며) 아.
해원   나는 가출을 하던 날이니 거기에 있었다 치고. 그럼 너
         는?
은섭   (조금 곤란하지만 앞만 보는)
해원   그날은 평일이었어. 넌 왜 학교에 안 가고 기차를 탔던
         건데?

은섭, 대답을 쉬이 하지 못하고 운전만 하는데.

S #13   9회 S #33 이전 (D — 새벽 5시) 은섭의 본가: 안방
           과거 ○ 10년 전 가을 — 은섭 18세, 은섭 친모 42세

시침이 새벽 5시를 가리키는 안방의 벽시계. 아직 밖은 어
두운데 안방의 전화벨이 예의 없게 울리는. 안방에 혼자 잠
들어 있던 은섭이 끄응 일어나더니.

은섭   (인상 쓰며. 눈도 못 뜨고) 여보세요? (말이 없자) …여보세
              요? (끊으려 하니)
은섭 친모   (F) …혹시.
은섭   (뚝 멈추는. 직감적으로 엄마인 걸 알고)
은섭 친모   (F) 진호니?
은섭   (눈을 뜨는. '뭐라고?')
은섭 친모   (F) …나, 네 엄마야.

은섭이 조금 더 몸을 일으켜보는데.

S #14   9회 S #33 이전 (D) 은섭 본가에서 버스정류장 가는 논
           둑길
           과거 ○ 10년 전 가을 — 해원, 은섭 18세

세수도 대충, 교복도 대충 입고 나온 은섭이 얼떨떨한 얼굴
로 걸어간다.

은섭 친모   (F) 김진호가 네 이름이야. …내가 지어줬었는데.

옆에 세워둔 자전거를 끌고 조금씩 빠르게 걸어가는.

은섭 친모   (F) 네 아빠가 알려주지 않았었구나.

걸음 속도에 맞춰 화가 나는 얼굴이 되는 은섭.

은섭   (F) 제 이름은 은섭인데요. 임은섭.
은섭 친모   (F) 있지. 진호야.

은섭, 점점 더 빠르게 간다. 심통 난 걸 숨기고 싶은 얼굴로.

은섭 친모   (F) 내가 많이 아파.

자전거를 끌고 거의 달려가는 은섭.

은섭 친모   (F) 그래서. (생각하다가) 네가 와줬으면 좋겠는데.

가다가 갑자기 뚝 멈춰버린다. 씩씩 숨을 몰아쉬다가 자전
거를 팍 던져버리고 갑자기 뒤돌아 뛰어가는데.

은섭 친모   (F) 나는 네가 많이 보고 싶단다.

점점 멀어지는 은섭의 뒷모습. 쓰러진 자전거는 그렇게 놓
여 있다.

은섭 친모   (F) (E) 여긴 안동이야. 올 수 있겠니?

S #15   (D) 국도: 은섭의 차 안

시골 풍경이 빠르게 지나는 차창을 곁에 두고, 말없이 운전하는 은섭.

해원   그래서. (조심스럽게 묻는) …만났어?
은섭   (잠시 생각하다가) 아니. 그날은 안 갔어.
해원   …왜 안 갔는데?

은섭, 해원을 살짝 보는데.

S #16   9회 S #33 (D) 청도 가는 기차 안: 객실
과거 ○ 10년 전 가을—은섭 18세

씩씩거리며 고개를 숙이고 자리에 앉은 은섭.

은섭   (E) 거길 가면,

은섭이 기차표를 쥐고 씩씩거리며 머뭇거린다. [안동]이 종착지인 기차표.

은섭   (E) 지금의 우리 부모님을 배신하는 것 같은 기분에.

은섭, 고민하고 화난 듯 그 기차표를 자꾸 만지고 있는데.
화난 얼굴로 휙 고개를 들어 창밖을 본다.

은섭   (E) …그리고.

창밖의 무언가에 뚝 멈춰버린 얼굴이 되는 은섭.

S #17   (D) 국도: 은섭의 차 안

해원   ('궁금해. 그리고?' 하듯 보고 있으면)
은섭   (가만히 운전하며) 그날 거기서 너를 봤거든.
해원   (기분 좋은 듯 은섭의 옆모습을 가만히 바라보니)
은섭   ('왜?' 하듯 해원을 살짝 돌아보니)
해원   그냥. (좋아서)

해원과 은섭이 잔잔하게 이야기를 나누는 달리는 차 안. 그
들의 차창 밖으로 풍경이 아득히 지나간다.

휘   (E) 하밀 할아버지, 사람은 사랑 없이도 살 수 있나요?[2]

S #18   (D) 서울: 한옥 주점

문턱이 높은 주점 안은 술 마시는 사람들로 북적거린다. 그

안의 한 테이블, 영춘과 윤택이 마주 앉아 있는데.

영춘   (소주 혼자 따라 마시며) …심명여랑 계약했다면서?

윤택   (자기 팔짱 끼고 무뚝뚝하게) 어. 그런데.

영춘   물러라. 난 싫으니까. (소주 따라주려고 하자)

윤택   (거절한다) 왜 싫지?

영춘   (자작하며) 그 여자, …당신이랑 만났었잖아. (정색) 것도 20년이나.

윤택   (쳐다보면)

영춘   이 업계에서 그거 모르는 바보가 어딨니? (소주 따라 마시곤) 그러니 당장 엎으세요. 차윤택 씨. 나랑 다음 책도 같이 하고 싶으면.

윤택   나, …걔 소설 내줘야 돼. 알아내야 될 게 있거든.

영춘   (서늘하게 웃으며) 아하. 그럼 됐네. (외투 챙겨 일어서려 하자)

윤택   (영춘 올려다보며) 혹시 뭐. 원하는 게 있어?

영춘   (나가려) 원하는 기?

윤택   나는 그쪽이 작가로서 너무 필요하거든.

영춘   (픽 웃자)

윤택   말해봐. 내가, 그쪽이랑 다음 책을 계약하려면. 뭘 해주면 되는지.

영춘이 윤택을 보고 보일 듯 말 듯 미소를 짓는다. 윤택, 영춘의 미소에 뭔가 직감한 듯 뚝 떨어지는 표정인데.

휘   (E) 할아버지는 그 말에 대답하는 대신 몸에 좋다는 박하차만 한 모금 마실 뿐이었다.

두 사람이 있는 술집 바깥의 풍경. 드문드문 불 켜진 술집
들 사이로 차들이 주차되어 있다.

S #19   (D) 영춘의 빌라 지하주차장: 윤택의 차 안

어두운 주차장의 차 안. 영춘의 차 운전을 대신 해준 윤택
이 운전석에서 내리려 하자

영춘   **(윤택 옆에 앉아 소매를 살짝 잡으며) 에이. 어딜 가. (웃고 쳐다**
보는)

윤택은 영춘의 시선이 조금 부담스러운데.

휘   **(E) 할아버지는 말없이 나를 바라보았다.**

윤택이 멈추자 서서히 다가오기 시작하는 영춘.

휘   **(E) 아마도 내가 아직 어려서, 이 세상에 내가 알아서는**
안 될 것들이 많다는 생각을 하는 것 같았다.

미동도 없이 그런 영춘을 보는 윤택.

S #20   (N) 서울 골목

명여   (눈을 팍 뜨곤) 아, 빨리 해!
윤택   (주눅이 확 들어서) …아… 알았어.

골목길 가로등 아래. 명여가 윤택을 "씨이." 째려보더니 다
시 눈을 꼭 감는다.

휘   (E) 하밀 할아버지, 왜 대답을 안 해주세요?

윤택, 비장한 얼굴로 두 주먹을 꼭 쥔 채 명여에게 서서히
다가가는데.

S #21   (D) 영춘의 빌라 지하주차장: 윤택의 차 안

휘   (E) 할아버지, 사람이 사랑 없이 살 수 있어요?

영춘이 입술을 떼고 윤택을 쳐다보자

윤택   (왠지 실망한 얼굴로 입술을 쓱 닦으며) 겨우 이런 걸 원한 거
            였어?
영춘   응. (빨간 입술로 씨익 웃으며) 나한텐 이런 게 전부거든.

윤택, 영춘을 뚝 쳐다보는데.

휘   **(E) 그렇단다.**

S #22   (D)호두하우스: 1층: 명여 방

쿵. 방으로 들어온 명여가 풀썩 침대에 앉더니 들고 온 종이 봉투를 열어 책 한 권을 꺼낸다.

[나의 모든 처음 – 차윤택]

피곤한 듯 선글라스를 벗은 명여, 한쪽 눈을 찡그리며 책을 펼치니 첫 장에 쓰어 있는 글은. [MY, 그녀에게] 명여, 묵묵히 그 글자를 바라본다.

휘   **(E) 할아버지는 부끄러운 듯 고개를 숙였다.**

그리곤 가만히 책을 덮더니 저 멀리를 쳐다보는 명여.

휘   **(E) 갑자기 울음이 터져 나왔다.**

명여는 무슨 생각을 하는지도 모르겠는데. 창 너머로 느긋하게 보이는 오늘의 오후.

S #23   (D) 혜천 시내: 커피숍

오후가 지나는 혜천시 커피숍 안.

장우   (전화를 하며 커피숍 2층으로 올라와) 예. 어머니. 저 여기에
            들어왔어요. 어디 계세요. (장우의 눈앞에 앉은 여자. 바로 눈
            치채고 한숨 꺼질 듯 쉬더니) 아. 우리 어머니. 못 본 새에 많
            이 젊어지셨네요. 아침에도 봤는데. 어머니, 이런 건, (한
            마디 하려는데 이미 끊겼다) 여보세요? 여보세요?

소개팅녀   (휴대폰 확인하곤 부스스 일어서더니) 안녕하세요. 이장우 씨
            죠. 전 조영미입니다. (가볍게 목례)

            장우, 전화를 끊고 어색하게 웃으며 목례를 하는데. 커피숍
            창밖의 내리쬐는 오후의 빛.

S #24   (D — 오후) 순천: 책방 할아버지의 고택 앞

            오후가 지나는 풍경을 뒤에 두고 은섭의 차가 도착한 곳은
            은은한 햇빛이 스며드는 고택. 한쪽엔 장독대가 줄지어 있
            고 정원은 겨울 꽃으로 가득하다. 작은 정원이 있고, 사랑
            채가 따로 있는 고택. 처마부터 마룻바닥까지 전부 오래되
            고 고즈넉한 느낌. 정감 있게 탁 트인 마루는 밖으로 연결
            돼 있는.

            은섭이 차에서 내려 옷가지를 제대로 하고 들어간다. 해원
            도 함께 따라 들어가는데. 벨벳 옷에 누빔 조끼를 입은 할
            머니가 멀리서 어서 오라 반갑게 맞이한다.

S #25   (D) 순천: 책방 할아버지의 고택: 마루

트인 마루의 작은 난로 옆, 커다랗고 포근한 안락의자에 앉은 책방 할아버지와 곁에서 차를 따르는 책방 할머니.

책방 할머니   여기 멀리까지 오느라 수고가 많았어요. (은섭에게 차 건네며) …전화로 말해도 된다니까. (미소)

은섭   (맞은편 소파에 앉아서) 아뇨. 그러면 오해가 생길 수도 있어서.

책방 할머니   (다른 자리에 앉으며) 우리 딸네가 어쩌다 거길 지나게 됐나봐요. 근데 책방 장사가 잘 된다면서. 그 집을 그렇게 남한테 줘버리면 어떡하냐고.

책방 할아버지   (뚱한 얼굴로 "크흠!!" 크게 헛기침을 하는데)

해원   저희가 마을에서 이벤트를 잠시 했었어요. 그래서 사람들이 많이 오갔었는데. 그게 장사가 잘 된다고 오해를 하셨나봐요.

은섭   어르신께서 불편하시면 이번 달부터라도 일정 부분의 월세를 감당하겠습니다.

책방 할아버지   ("크흠!!!" 크게 헛기침을 한 번 더 하고는) 됐고. (벌떡 일어나더니) 자네는 일단 내 서가로 가세.

은섭   예?

책방 할아버지   얼른. (뒷짐을 지고 먼저 떠나는데)

은섭   (해원에게 눈으로 '다녀올게.' 하고 따라나서는)

해원   ('응?' 하고 보고 있자)

책방 할머니	(차를 따르며) 내 저럴 줄 알았지.
해원	('예?' 하고 보자)
책방 할머니	(벌써 별채 쪽으로 뒷짐 지고 가는 할아버지를 보며) 자랑하려 고 그래.
해원	뭘 자랑해요?
책방 할머니	책 자랑. …아침에 책방 총각이 온다는 소릴 듣고 지금 껏 고서 정리를 했거든. (해원 보고 미소를 짓는데)
해원	(함께 미소를 짓다 한쪽에 뚜껑이 열려 있는 피아노를 보곤) 누 가 피아노를 치나봐요.
책방 할머니	(왠지 뺨이 붉어져) 응. 내가 쳐.
해원	(화색) 정말요?
책방 할머니	으응. 요새 배우는데. (수줍어하며) 재밌더라고.

해원, 미소를 지으며 책방 할머니와 이야기를 나누는.

S #26 　　　(D) 혜천 시내: 커피숍 앞

소개팅을 끝내고 커피숍에서 나온 장우가 문 앞에서 영미
와 인사한다. 그 앞을 지나던 휘가 '오, 잇츠 월척.' 하는 얼
굴로 휴대폰으로 사진을 찍어대는데. 장우와 영미와 악수
를 한다. 곧 장우가 자전거에 올라타려는 순간.

휘	(O.S) (뒤에서 쏙 나타나) …이보게. 나보다 나이가 많은 친구.
장우	(헉 놀라 쳐다보면)
휘	자네. 지금 뭘 한 건가.

장우	(당황) 뭐. 내가 뭐. 뭐. 뭐.
휘	흠. 일단 오리발이군.
장우	뭐. 뭐? …아니야.
휘	(휴대폰으로 찍은 장우와 영미의 사진을 보여주며) 자네. 이래도 오리발인가.
장우	(당황해 쳐다보니)
휘	말씀해보시게. 친구. 나보다 나이가 참 많은 친구.
장우	그게. 휘야. 내가 잠깐 인사한 거야.
휘	아, 그래?
장우	응. 지나가다가 오랜만에 만난 친구였거든.
휘	오빠는 오랜만에 길거리에서 친구를 만나면 고개를 깍듯이 숙이고 멋쩍게 웃으면서 악수를 청하는구나. 몰랐어. 오빠가 그런 사람인지.
장우	('들켰네.' 한숨 쉬고) 사진 줘라.
휘	(바로) 얼마에.
장우	("하." 한숨을 깊이 쉬며 지갑을 꺼내면)
휘	오빠는 역시 인싸오브핵인싸야. 뭘 알아. 눈치가 제법 빠르다고. 임은섭이랑은 비교가 안 돼. 으음.
장우	(5천 원짜리 꺼내자)
휘	오빠. 내가 권현지가 물어다주는 정보력에 만 원을 지불해.
장우	(5만 원짜리를 주자)
휘	와. 만 원만 줘도 된다는 소리였는데.
장우	(다시 넣으려고 하자)
휘	(홱 낚아채며) 오빠. 고마워. 고마우니까 내가 며칠 동안 오빠라고 불러줄게.

장우	(자포자기) 됐어. 그냥 부르던 대로 불러.
휘	(신이 나 사진을 전송하려고 하니) ♬ 누누누.
장우	(포기) 그냥 지워라. 지우기만 해도 나는 땡큐다.
휘	(신이 나 삭제를 꽉꽉 누르니) ♬ 누누누~.
장우	근데 너는 학교를 안 가니?
휘	야. 점심시간이잖아. 잠깐 나온 거야.
장우	급식은 안 먹니?
휘	오빠도 회사에서 급식 안 먹고 지금 여기 나와 있잖아?
장우	거야, 나는 점심시간에 잠깐.
휘	(어깨를 툭 치며) 같은 거라네. 나보다 나이가 많은 친구.
장우	("후." 깊은 한숨)
휘	그럼 친구. 잘 가시게나. 안녕. (하고 자연스럽게 장우 자전거 뒷자리에 탄다)
장우	잘 가라고 하지 않았었나. 친구.
휘	우리 학교를 들러서 잘 가시라는 말이었네.
장우	('뭐 이씨?' 쳐다보면)
휘	아. 늦었어. 오빠. 나 점심시간 다 끝나가. 사실 어쩌면 다 끝났을지도 몰라. 오빠. 빨리 출발해. 나 벌점 먹는 꼴 보고 싶어?

장우, 한숨을 픽픽 쉬며 한껏 느리게 자전거를 몰자

휘	어허. 빨리 가시게나. 친구.
장우	(좀 더 힘을 내보는데)
휘	다리 힘이 그렇게 없어서 쓰겠나. 친구.
장우	야. 나 다리 힘은 좋아. 오빠 다리 굵기 못 봤니?

휘	못 봤네. 친구.

슙- 자전거를 타고 가는 장우와 휘 뒤로 풍경이 펼쳐지면.

S #27   (D) 순천: 책방 할아버지의 고택: 별채

너른 고택, 한쪽에 있는 별채. 고서로 빼곡 둘러싸여 빛이 잘 들어오지 않아 노란 등 켜둔 별채의 내부. 그 아래서.

책방 할아버지	(책들을 쭈욱 보며) 혹시 백석의《사슴》이라는 시집을 아나.
은섭	예.
책방 할아버지	(뒷짐 지고 천천히 걸으며) 당시에 100부 한정본으로 나온 탓에. 아주 희귀했지.

은은한 한옥 불빛 아래 선 책방 할아버지가 은섭을 슬쩍 보더니 쿨럭거리며 책장 저 위 칸에서 뭔가를 꺼내 은섭에게 건넨다.

은섭	(받아보니. 백석의《사슴》시집. 약간 놀라며) …이거.
책방 할아버지	(돌아보니) 시인 윤동주도 그걸 구하지 못해 필사를 했다 알려지지 않았나.
은섭	(한 장 한 장이 소중하다는 듯 조심스레 넘기는. 책 속에서 먼지가 폴폴 피어오른다) 이걸 어떻게….
책방 할아버지	("허허." 웃으며) 암암리에.
은섭	(웃자)

책방 할아버지   가짜일지도 모르지. 그래도 좋아서 한참 봤다네.

은섭, 조금 웃으며 책을 몇 장 넘겨보는데 불빛 아래 〈머루밤〉의 구절이 눈에 띈다.

[불을 끈 방에 횃대의 하이얀 옷이 멀리 추울 것 같이
개방위로 말방울 소리가 들려온다

문을 열다 머루빛 밤한울에
송이버섯의 내음새가 났다][3]

은섭이 서서 시집을 따스하게 읽고 있는데.

책방 할아버지   (O.S) ⋯우리 딸애가 한 말은,

은섭, 책을 읽다가 책방 할아버지를 가만 보니

책방 할아버지   신경 쓰지 말게나.
은섭   그래도 어르신.
책방 할아버지   (툴툴 걸어가 책장 앞에 서 책들을 훑으며) 나는 ⋯내가 버린 집을 자네가 책방으로 써 기뻐.
은섭   (생각하다) 하지만,
책방 할아버지   (자르며) 금이야 옥이야 키웠지. 그래도 돈 앞에선 아무 소용이 없어.
은섭   (보면)
책방 할아버지   세상에 있는 건 뭐든 다 변해. 변하고 떠나지. ⋯자식새끼

들조차. (책장에서 책 한 권을 꺼내 든다) 하지만 책은 달라.

은섭   (가만히 쳐다보면)

책방 할아버지   (천천히 펼치며) 이 많은 걸 담고 있으면서도 (만져보며) 좀처럼 변하질 않지 않나.

은섭   (책방 할아버지를 보는데)

책방 할아버지가 책을 든 채 뒷짐을 지고 다시 툭툭 걸어가는. 책 안에 있던 먼지가 그윽하게 조명 밑에서 날리는데. 은섭, 다시 시집을 읽는.

책방 할아버지   (걸어가며 혼잣말처럼) …책방을 지켜주게.

은섭   (시집을 읽다 보면)

책방 할아버지   처음부터 (툭 멈춰 돌아보더니) …책방이라면 어떻게 써도 괜찮다 하지 않았나.

할아버지가 조금 웃는다. 은섭도 할아버지를 잠시 보다 "예." 묵직하게 대답하며 이내 조금 웃어 보이는데.

고서로 가득한 고택의 별채가 은은하고 아름답다. 뿌얀 먼지들조차 반짝거리는데. 그 사이를 뒷짐 진 할아버지가 나오자 "흥미로운 고서 얻은 게 있어 좀 들고 왔습니다. 이따 한번 봐주세요." 말하며 따라 나오는 은섭. 책방 할아버지, 그저 흐뭇한 미소를 짓는데.

별채에서 나오니 고택의 마루 피아노 앞에 앉아 책방 할머니가 바이엘을 서툴게 연주하고 있고 해원이 뒤쪽에서 지켜보며 손가락을 교정해주는 모습. 은섭이 그런 모습을 따뜻하게 바라보는데.

고택 위로 후두둑 날아가는 작은 새들. 어느새 밤이 된 고택이 저 멀리 비춰진다.

S #28   (N) 순천: 댐

산새 지저귀는 한산한 밤의 댐. 빼곡한 나무의 그림자. 젖은 풀과 느리게 지나는 구름. 검은 하늘을 조용히 옮겨 다니는 새들 사이. 차가 들어올 수 있는 곳까지 들어온 은섭의 차가 댐 한가운데 세워져 있는.

해원	(조수석에 앉아 창밖 밤의 댐을 가만히 바라보며. 생각하듯) …그날 있잖아. 그날. …무궁화열차를 탄 날.
은섭	(운전석에서 몸을 돌려 해원을 보면)
해원	(스스로에게 하는 말처럼) …그날 난 정말 죽고 싶었거든?
은섭	(해원을 가만 바라보는데)
해원	**그때의 내가 온통 그랬어.** (고개를 돌려 은섭을 바라보는)

은섭이 해원을 묵묵히 보고 있자 해원도 이내 은섭 쪽으로 몸을 돌려 은섭을 마주 바라본다. 그들이 앉은 차 밖으로 댐의 물이 찰랑찰랑 고여 있다. 한쪽엔 나무들도 스르르 누웠다 일어나는데.

S #29   3회 S #35에서 1, 2주 뒤 (D) 혜천고: 2학년 해원의 교실
과거 ○ 10년 전 가을— 해원 18세

학교 바깥의 나무들이 휘청거리는 혜천고. 표정 없는 해원
이 툭툭 교실로 들어와 책상 위에 탁 교과서를 놓으니.
[이 자리엔 살인자의 딸이 앉습니다] 책상 위 쓰여 있는 말은
이제 아무렇지도 않은 해원이다.

해원   (E) 아침에 일어나 학교에 가는 게 지옥 같기만 했던.

해원, 무표정한 얼굴로 옆에 걸어놓은 가방에서 책을 꺼내
니 요플레를 엎질러놔 엉망이 된 교과서. 해원, 확 짜증이
올라와 팩 뒤돌아보니 저쪽에서 흘끗흘끗 해원을 보며 키
득거리는 학생들.

해원   (E) 어떻게 죽을까 고민하다가.

S #30   9회 S #33 이전 (D— 새벽 5시 30분 즈음) 호두하우스 앞
과거 ○ 10년 전 가을— 해원 18세

아주 화난 얼굴의 해원이 책가방을 들고 호두하우스에서
나온다. 쾅! 매섭게 닫히는 호두하우스의 문.

해원   (E) 그래. 강이 있는 역으로 가자.

풀썩풀썩 빠르게 걸어가는 해원. 그녀의 모습이 점점 멀어진다.

해원　　(E) 거기에 가서 콱 죽어버리자.

S #31　　9회 S #33 이후 (D) 청도 가는 기차 안: 객실
　　　　과거 ○ 10년 전 가을―해원 18세

창밖을 멍하니 보는 해원. 빠르게 지나던 풍경이 점점 더 느려지고 이내 기차가 멈춘다. 감나무가 주렁주렁 열려 있는 기차역 저 너머 얼핏 강이 보이니 해원이 벌떡 일어나는데. 창밖으로 바람이 세차게 불어온다.

S #32　　(D) 청도: 낙동강
　　　　과거 ○ 10년 전 가을―해원 18세

가을바람이 마구 휘몰아치는 강가. 낙엽도 마구 흔들리는데.

해원　　(E) 근데 그냥 빠지면 죽지 않을 것만 같은 거야.

강가에 선 해원이 왠지 쭈뼛거리며 무수한 조약돌들을 쳐다본다.

해원　　(E) 주머니에 돌 같은 거라도 넣어야 하지 않을까. 생각

186

하고 있었는데.

해원, 천천히 돌을 주워보려는데 배 속에서 들리는 꼬르륵
소리.

해원   (E) 배가 너무 고프더라.

해원, 그 채로 가만히 뒤돌아보니 강어귀에 민박집들이 쭈
욱 늘어서 있는.

해원   (E) 그래. 그럼 밥 한 끼만 먹고 죽어볼까?

마을엔 감나무가 주렁주렁 열려 있다.

S #33   (D) 청도: 낙동강 변 민박집
            과거 ○ 10년 전 가을―해원 18세

감나무가 있는 민박집에서 등이 조금 굽은 할머니가 나오
더니

민박 할머니 (사람 좋게 웃으면서) 학생 혼자야?
해원   (쭈뼛) …네.
민박 할머니 배고프지? 밥 줄까?
해원   (할머니를 물끄러미 쳐다보다가) 네. …주세요.

"시골이라 먹을 게 없는데… 뭘 줘야 하나…" 뒷짐을 지고
부엌 쪽으로 들어가는 민박 할머니. 해원의 앞엔 빈 평상이
보이는데. 곧 엄청 푸짐하게 차려진 밥상이 탁, 올라온다.

S #34   (D) 청도: 낙동강 변 민박집
        과거 ○ 10년 전 가을 — 해원 18세

다 먹은 밥상을 옆으로 북 치우고 풀썩 누운 해원이 "하."
한숨을 토하고 하늘을 바라보는데.

해원   **(E) 근데 밥을 다 먹고 나니깐 졸려.**

무심히 흘러가는 하늘의 구름을 보니 좋다. 해원, 가만히
눈을 감아보는.

해원   **(E) 아, 그럼 한숨만 자고 일어날까?**

해원의 위로 해가 점점 중천이 넘어 해 질 녘이 된다.

S #35   (D — 해 질 녘) 청도: 낙동강 변 민박집
        · 과거 ○ 10년 전 가을— 해원 18세

해 질 녘. 평상에 그대로 누워 잠들었던 해원이 스르르 눈
을 떠보는데.

해원	(E) 그렇게 한나절 보내니 그런 생각이 드는 거야.
민박 할머니	(부엌에서 뒷짐 지고 나와) 학생. 저녁 먹지?
해원	네. (웃는데 순간적으로 드는 생각. '내가 지금 뭐 하는 거지?')

해원이 홀린 듯 부스스 일어선다.

해원	(E) 아, 이러다가는 못 죽겠다.

곧이어 지갑에 있는 돈을 다 꺼내 평상에 올려놓고 빠르게 걸어 나가는.

해원	(E) 안 돼.

아주 빠른 걸음으로 강 쪽으로 향해 가는데.

해원	(E) 나는 죽어야 돼.

점점 더 빨리 걸어간다.

해원	(E) 죽어야 돼. 죽어서,

이어 마구 미친 듯 달려가버리는데.

해원	(E) 날 괴롭힌 그것들 다 후회하게 만들 거야. 난!

S #36   3회 S #11 (D — 해 질 녘) 청도: 낙동강
과거 ○ 10년 전 가을 — 해원 18세, 명여 38세

가을 낙엽이 마구 휘몰아 부는 강가. 해원이 신발을 마구
벗고 성큼성큼 강으로 걸어가는데. 아주 빠르게 안쪽으로
걸어가다가 곧 뛰어가려는 찰나

명여   (O.S) (찢어질 듯) 목해원!!

해원, 달려가다가 뚝 멈춰 휙 돌아보니 저만치에 서 있는 명
여. 정말 어이가 없다는 얼굴로 명여를 보더니

해원   …이모.

두 사람이 그렇게 서 있는 강가. 바람은 여전히 불어온다.

S #37   (N) 순천: 댐

바람이 부는 밤의 댐. 손으로 턱을 괸 은섭이 해원을 사랑
스럽게 바라보며 듣고 있는.

해원   아직도 신기해. 이모는 …어떻게 알고 왔을까.
은섭   (말없이 쳐다만 보자)

190

해원	정말 신기하지 않아?
은섭	그래서?
해원	응?
은섭	그래서 너는 죽지 않기로 한 거야?
해원	(가만 바라보는데)

댐 옆 나무들이 여전히 바람에 춤을 춘다. 물도 출렁거린다.

S #38 3회 S #11 (D — 해 질 녘) 청도: 낙동강

과거 ○ 10년 전 가을 — 해원 18세, 명여 38세

바람이 조금 사그라든 강가. 가을 낙엽이 조금 온화하게 떨어지고 있는 그 밑에 나란히 서 있는 해원과 명여.

명여	(두 손 주머니에 넣고) …니가 죽고 싶다면 나도 같이 죽어도 좋아.
해원	(확 명여를 쳐다보더니 기운 쭉 빠져서) …뭐래.
명여	(진심) 같이 죽지, 뭐. 그게 뭐가 어렵다고. (망설임 없이 바로 저벅저벅 강으로 들어가려고 하자)
해원	(놀라 명여를 말리며) 아, 진짜!
명여	(픽 돌아보며) 왜. …무섭나?
해원	(씩씩 째려보는데)

속절없이 일렁이는 강물이다. 나무도 여전히 바람에 흔들린다.

S #39   (N) 순천: 댐

해원이 창밖의 나무들을 보면서.

해원   죽고 싶단 생각이 갑자기 싹 달아나더라고.
은섭   ('왜?' 하듯 쳐다보면)
해원   이모는 왠지… (푸시시 웃으며 은섭을 돌아보며 농담) 죽을
         때도 나한테 옆에서 잔소리를 할 것 같아서.
은섭   (픽 웃는)
해원   (같이 웃는데)
은섭   (대답 않고 해원을 묵직하니 보더니 진심으로) …살아서 다행
         이다.
해원   ('어?' 멈춰 보자)
은섭   죽지 않아줘서, 정말 고마워. (진심) 목해원.

해원은 죽지 않아줘서 고맙다는 건 정말 처음 듣는 위로라
묘하게 감동받아 왠지 멍-해지는데. 은섭이 팔을 머리에
괸 채 해원을 바라본다. 해원 역시 은섭을 뚝 떨어져 바라
보는.

댐 한가운데 세워진 그들의 차. 아직 잠들지 못한 산새들이
마저 지저귄다.

S #40   (N) 순천: 댐

저 멀리 도로에서 노란 헤드라이트가 한 번씩 비춰 지나가
는 밤. 불빛이 댐 끝자락 한가운데에 닿아 은섭의 차를 건
드리고 지나가는데.

해원   (E) 말해줘.

거대한 물은 찰랑찰랑 고요하기만 하고 모든 것들이 잠든
아주 늦은 밤.

해원   (E) 말해줘, 임은섭.

새들이 후드득 헤드라이트 빛 위로 날아가는데. 그중 하나
가 펄럭펄럭 시원하게 밤하늘을 가른다. 창문을 내리고 고
개를 한껏 꺾어 든 채 그 새를 바라보는 해원. 운전석엔 랜
턴을 조그맣게 켜놓고 책을 읽는 은섭이 있는데.

도로로 차가 지나고 헤드라이트가 가끔 쏟아진다. 헤드라
이트에 찰랑이는 물 표면이 반짝반짝해지는데. 은섭, 책을
읽다가 천천히 옆을 보니 해원이 고개를 돌려 은섭을 보곤.

해원   (다시 창밖을 올려다보며) …우리는.
은섭   (보고 있으면)
해원   …사랑이야?
은섭   (가만히 쳐다보고 있자)

해원	(은섭을 돌아보며) 대답해줘.
은섭	(보면)
해원	(은섭이 쏘는 랜턴 빛을 등에 지고) 사랑이야?

은섭, 랜턴에 눈부신 해원의 옆얼굴을 한참 바라보다가 곧 대답한다.

은섭	응. (무겁다) …사랑이야.
해원	(은섭을 가만히 보다가 저도 말하는. 무겁다) 나도.

해원이 은섭을 보고 가만히 미소 짓는다. 헤드라이트의 불빛이 또 한 번 쏟아지고 밤의 나무들이 흔들린다.

S #41   (D) 논둑길

높은 나무 위로 새들이 후드득 날아가는 시골거리에 고급 SUV 차량이 흙먼지를 날리며 논둑길을 쌩~ 지나가는.

S #42   (D) 호두하우스 앞

고급 SUV 차량이 호두하우스 앞에 거칠게 세워지더니 꽝! 차에서 내리는 사람은 윤택. 밤새 운전을 했는지 피곤한 얼굴로 문을 두드리려는 찰나

윤택	(바로 열리는 문에 되레 놀라) 아씨. 깜짝이야.
명여	(선글라스 쓰고 외출 준비한 채 나오다가) 왜.
윤택	너 소설 어디까지 썼냐.
명여	(어이가 없다) 뭐니. 이건.
윤택	아, 어디까지 썼냐고.
명여	저기요. 이보세요. 선생님. 사흘도 안 됐어요. 사흘도. 야. 어떤 출판사의 어떤 미친 편집장이 꼴랑 며칠 전에 계약한 작가 집까지 찾아와서. 어디까지 썼냐고 독촉을 해? (진지하게) …돌았냐?
윤택	아, 첫 줄은 썼을 거 아냐.
명여	아하. 첫 줄.
윤택	(미소 지으며) 썼지?
명여	첫 줄이야… 썼는데. (윤택 위아래로 보더니) 설마 …그 얘기 하러 여기까지 온 건 아니지?
윤택	(당당) 당연히 그 얘기 하려고 여기까지 왔는데.
명여	생각보다 할 일이 없구나. 울보.
윤택	말이라고 해? 일은 에디터들이 다 하고 나는 도장만 찍으면 되는데. 내가 무슨 할 일이 있어. 안 그러냐? (미소를 짓는데)
명여	(문을 더 열더니 나와서는) 그래. 그럼 잘됐다.
윤택	(따라가며) 뭐가?
명여	(열쇠로 문을 잠그고 나와) 너 순영이라고 알지.
윤택	어. 최순영?
명여	(보더니) 응. 걔가 곧 죽거든?
윤택	뭐?
명여	(로봇처럼 읊는) 유방암 말기. 항암치료도 못 할 정도로 다

퍼졌대. 한 달도 안 남았대.

윤택　　너 지금 남 얘기 하냐?

명여　　(태연하게 줄줄) 남 얘기 맞지. 서울에 있다가 고향에서 죽고 싶다고. 지금 시립병원에 내려와 있는데. 내가 지금 거길 가야 돼. 병원까지 나 좀 태워다주라. (조수석 앞에 서서 기다리며 독촉) 아, 빨리 열어.

윤택　　(운전석으로 가며) 야. 근데 나 여기까지 운전해서 피곤한데, 니가 운전 좀 하면 안 되냐? (리모컨으로 문 열어주는)

명여　　(차에 타며) 어. 안 돼. 나 운전 안 하거든.

윤택　　(차에 타며) 왜 안 해, 잘했으면서.

명여　　뭐래니. 빨리 출발해.

윤택, "하." 한숨을 쉬며 차를 출발시키는데.

S #43　　(D) 혜천시립대학병원: 암병동 6인실 문 쪽 자리

수정　　오.

병상에 반쯤 앉아 수정과 이야기를 나누고 있는 순영이 뭔갈 보더니 얼굴이 환해진다.

수정　　(같이 보고 환해지더니 손을 번쩍 들고) 오. 차윤택!

순영　　또 왔네. 심명여. (웃는데)

그들의 시선 끝엔 다정하게 함께 오는 윤택과 명여가 있다.

두 사람이 들어가면서 문을 닫는다.

S #44   (D) 굿나잇책방: 1층

드륵 문을 열고 들어온 해원과 은섭. 피곤한 얼굴로 은섭이
외투를 벗어 소파에 놓자

해원   (그런 은섭을 보며) 너 피곤하지.
은섭   (팔을 뻗으며) 조금.
해원   (외투를 벗고 안쪽 바로 가며) 올라가서 한숨 자. 내가 여기
       밑에 있을게.
은섭   ('그래도 될까.' 해원을 처다보자)
해원   어서. 내내 운전하느라 고생했잖아.
은섭   알았어. (외투를 들고 2층으로 올라가는데)

해원, 올라가는 은섭을 보곤 자리에 앉아 노트북을 켜려는
데. 올라가던 은섭이 다시 내려온다.

해원   왜??
은섭   (소파 쪽으로 가며. 거짓말) 어. 할 일이 있는 것 같아서.
해원   할 일?
은섭   어. (큼. 괜히 헛기침을 하며 책장 쪽으로 가는)
해원   ('무슨 할 일?' 처다보고 있자)

괜히 책장을 정리하는 은섭. 책을 다 뺐다가 다시 그대로

넣는다. 해원은 '뭐야.' 은섭을 쳐다보고 있는데.

은섭	(시선이 느껴져) 왜.
해원	…아냐. (노트북 하며) 근데 은섭아.
은섭	(책장에서 책을 꺼냈다 뺐다. 가끔씩 책을 꺼내 후루룩 넘기며) 어?
해원	(서칭하며 아무렇지도 않게) 나 너랑 자고 싶은데.
은섭	(책장을 넘기다 당황해 컥. 기침을 한다)
해원	(은섭을 쳐다보고는) 나 너랑 자도 될까?

은섭, 너무 당황해 사레가 들려 마구 쿨럭거리는데. 그런 은
섭이 귀여워 조금 소리 내 웃는 해원.

S #45   (N) 혜천시립대학병원: 입구

병원 입구로 나오는 순영과 수정. 윤택과 명여를 배웅하러
나왔는데.

명여	우리 갈게.
순영	그래라.
수정	조심해서 가. 차윤택 너도. (픽 웃는)
순영	야. 근데 차윤택. 너 진짜 멋있어졌다.
윤택	도대체 내가 얼마나 별로였으면 다들 멋있어졌다고 난리인 거야?
명여	진짜 몰라서 묻는 거냐, 울보?

윤택	(명여에게) 알았다. (순영에게 손 내밀며) 또 보자. 최순영.
순영	반가웠어.

윤택과 명여가 인사하고 돌아서는데.

명여	(갑자기 생각난 듯 다시 뒤돌아) 근데 저기.
순영	어?
명여	전부터 거슬려서 그러는데. 너 그 얼굴의 멍은 뭐야?
순영	(확 굳어져) …어?
명여	(진심 궁금해) 요즘은 주사를 뺨에도 놓나? 왜 얼굴에 멍이….
순영	(당황해서 횡설수설) 아. 이거 조금 찧었어. 그치. 수정아. 그치?
수정	(같이 거짓말해줘야 하는) 어. 그렇지. 저번에.
순영	살짝 찧었는데 자꾸 멍이 든다. (괜히 웃는)
명여	(순영을 가만히 쳐다보는데)
순영	진짜야. (어색하게 다시 또 웃는데)

그런 순영을 아득히 바라보는 명여의 얼굴.

S #46   (N) 혜천시립대학병원: 주차장 ─ 윤택의 차 안

탁. 차에 탄 명여가 어두운 얼굴로 머리칼을 쓸어 넘기더니

명여	**최순영.** (옅게 한숨 쉬며) …쟤는 아직도 맞고 사는구나.

윤택	(안전벨트 하고 말없이 시동 거는)
명여	(안전벨트 하며) 죽을 때가 됐으면 그딴 새끼랑 이혼부터 하지. 대체 뭐가 아쉽다고.

윤택이 차를 출발시킨다.

명여	(혼잣말처럼. 아직 화가 나 있는) 이해가 안 돼. 진짜.
윤택	(한참 생각하다가 코너를 돌면서) …어쩌면.
명여	(획 보면)
윤택	(조심스러운) …어쩌면 순영이도 그런 건 아닐까.
명여	('뭐?' 보면)
윤택	늘 그런 건 아니기 때문에 참고 사는 거.
명여	(화난 듯) 뭐?

S #47   (D) 해원의 파수집: 부엌

과거 ○ 2005년 초가을 — 명주, 주홍 35세. 명여 33세

뚝 멈춰 뭔갈 보는 명여.

주홍	(명주에게 손짓하며) 여보. 이것 봐봐. 응? 여보.

두 주머니에 손을 넣은 명주가 터덜터덜 걸어오더니 주홍이 만든 케이크를 본다. [심명주 사랑해] 글이 크게 쓰인 케이크.

주홍   (긁적이며) 어때?

명주   (왠지 쓸쓸. 픽 웃으며) …예뻐.

주홍이 기분 좋은 듯 긁적거린다.

윤택   (E) 심지어 맞지 않을 때

명주   (부엌 쪽 보며) 다른 것도 준비했어? 이따 해원이 올 텐데.

주홍   웅! 당신이 좋아하는 토란국이랑. 해원이가 좋아하는 불
       고기도 했어.

명주   (가스레인지 쪽으로 가 냄비 뚜껑을 열더니) 둘 다 했다고?

윤택   (E) 세상 어디에도 없을 만큼 달콤하고 따뜻해버려서

주홍   웅. 뭐 더 먹고 싶은 거 없어? 나 더 할 수 있는데.

명주   (픽) 됐어.

거실 소파에 멈춘 듯 앉아 그들을 쳐다보고 있는 명어.

S #48   (D) 해원의 파주집: 부엌
         과거 ○ 2005년 초가을 ─ 명주, 주홍 35세

주홍   (눈 안에 불이 타오른다) 뭐라고?

명주   (벌떡 일어나. 지지 않고 소리치는) 그게 지금 이렇게까지 화
       낼 일이냐고!

주홍	니가 지금 나한테 뭐랬어!!
명주	하는 일이라곤 어디 가서 빌빌거리는⋯.

주홍, 참지 못하고 명주의 머리칼을 확 낚아채 바닥에 내리
꽂는다. 명주가 소리 지르는데도 눈이 돌아 그대로 명주의
머리칼을 움켜잡아 부엌에서 질질 끌고 나온다.

명주	(소리 바락) 그만해!! 그만하라고!!

윤택	(E) 그래. 이 사람은 순간적으로 올라오는 분노를 참지 못하는 걸 거야.

주홍이 안방으로 명주를 끌고 들어간다. 쾅! 문이 닫히는데.

S #49　(D) 해원의 파주집 : 1층 거실
　　　　과거 ○ 2005년 초가을 ─ 명주, 주홍 35세

방문을 쾅 닫고 나온 선글라스를 쓴 명주가 소파에 풀썩
앉자 주홍이 그 앞에 앉아 무릎을 탁 꿇더니.

주홍	(싹싹 빌면서) 미안해. 미안해. 명주야. 잘못했어. 내가 잘못했어. (손이 발이 되도록 비는) 내가 그땐 미쳤었나봐. 미안해. 미안해 명주야. 미안해. 내가 잘못했어. 응?

윤택	(E) 이렇게 미안하다고 싹싹 빌잖아.

명주가 주홍을 보다가 옅게 한숨을 쉬면서 창 너머 저 먼 곳을 바라본다. 1층 베란다 창으로 햇살이 무심히 쏟아진다.

윤택   (E) 그렇게 믿고 자꾸 봐주는 거지.

S #50   (N) 논둑길: 윤택의 차 안

차창으로 밤빛이 무심히 쏟아지는데.

윤택   그런 희망고문들을 믿고,

명여   (말 확 끊으며) 대체 왜 그딴 희망을 믿는 건데? 그 생각부터가 잘못된 거 아냐? 애당초 그딴 생각부터 하면 안 되는 거였다고!

윤택   (쳐다보면)

명여   결국 안 지키잖아. 안 지키고 매번 때리잖아. 순간적으로 올라오는 화? 다들 화를 낼 줄 알아. 하지만 참고 살잖아. 그런데 그걸 못 참고 때리는 사람을 왜 지는 참아내면서,

윤택   그래. 맞아.

명여   가끔이어도 때리는 건 때리는 거잖아. 그런데 그 나머지가 따뜻하다고 같이 살아? 그게 말이 돼?

윤택   (동의한다는 듯 묵묵히 운전을 하며) 응. 말이 안 되지.

명여   어떻게. 그렇게. 대체 뭐가 좋다고. (이해가 안 되는데)

명주   (E) ⋯불쌍해서.

차가 덜컹거릴 때마다 밤빛도 덜컹거리는.

햇살이 비집은 길. 걸어가면서 선글라스를 쓰더니 풍선껌
을 부는 명주.

명주   (픽 웃더니 앞을 보면서) 불쌍하잖아.
명여   언니는 형부가 불쌍해서 결혼했어?
명주   아니.
명여   ('그럼?' 하듯 쳐다보면)
명주   나한테 질하니까. (소금 쓸쓸) 제일 잘하니까.
명여   근데 ⋯때리잖아.
명주   응. (풍선을 빵 부는) 그치만 이젠 불쌍해.
명여   제발 정신 차려. 언니. (앞 보면서 목소리 죽여서) ⋯해원이
          도 좀 더 크면 다 알게 돼. 그 전에 얼른,
명주   (앞을 보며) ⋯불쌍해.
명여   ('뭐?' 쳐다보는데)

명주가 풍선을 불어 팡! 터트린다. 명여, 진심 이해가 되지
않는다는 얼굴로 명주를 쳐다보는데. 후후, 풍선껌을 부는
알 수 없는 명주의 얼굴.

명여	나 세워줘.
윤택	(운전하다가 흘끗 돌아보곤) 지금?
명여	어.
윤택	(말없이 슬슬 멈추자)
명여	(바로 내리며) 고마웠다. (탕! 문을 닫고 가는)

명여, 심란한 얼굴로 논둑길을 걸어가는데.

명주	(E) 정말 불쌍해. 어떻게 버려.

윤택의 차는 출발하지 않고 헤드라이트로 명여를 비춰준다.

명주	(E) 가끔 너무 열 받으면 좀 때리는 것뿐인데.

그 빛을 뒤에 두고 논둑길을 뚜벅뚜벅 걸어가는 명여.

명주	(E) 못 버려. 내가 버리면 쟬 누가 가져간다고.

명여의 저 멀리로 굴뚝에서 연기가 모락모락 피어오르는 밤의 책방이 보인다.

새까만 밤의 하교 시간. 복도로 학생들이 쏟아져 나오면 휘 역시 가방을 메고 복도로 나오는데.

영수	(뒤에서 빠르게 따라잡더니) 야.
휘	(옆을 보지도 않고 바로) 뭐.
영수	('또다시 반말이냐.' 하듯 쳐다보면)
휘	(전혀 모르고 조금 빨리 걸으면서) 왜.
영수	(따라잡으며) 너네 집 책방 한다며?
휘	(좀 더 빨리 걸으며) 어. 근데 나 자전거 안장 바꿨잖아. 나 굉장히 잽싸졌잖아. 야. 너 이제 깜짝 놀랄 수가 있다?
영수	(여유롭게 따라잡아 걸으며) 저기, 내가 거길 좀 가고 싶은데.
휘	(가방에서 대뜸 안장을 꺼내더니) 야, 이것 봐라. 완전 좋아 보이지. 이게 얼마나 편한지 몰라. 완전 폭신폭신해.
영수	('왜 그런 게 가방에서 나오시.' 싶지만) 너 들었어? 내가 니네 책방에 좀 가보고 싶어. 내가 사실은,

휘, 갑자기 뭔가 생각나 걷다가 뚝 멈추는.

플래시 컷   **4회 S #11**

현지	(휙 받아 잘 넣으며) 김영수. 책 좋아한대.
휘	(어이가 없다) 뭐?

영수	(급하게 옆에 멈추더니) 니네는 무슨 독서회 같은 것도 한

다고….

휘   (갑자기 너무 신난다) 아하하하. 아하하하하.

영수   ('얘 왜 이렇게 웃어.' 무섭지만) 왜 이래?

휘   (더 크게) 아하하하하!! (웃다가 갑자기 정색하곤) 안 돼. 오
           지 마.

영수   뭐?

휘   아하하하하!! 아하하하하!! (정색) 오기만 해. 너 죽는다.
           (다시 웃는) 아하하하하하! (신이 나 안장을 꼭 껴안고 달려가
           기 시작하는데)

영수, 걷다가 멈춰서 휘의 뒷모습을 처다보는.
마침 달려가던 휘가 갑자기 뚝 멈추더니.

휘   (표정 싹 바꿔 돌아보곤) 사실은 와도 돼요. 선배님.

영수   (내가 잘못 들었나) 뭐?

휘   제가 말씀드리는 거래종목만 지켜주시면요.

영수가 도대체 '그게 뭔데.' 하듯 처다보면.

S #54   (N) 혜천시청 신축 청사: 장우 사무실

아직 퇴근하지 않은 사람들이 꽤 있는 사무실 안으로 사진
뭉치를 들고 걸어가는 장우. 시청 여직원2가 정수기 물통
을 들어 꽂으려는 걸 보고 얼른 옆 책상에 사진 뭉치를 놓
고 물통을 정수기에 꽂아주니.

시청 여직원2	고마워요. 장우 씨.
장우	(별일 아님) 뭘요. (다시 가려는데)
시청 여직원2	참 장우 씨. 아까 점심시간에 선봤다면서요?
장우	(획 주변을 보고) 그런 걸… (너무 어이가 없네) 어떻게 아셨어요?
시청 여직원2	하이고. 이 동네 몰라? 오늘 내가 먹은 점심메뉴도 지금쯤이면 우리 과장님이 다 알고 계실걸?
장우	(허)
시청 여직원2	그래서. 어땠는데?
장우	(긁적) 그게, 글쎄.
시청 여직원2	마음에 들었어? 어때. 괜찮아요?
장우	음. 되게 괜찮으신 분인 것 같긴… 했었는데요.

시청 여직원2가 반짝반짝 쳐다보면.

S #55   S #23 (D — 한낮) 혜천 시내: 커피숍

소개팅녀	좀 많이 당황하셨죠.
장우	아. 뭐. 저는 사실 이런 게 처음은 아니라서. (치즈 케이크 쏙 내밀자)
소개팅녀	(단호) 아뇨. 저는 괜찮아요.
장우	아. (아주 조금 민망해 자기가 먹기 시작하면)
소개팅녀	근데 …공무원이시면 참 지루하겠어요. 하루가.
장우	('응?' 쳐다보면)

소개팅녀	으레 공무원들 다 그렇잖아요.
장우	(뭔가 말하고 싶지만 가만히 치즈 케이크만 먹으면)
소개팅녀	하루 종일 사무실에만 앉아 있는 게 얼마나 고역이에요. 장우 씬 사는 게 좀 재미없겠다. 그치 않아요?

장우, 그게 그렇다는 건지, 아니라는 건지, 그저 씨익 웃으며 치즈 케이크만 먹는데.

| 장우 | (E) 그게… 뭐랄까. |

S #56   (N) 혜천시청 신축 청사: 장우 사무실

장우	(머리를 긁적이며) 그런 식으로 만나서 바로 매력을 찾는 게 저한테는 좀 어려운 일 같아서요.
시청 여직원2	뭐. 그럴 수도 있지. 근데 좀 아깝다. 예뻤다던데.
장우	(이젠 무서울 지경) 그런 건 또 어떻게 아신 거예요, 도대체?
시청 여직원2	다 아는 수가 있죠.
장우	하. ('진짜.' 생각하며 책상 위 놓아둔 사진을 들고 가려고 하자)
시청 여직원2	그럼 장우 씬 어떤 여잘 좋아하는데?
장우	(돌아보고) 저요?
시청 여직원2	응. 관심 있는 여자, 없어?
장우	글쎄, 뭐.

플래시 컷   7회 S #35

고기를 먹는 와중 슬쩍 그런 장우를 쳐다보는 은실.

장우가 조금 눈이 마주치자

은실   (괜히) 저기요! 치맛살 1인분 추가할게요.

장우, "하아." 한숨을 쉬는데.

장우   …웃는 게 예쁘고. 잘 먹기도 하고.

시청 여직원2   아아. 그런 여자? …근데 그런 거 은근 어려워.

장우   (멋쩍은) 그런가요? (가볍게 웃으며 사진 뭉치를 들고 자리로 돌아가는데)

들고 온 사진 뭉치를 넘겨보는 장우. 플리마켓 지나 총동창회 사진들 나오면 웃는 친구들 사이 아주 작은 은실의 모습. 아주 콩만 한 은실의 모습에 장우는 저도 모르게 씨익 미소가 지어진다.

과장   자, 이제 퇴근들 좀 해볼까요?

장우   넵! 과장님. (그 사진만 챙겨 지갑에 넣으며 동시에 재킷도 입는)

사무실 차창 밖으로 나가면.

S #57   (N) 굿나잇책방: 2층 거실

새까만 밤을 창가에 두고 책방 2층 마루에 마주 보고 앉은
해원과 은섭.

은섭   (뭘 어째야 할지 몰라) 아. (괜히 헛기침) 큼. 아.
해원   (웃으며) 벗으면 돼.
은섭   (셔츠에 손대며) 이거?
해원   어. 그거. (맑게 웃는데)

해원의 말에 은섭이 고개를 푹 숙이고 자신의 셔츠 단추를
정직하게 하나씩 풀어간다.

해원   (E) 우리가 사랑이라면,

해원, 그런 은섭이 좋지만 왠지 불안한 듯 바라보는데.

해원   (E) 네가 나에게 말해준다면 좋을 텐데.

해원이 은섭을 가만 보다가 확 은섭에게 다가가 키스하는.

해원   (E) 떠나지 말아달라고.

두 사람, 관성에 뒤로 넘어져버리는데.

해원   (E) 영영 녹지 않는 눈처럼 그렇게 네 곁에 있어달라고.

은섭이 해원을 조금씩 안는데 해원이 웃는다. 행복하다는

듯. 그 옆 창으로 보이는 호두하우스.

S #58   (N) 북현리 동네

북현리에 밤이 흐른다. 드문드문 녹지 않은 눈길과 옅게 피
어져 나와 호두하우스에서 책방까지 흐르는 불빛. 으슬으
슬 흔들리는 버드나무 잎과 결국 툭, 불이 꺼지는 책방의
창가까지.

S #59   (N) 호두하우스: 마당

호두하우스의 마당으로 수정의 경차가 도착한다. 수정이
급하게 내려 문을 탈탈 두드리자 잠옷 차림의 명여가 나오
는데. 옆의 군밤이가 캉! 캉! 짖는.

S #60   (D) 혜천호

평화로운 혜천호. 물결이 넘실댄다.

순영   (E) 있잖아. 호수 수면에 햇살이 반짝반짝 빛나는 걸 뭐
          라고 하지?
명여   (E) …윤슬.

일렁이는 호수 수면이 햇살에 비늘처럼 반짝반짝거리는.

S #61   (N) 호두하우스: 마당

수정이 명여에게 뭐라 말하자 명여가 옷을 갈아입고 바로
나온다. 곧 수정의 차에 타는 명여. 바로 차가 출발하고.

S #62   (N) 해천시립대학병원: 장례식장

차가 번잡한 장례식장 앞.

순영   (E) 나도 그렇게 반짝이고 싶어.

수정과 명여가 입구를 지나 들어가니 한쪽 방, 영정사진 속
환히 웃는 순영의 얼굴이 보인다.

순영   (E) 죽어서도.

명여, 툭 풀린 얼굴로 그걸 보는데. 한쪽엔 그녀의 주정뱅이
남편이 세상이 끝난 듯 꺼이꺼이 울고 있다.

S #63   S #51 바로 이후 (D) 해원의 파주집 앞 큰 골목
              과거 ○ 2005년 초가을— 해원 13세, 명주, 주홍 35세, 명여 33세

햇살에 반짝거리는 헬륨풍선을 든 해원을 한 손에 안은 주홍이 활짝 웃으며 뒤돌아보는.

명여   (E) 내 언니는 가끔 맞곤 했다.

명주와 함께 걷던 명여가 그런 주홍을 뚝 쳐다보는데.

명여   (E) 다정하고 따스하기 짝이 없는 그의 남편에게서.

S #64   (D — 오후 4시쯤) 해원의 파주집 : 2층 안방
         과거 ○ 2010년 9월 4일 — 명여 38세, 명주, 주홍 40세

명주가 지친 얼굴로 침대 밑에 풀썩 기대앉자

명여   (고요한 말투) …이혼해.
명주   (대답 없이 텅 빈 눈인 채 앉아 있자)
명여   (소리 꽥꽥) 이혼하라고!!!

울긋불긋 새파랗게 멍이 든 두 눈으로 침대 밑에 기대앉아 천장을 보던 명주가 텅 빈 눈으로 고개를 돌려 명여를 툭 쳐다보니.

명여   (포효) 이혼해!! 이혼하란 말이야!!!!

214

순간 명주의 눈이 갑자기 커진다.

명주   (사자후) 심명여!!!!!

명여가 뒤돌아보려는 순간 달려와 명여의 머리칼을 바로
휘어잡는 주홍.

주홍   니가 뭔데 이혼하라 마라야. 니가 뭔데!!
명여   (있는 힘껏 소리) 놔아!! (마구잡이로 빠져나오며) 놔! 놔! 놓
             으라고!!! (주홍을 확 밀어내려는데 힘이 너무 세다)

그사이 명주가 벌떡 일어나 명여를 잡은 주홍을 어떻게든
떼어 확 내동댕이쳐버린다. 주홍이 넘어진 사이 손을 잡고
뛰쳐나온 두 자매, 미친 듯 계단을 내려가는데.

명여   (먼저 뛰어나가는 명주를 다급하게 부르는) 언니!! 언니!!

명주가 나가며 빠르게 현관 신발장 위의 차 키를 낚아챈다.
이어 명여도 뛰어나와 마당에 세워진 자동차로 달려 나가는.

주홍   (거실 한쪽에 있던 골프백에서 골프채 하나를 꺼내 들고 괴물같이
             따라가며) 거기 서!!!!!

자동차로 달려가는 자매의 뒷모습. 주홍이 쫓아가는 사이
이느새 자동차는 움직이기 시작했다. 미친 듯 쫓아간 주홍
이 자동차 앞을 가로막아 서는데. 악에 받친 얼굴로 씩씩거

리며 차 안쪽을 보던 주홍이 곧 들고 있던 골프채로 차 앞 유리를 쾅! 내려치는. 쩌억- 갈라지는 유리창.

그사이 부릉부릉 액셀을 반쯤 밟는 소리 들리니 반사적으로 한 걸음 뒤로 무르는 주홍. 하지만 바로 골프채로 한 번 더 내려치려 달려드는 순간 부릉! 한 번의 거센 액셀 소리와 함께 순식간에 확! 뒤로 넘어가버리는 주홍. 쩍- 갈라진 유리창 앞엔 아무것도 없다.

명여 **(E) 내 이야기의 시작은 여기서부터.**

벽을 뚫어버린 자동차. 등나무 덩굴 덮인 담장 벽돌이 와르르 무너져 내리는데.

S #65 (N一새벽) 파수 출판단지: 윤택의 대형 출판사 편집 장실

새벽의 편집장실. 윤택이 팔짱을 끼고 창밖을 바라보고 있다. 뒤쪽에 있는 팩스로 뭔가 오기 시작하는. 윤택, 가만히 고개를 돌려 쳐다보는데.

S #66 10회 S #61 (D一오후 4시쯤) 해원의 파주집: 마당
과거 ○ 2010년 9월 4일 一 명여 38세, 명주 40세

차 안쪽. 핸들을 붙잡고 부들부들 떨며 천천히 고개를 드는
사람.
명여다.

명여   (E) 이것이 내 소설의 첫 문장.

울 것 같은 얼굴로 명여가 옆의 명주를 쳐다보는데. 텅 빈
얼굴로 조수석에 앉아 명여를 보는 명주.

S #67   (N) 파주 출판단지: 윤택의 대형 출판사 — 편집장실

팩스에서 종이가 나온다.

[이봐. 우리 형부를 죽인 게 누구라고 생각해?]

창밖을 보던 윤택이 팩스로 다가가 종이를 들어 올리는 데서.

제11회 끝

내가 산에 사는 부랑자의 아들이었고 어느 날 버려졌고
양부모님이 나를 키워주셨다는 것.

정작 나 자신은 약점이라 생각하지 않아도
내가 그걸 아프게 여기길 바라는 사람들이 더러 있었다.
어째서 너는 불행해하지 않지? 너는 뒷산 오두막에서 살던
놈이 아니었던가?
네 아버지는 부랑자였잖아?

그들이 원하는 대로 나는 불행하고 슬퍼야 하나?
…한참 생각해봤지만 아니었다.
내게 고마운 사람들이 있는데 굳이 불행해야 할 이유는
없다는 결론.

아무려나, 지금은 다 지나간 이야기입니다만.

굿나잇책방 블로그 비공개글

posted by 葉

제
12
회

눈 오는 밤의

러브레터

그리고 그게 아마 너와 나의
첫 번째 가을 여행이었다는 것.

S #1 (D) 해원의 파주집: 마당

과거 ○ 2004년 겨울─주홍 34세, 해원 12세

눈이 폴폴 내리는 해원의 파주집.
한쪽에 손수 만든 나무 그네와 커다란 느티나무. 정감 있는
장독대 몇 개와 현관 옆 커다란 화분. 아무렇게나 세워져
있는 낡은 자동차와 거실 안쪽에서 깔깔 웃으며 따뜻한 집
을 돌아다니는 어린 해원.

눈이 내리는 풍경 속. 웃으며 해원을 쫓아가는 주홍의 모습
도 보이는데. 따뜻하고 평화로워 보이는 파주집 전경.

S #2 (D) 해원의 파주집: 거실

과거 ○ 2005년 초가을─주홍, 명주 35세

문이 열리자 양손에 비닐봉지를 들고 들어오는 명주.

주홍   (달려 나와) 당신 왔어? (비닐봉지 뺏어 들면서) 내가 들게.
내가.

명주   (쥐버리자)

주홍   조금만 기다려. 금방 밥해줄게.

명주가 무시하듯 2층으로 바로 올라간다. 뒤로 현관문이
보이면.

S #3   (D —한낮) 해원의 파주집: 현관

과거 ○ 2005년 초가을 —명주, 주홍 35세, 명여 33세, 해원 13세

주홍   처제!

활짝 현관문을 연 주홍이 앞에 있는 명여에게 말하는.

주홍   얼른 들어와.

명여   (무심히 안쪽으로 들어가려다가 멈칫하는 건)

거실에 선글라스를 쓴 명주가 서 있다. 반바지에 두 손을
넣고 서 있는데 다리에 옅게 멍과 피딱지가 앉아 있는 명주.

주홍   (웃으며) 뭐 해.

멈춘 채 웃는 형부를 가만히 바라보는 명여인데.

S #4   11회 S #51 바로 이전 (D) 해원의 파주집 앞 큰 골목
과거 ○ 2005년 초가을―명주, 주홍 35세, 명여 33세, 해원 13세

해원   **아빠아!! (다다다다다)**

깔르르 웃는 해원이 헬륨풍선을 손에 가득 들고 주홍에게
달려가 안긴다. "어이쿠! 우리 딸!" 주홍이 해원을 번쩍 안
아 들어 올리는데.

뒤에서 걸어가며 그런 두 사람을 보는 명여. 가만히 옆을
돌아보면 그녀의 시선 끝 명주의 얼굴. 표정 없이 풍선껌을
탁탁 불고 있는 명주가 있다.

S #5   (D) 해원의 파주집: 마당
과거 ○ 2005년 초가을―명주, 주홍 35세

명주   **(소리 꽥) 하지 마!!**

찰싹찰싹 명주의 뺨을 날리는 주홍.

명주   **하지 말라고!!! (주홍을 확 밀어버리자)**
주홍   **(넘어진 채 눈이 바뀌며) 야아!!!!!!**

옆에 있는 큰 화분을 집어 들어 명주에게 던지려는 주홍. 그걸 보는 명주의 공포에 질린 얼굴. 쿵! 소리 들린다.

S #6   11회 S #64, 11회 S #66 (D ― 오후 4시쯤) 해원의 파주집:
        2층 안방
        과거 ○ 2010년 9월 4일 ― 명어 38세, 명주, 주홍 40세

명어   (소리 꽥꽥) 이혼하라고!!!

올긋불긋 새파랗게 멍이 든 두 눈으로 침대 밑에 기대앉아 천장을 보던 명주가 텅 빈 눈으로 고개를 돌려 명어를 툭 쳐다보니.

명어   (포효) 이혼해!! 이혼하란 말이야!!!!

순간 명주의 눈이 갑자기 커진다.

명주   (사자후) 심명여!!!!!

명어가 뒤돌아보려는 순간 달려와 명어의 머리칼을 바로 휘어잡는 주홍.

주홍   니가 뭔데 이혼하라 마라야. 니가 뭔데!!
명어   (있는 힘껏 소리) 놔아!! (마구잡이로 빠져나오며) 놔! 놔! 놓
        으라고!!! (주홍을 확 밀어내리는데 힘이 너무 세다)

224

그사이 명주가 벌떡 일어나 명여를 잡은 주홍을 어떻게든 떼어 확 내동댕이쳐버린다. 주홍이 넘어진 사이 손을 잡고 뛰쳐나온 두 자매, 미친 듯 계단을 내려가는데.

명여   **(먼저 뛰어나가는 명주를 다급하게 부르는) 언니!! 언니!!**

명주가 나가며 빠르게 현관 신발장 위의 차 키를 낚아챈다. 이어 명여도 뛰어나와 마당에 세워진 자동차로 달려 나가는.

주홍   **(거실 한쪽에 있던 골프백에서 골프채 하나를 꺼내 들고 괴물같이 따라가며) 거기 서!!!!!**

마당에 놓인 자동차로 달려가는 두 사람. 명주가 조수석 쪽이고 명여가 운전석 쪽이다. 거의 동시에 차에 탄 두 사람. 타자마자 명여가 문을 잠그는. 명주가 차 키를 꽂아주자 명여가 차 키를 돌려 시동을 걸어보는데. 뒤를 돌아보니 주홍이 지척.

겨우 시동을 건 명여가 출발하기 시작하자 미친 듯이 쫓아온 주홍이 자동차 앞을 막아섰다. 악에 받친 얼굴로 씩씩거리며 차 안쪽을 보던 주홍이 곧 들고 있던 골프채로 차 앞유리를 쾅! 내려치는.

명여가 몸을 들썩일 정도로 겁을 먹는데. 쩌억 - 갈라지는 유리창. 마침 주홍이 골프채를 들고 한 걸음 더 다가오자 명여, 액셀에 발을 살짝 댄다. 부릉부릉. 순간 부릉 소리에 주홍이 한 걸음 뒤로 무르는.

그렇게 명여도 명주도 약간 안도하려는 찰나 바로 골프채로 한 번 더 내려치려 달려드는. 명여, 곧 눈을 질끈 감고 액셀을 콱 밟아버리자 순식간에 확! 뒤로 넘어가버리는 주홍.

쩍 - 갈라진 유리창 앞엔 아무것도 없다. 벽을 뚫어버린 자동차. 등나무 덩굴 덮인 담장 벽돌이 와르르 무너져 내리는데.

차 안쪽. 핸들을 붙잡고 부들부들 떨며 천천히 고개를 드는 명여. 헛바퀴만 돌아가고 주홍은 흔적도 없이 사라졌다. 명여, 헉헉 겁에 잔뜩 질려 앞을 보다가 울 것 같은 얼굴로 옆의 명주를 쳐다보는데.

텅 빈 채 조수석에 앉아 명여를 보는 명주. 허탈한 듯 보던 명주가 곧 확 냉정해진 얼굴로 차에서 내린다.

명여　　**(눈이 커져. 겁이 나서) 언니!**

빠르게 집 안 쪽으로 들어가는 명주. 명여는 명주가 들어간 쪽만 쳐다보고 있는데.
곧 휴대폰을 들고 나오는 명주, 전화를 한다. 희미하게 들리는 소리는.

명주	(너무 냉정한 말투는 아님) 예. 119죠. (차 앞쪽으로 가는데 조금 속도가 느려진다) 네. 여기 사고가 났어요. (차 앞으로 가서 뭔가를 보더니 쭈그리고 앉아 뭔갈 하곤 다른 쪽으로 시선을 돌리며) 네. 아뇨. (푹 고개를 숙이는데)

곧 전화를 끊은 명주가 주변을 휘휘 보곤 마당에 떨어진 목장갑을 주워 운전석으로 와 문을 팍 열더니.

명주	**내려.**

명여가 '뭐?' 보는데 명주가 명여를 확 끌어내린다. 명여가 흔들리는 눈동자로 어쩔 줄 몰라 하면.

명주	잘 들어. 니 형부는 죽었어.
명여	…아니야.
명주	죽었어. 내가 방금 확인했어.
명여	내가 죽였어?
명주	아니. 내가 죽였어.
명여	뭐?
명주	(떨리고 무서운 걸 완전히 꾹 참고) 심명여. 너 현금 있어?
명여	(아무 말이나) 있어. 몰라. 아니 있어.
명주	(정신 차려야 됨) 그래. 그럼 이대로 쭉 나가서 버스를 타.
명여	(뭐?)
명주	여기는 외곽이라 CCTV가 없는데. 니네 집 앞엔 있을 거야. 거긴 큰길가니까. 알지.

명여	(넋이 나가 주홍이 있을 만한 쪽을 보려고 하자)
명주	(확 고개 돌려놓으며) 그걸 피해서 뒷골목으로 걸어 니네 집까지 가는 거야. 알았니?
명여	(다시 주홍 쪽을 보려고 하자)
명주	(사자후) 심명여!!!
명여	(확 울 것처럼 명주를 보자)
명주	그리고 집에 가서 샤워를 해. (차에 있던 명여의 휴대폰 꺼내 손에 쥐어주는)

명여가 명주를 쳐다본다. 그들 뒤쪽으로 바람에 나부끼는 마당의 나무.

S #7   (D — 오후 5시 넘어) 명여의 오피스텔 앞 거리
        과거 ○ 2010년 초가을

나뭇잎이 바람에 흔들리는 아주 평화로운 거리. 사람들이 웃으며 거리를 지나고 있다. 그중 오피스텔 건물의 원룸. 책도 많고 예쁜 옷도 많은 따스한 방. 벽엔 세계지도가 크게 붙어 있고 가본 나라를 색칠해놓았다. 화장실 문 안에서 들리는 샤워 소리.

S #8   (D) 명여의 오피스텔: 화장실
        과거 ○ 2010년 초가을 —명여 38세

화장실 안 샤워를 하는 명여가 엉엉 운다.

명주   (E) 샤워를 하고 한숨 자면.

화장실 문밖으로 나가면.

S #9   (D) 명여의 오피스텔
    과거 ○ 2010년 초가을 — 명여 38세

이불 안에 쏙 들어가 있는 명여. 시끄럽게 전화가 오자 명여
가 퉁퉁 부은 얼굴로 전화를 받는다.

명여   (무섭고 떨리는) …여보세요.

명주   (E) 전화가 올 거야.

S #10   (D — 오후 5시 넘어) 파주서: 교통사고 조사반
    과거 ○ 2010년 초가을

따르르르르릉! 전화가 울리는 시끄러운 경찰서 안.

형사1   예. 안녕하십니까. 저는 파주경찰서 구현태 수사관입니
다. (서류에 붙은 메모 보면서) 혹시 심명여 씨 되시나요. (뭔
가를 듣더니) 예. 다름이 아니고. (서류 보며) 심명주 씨가

친언니 맞으시죠? 예. 그… 심명주 씨의 남편인 목주홍
씨가 (어려운 말) 사망하셨는데요. 그게… 친언니분께서,

명주　　　(E) 니 형부가 죽었는데 내가 피의자로 경찰서에서 조사
를 받고 있다는 그런 전화.

분주하고 어수선한 경찰서 내부가 비춰진다. 경찰서 창 쪽
의 블라인드가 보이면.

S #11　　　(D) 명여의 오피스텔
　　　　　　과거 ○ 2010년 초가을―명여 38세

블라인드를 다 쳐놓고 어두운 채 침대에 앉아 손으로 입을
꽉 막고 눈물을 참으며 얘기를 듣는 명여. 자꾸 눈물이 툭
툭 떨어진다.

S #12　　　5회 S #3 (D) 의정부지방법원 고양지원 파주시법원
　　　　　　과거 ○ 2010년 초가을―해원 할머니 62세, 명주 40세, 명여 38
　　　　　　세, 해원 18세

판사　　　피고인 심명주에게 징역 7년을 선고한다.

방청석 앞쪽에 서 있던 해원 할머니가 "어이구." 풀썩 주저
앉는데.

명주 　　(E) 내가 지금 들어가면 남편한테 맞다가 도망쳤다 이런
걸로 금방 나올 수가 있어.

안쪽으로 끌려 들어가던 명주가 들어가다가 문득 뒤를 돌
아본다. 물끄러미 서 있던 해원과 슬쩍 마주치는 눈. 그 눈
을 지나 그들의 반대편 방청석 뒤쪽에 홀로 서 있는 명여를
쳐다보는 명주.

명주 　　(E) 하지만 너는 아냐.

명주가 명여를 향해 미소 짓는다. 보일 듯 말 듯 희미하게.

명주 　　(E) 너는 거기서 평생 살아야 돼.

S #13 　　3회 S #3 (D) 해원의 파주집으로 가는 골목
과거 ○ 10년 전 초가을 (2010년 9월 4일) — 해원 18세

희미하게 미소 짓는 해원이 몸집만 한 첼로 케이스를 메고
옅게 콧노래를 부르며 조그마한 골목골목을 지나 집으로
간다.

명주 　　(E) 그러니 너는 그대로 가

꺾어 돌아보니 웅성웅성 사람들이 해원의 집 앞에 몰려서

있는.

하나둘 사람들도 흩어지기 시작하자 그 틈에 서서히 드러
나는 풍경은 처참하게 무너진 등나무 덩굴 덮인 담장 한쪽.
그곳을 뚫고 나올 듯 박힌 반파된 해원이네 자동차.
차 보닛 앞 넓게 퍼져 있는 붉은 핏자국.
그리고 근처에 툭 떨어져 있는 목장갑.
마침 바람이 불어 마당 한쪽 거대한 느티나무 잎사귀가 비
현실적으로 흩날린다.

형사1   **(다가와) 목해원 학생?**

멍하니 현장을 보던 해원이 형사1을 휙 쳐다보는데.

명주   **(E) 혼자 남겨질 해원이를 데리고 살아.**

그들이 서 있는 현장.

S #14   10회 S #60 (D — 오후 4시 넘어) 해원의 파주집: 마당
              과거 ○ 2010년 9월 4일 — 명여 38세, 명주 40세

그 현장의 차 옆에서 서서 처참한 듯 "하." 숨을 토하는 명
여.

명주   **(낮고 무섭다) 가. 빨리.**

232

명여가 겁에 질려 보면 저 멀리서 앰뷸런스 소리가 들려온다.

명주 **(포효) 빨리!!!**

명여가 도망치듯 달아난다. 달아나면서 차 옆에 떨어진 형부의 팔을 보는 명여. 골프채를 든 팔이 맥없이 늘어져 있는데. 명여, 그 모습에 눈을 떼지 못한 채 달려 나가는.

명주는, 명여가 간 걸 확인하더니 아주 빠르게 목장갑으로 차의 바깥 손잡이를 닦는다. 핸들과 사이드 핸들. 기어 등 명여의 지문이 남아 있을 만한 곳을 전부 다 꼼꼼히 닦아내는. 그리곤 운전석에 앉아 차 문을 쾅 닫고 핸들과 모든 곳에 자신의 지문을 묻힌다. 차에서 나와 목장갑을 마당 한쪽에 확 던져놓으니 도착하는 앰뷸런스.

초연한 얼굴로 앰뷸런스를 보는 명주. 명주 위, 가을 하늘이 참 맑고 높다.

S #15   (N) 북현리 동네

높은 밤하늘 아래 살살 눈이 내리고 있는 북현리 동네. 흔들리는 버드나무. 포근하게 눈이 쌓인 비닐하우스. 아직은 졸졸졸 흐르는 내천. 다리의 난간과 아무도 없는 스케이트장. 노랗게 빛을 내는 가로등까지.

잠들어 있는 모든 것이 평화로운데.

11회 S #57 (N) 굿나잇책방: 2층 거실

2층 마루에서 은섭이 고개를 푹 숙인 채 자신의 셔츠 단추를 정직하게 하나씩 풀어가자 그런 은섭이 좋지만 왠지 불안한 듯 바라보던 해원이 확 다가가 키스한다.

두 사람, 관성에 뒤로 넘어져버리는데.

은섭이 해원을 조금씩 안는데 해원이 웃는다. 행복하다는 듯.

한쪽에 놓인 스탠드. 은은한 불빛이 스며드는 2층 거실. 해원과 은섭의 실루엣만 벽에 비치는데.

은섭   **(O.S) 큰일 났다.**

두 팔을 바닥에 지탱한 채 늘어진 티셔츠를 입은 은섭이 아래에 누운 해원을 내려다보며 말하자

해원   (아래에 누워 '응?' 쳐다보니)

은섭   **지금 너의 이 모습이 영원히 잊히지 않을 것 같아.**

해원   (피식 웃는)

은섭이 옆으로 누우며 고개를 베개에 묻는다. 해원도 은섭

234

쪽으로 돌아누워 은섭의 늘어진 티셔츠 안쪽 쇄골을 손가락으로 살금살금 쓰다듬는데.

은섭   (천장을 보고) 졸리다. …계속 보고 싶은데. (고개만 해원을 향해 돌아보는)

해원   (은섭의 쇄골을 가만히 만지며. 속삭이듯) 난. 임은섭.

은섭   응?

해원   (말 않고 은섭을 물끄러미 바라보자)

은섭   (몸까지 마저 해원 쪽으로 돌아눕고 눈을 깜빡깜빡거리며) 나 졸려.

해원   (가만히 은섭을 보고) 그래. …그럼 자.

은섭   (졸린 눈을 뜨며. 낮게) 무슨 말 하려고 했는데?

해원   (조금 더 은섭의 심장 가까이로 몸을 움직이고) 아냐.

은섭   (궁금해) 뭐였는데.

해원   아니야.

은섭   ('뭐지?' 하듯 보자)

해원   얼른 자. (웃자)

은섭   (해원을 꼭 껴안고 서서히 잠이 드는)

해원   (하고 싶은 말이 많지만 머리칼을 살살 만지며) …잘 자.

그렇게 서로 마주 본 채 누운 두 사람 뒤 창밖으로 밤이 흐른다.

S #17   11회 S #62 (N) 혜천시립대학병원: 장례식장

까만 밤 아래 시끌벅적한 장례식장. 활짝 웃는 순영의 영정 사진이 보이면 넋이 빠진 채 상 앞에 앉은 명여. 수정도 그 앞에 앉아 말없이 소주를 따라 마시는데.
학생이 우는 소리에 힐끗 뒤를 쳐다보니 교복 입은 순영의 딸이 달려와 엉엉 우는.

수정   **(흘끗 딸을 보고 소주 콸콸 따르며) …애가 제일 불쌍하지.**

명여도 엉엉 우는 그 딸을 돌아보는데.

S #18   (N) 파주 대형 병원: 장례식장
               과거 ○ 10년 전 초가을 ― 명여 38세, 해원 18세

장례식장 앞. 교복을 입고 고개를 숙인 채 뚝뚝 우는 해원.
명여가 가자는 듯 해원을 보자 해원이 쓱쓱 팔로 눈물을 닦으며 명여를 따라간다. 병원 한쪽의 큰 나무들이 가을바람에 춤을 추는데. 걸어가면서 퉁퉁 부은 눈을 감추고 싶어 선글라스를 쓰는 명여.

S #19   (D) 호두하우스: 뒷마당
               과거 ○ 10년 전 초가을 ― 혜자 62세, 명여 38세, 해원 18세

왠지 멍하니 앞을 보는 명여.

해원 할머니	뭐라고?

등이 굽은 채 장독대 앞에서 일을 하던 해원 할머니가 명여의 말에 허리를 쭈욱 펴서 명여를 매섭게 보더니.

명여	(별일도 아니라는 듯) 나 이제 해원이나 돌보면서 여기에서 살겠다고.
해원 할머니	(입술을 딱 다물고 명여를 보자)
명여	그렇잖아.
해원 할머니	(뭐가)
명여	소설 같은 거 시시하지 않아?
해원 할머니	(입술을 꾹 다문 채 명여를 보는데)
명여	게다가 엄마. 제가 생각보다 재능이 없어요.
해원 할머니	재능이… 없다.
명여	어. 난 재능이 없다니깐, 하나도 없어. 그래서 그냥 오늘부터 해원이랑 엄마랑 우리 셋이 늙어 죽을 때까지 여기서,

쨍그랑!! 해원 할머니가 장독대를 도끼로 부숴버렸다. 도끼를 탕 내려놓고 호두하우스 안으로 들어가버리는 해원 할머니.
장독대 안에 있던 간장이 주르르 흘러 해원과 명여의 발밑으로 번져드는데 명여는 꿈쩍도 않은 채 앞만 보고 있다.

S #20   (D) 청주 여자 교도소: 접견실

뚝 멈춰 뭔가를 보는 명여의 눈. 접견실 안쪽 마이크에 대고 말하는 명주가 있다.

명주	**버텨.**
명여	(고개를 확 숙이자)
명주	그 일은 네 잘못이 아니라고 했잖아.
명여	(고개 들고 '아니야') 언니.
명주	내가 아니었다면 일어날 일이 아니었어.
명여	(주르르 눈물이 흐르자)
명주	울지 마. 강해져야 돼.
명여	(쓱쓱 닦는)
명주	당장 집으로 가. 소설도 쓰고. 연애도 해. 그리고.
명여	(쳐다보면)
명주	해원이랑 좋은 시간 보내. …해원이가 외로울 테니까.
명여	(꾹 참고) 언니.
명주	심명여, 난. …난 진짜, (명여를 쳐다보는데)

S #21   (D) 호두하우스: 1층

현관문 앞에서 편지를 건네받은 명여. 겉봉투에 [심명주] 쓰여 있는 편지를 보더니 뜯어보는데.

[괜찮다.]

명여, 왈칵 차오르는데 울지도 못하는. 꽉 참는 만큼 종이
를 구겨 쥐고 그대로 뚝 서 있는데.

S #22   (N) 혜천시립대학병원: 장례식장

분주하고 시끄러운 장례식장. 와글와글하던 사람들의 소
음 사이로 꺽! 꺽! 거리는 소리 들린다. '뭐지?' 다들 시선을
돌리니 자리에 앉아 고개를 푹 숙인 명여가 요란한 소리를
내며 울고 있는.

수정   (소주를 마시다가 놀라) …야.
명여   (어쩔 줄 모르게 우는)
수정   (그만하라 손 뻗으며) 야아.

명여, 개의치 않고 장례식장이 떠나가라 꺽꺽 울어대는데.
순영의 가족들도, 조문객들도 그런 명여를 쳐다본다.
명여의 힘없는 어깨가 한없이 들썩거리는 밤.

S #23   (N─새벽) 굿나잇책방: 2층 거실

새벽빛 하늘 아래 굿나잇책방. 평화롭게 잠들었던 은섭이
찡그리며 눈을 떠보니 자신을 바라본 채 잠든 해원. 은섭,

가만히 해원을 보다가 부스스 일어나 창밖을 바라본다. 창밖엔 함박눈이 내리고 있다.

해원의 이불을 어깨까지 덮어주고 일어나 곧 부엌의 식탁으로 걸어가는 은섭. 식탁 앞으로 가 위에 있던 노트북을 켜곤 [굿나잇책방] 블로그에 글을 쓰기 시작하는데. 천천히 시작해 점점 빠르게 타자를 친다. 창밖엔 살살 눈이 내리고 있다. 글을 쓰다가 다시 창밖을 가만히 바라보는 은섭인데.

S #24   (D – 새벽 5시) 굿나잇책방에서 호두하우스 가는 길

살포시 눈 쌓인 북현리의 아침. 다륵 – 조심스레 책방 문을 닫고 나온 해원이 왠지 살금살금 호두하우스 쪽으로 걸어가는데. 한겨울 눈이 온 새벽녘의 정취. 샛노란 가로등 불 아래 조심스레 걷고 있는 해원. 포근한 마을엔 해원이 사박사박 눈 밟는 소리뿐인데.

명여	(반대쪽에서 확 튀어나와서) 너는 왜 거기서 나오냐.
해원	(걷다가 화들짝 놀라) 아씨. 깜짝이야.
명여	(행색을 보아 하니 다 알겠다) 그래. 뭐, 다 큰 성인이니까.
해원	(응?)
명여	너의 일에는 신경 안 써.
해원	그럼 이모는 어디 갔다 왔는데?
명여	(진지) 친구가 죽었어.
해원	(말문 막힘) 아.

명여	(열쇠로 문 열고 들어가며) 피곤한데 오늘 아침은 패스해도 될까.
해원	(뒤에서) 어. 당연하지. 아니면 내가 해줄까?
명여	노. (들어가려다) 참. 너.
해원	(뒤에서 '응?' 쳐다보면)
명여	너 첼로 잘 켰다고 소문이 자자하더라.
해원	누가 그래?
명여	수정이가. 난리도 아니었다며.
해원	난리까지는 아니고.
명여	(해원을 물끄러미 좀 보더니) 누가 우리 집 고슴도치의 가시를 쏙쏙 다 빼내 가버렸을까.
해원	뭐? 고슴도치? 그게 무슨…, (소리야?)
명여	시적표현. (문을 열고 들어가 쿵! 닫아버리자)

해원, 눈앞에서 문이 닫혀 문을 열고 들어가며 "아. 뭐야."
해원이 들어간 곳에 남겨진 동네의 아침이 싱그럽다.

S #25   (D) 보영의 연립빌라: 보영의 방

아침 햇살이 소소히 들어오는 보영의 빈 방이 비춰지면. 준비를 마친 보영이 방문을 열고 들어와 화장대 앞 의자에 놓인 가방을 들고 다시 나가려고 하는.

그러다 화장대 위 툭 놓여 있는《나의 아름다운 샹들리에》책을 보는데. 보영, '오늘 저녁에 책방에 가져다줘야겠다.' 싶은 얼굴로 책을 집어 들어 조심스레 가방에 넣고 나간다.
보영의 입가엔 희미하게 미소가 걸려 있다.

S #26   (D) 혜천 시내: 시청에서 장우의 집으로 가는 길

미소를 지으며 자전거를 타고 독서회를 가는 장우. 가면서
도 "안녕하세요." 쉼 없이 외치는 장우인데. 신호등 앞에서
끼이익 멈춰 기다리다가 옆의 학생 짐이 많은데 뭘 찾는 것
처럼 보이자

장우   내가 들어줄까?
남학생   네. 감사합니다. (맡기고 뭘 찾는. 작은 사진이다) 찾았다.
장우   소중한 건가봐.
남학생   네. 소중해요. (다시 장우에게서 짐을 받는데)

장우, 문득 은실의 사진이 떠오른다. '분명히 챙겼는데 어딨
지?' 가방을 열어 어지럽게 살펴보는 장우. 결국 가방을 뒤
집어 아스팔트 위에 탈탈 털어놓고 푹 쭈그리고 앉아 찾기
시작하는데 장우의 가방 안엔 뭐가 참 많다.

남학생   제가 도와드려요?
장우   (쳐다보더니) 어? (마구 찾으며) 어… 그게 사진인데.
남학생   (같이 쭈그리고 앉아 찾으며) 사진이요?
장우   (미친 듯 찾으며) 응. 그게 나도 소중한 거라서.
남학생   (책들 사이를 꼼꼼히 보더니 찾은) 이거?

장우	어? 맞아.
남학생	(사진을 건네며) 이 누나가 형한테 소중하구나.
장우	('어떻게 바로 봤지?' 받아보니) 어?
남학생	(사진을 쓱 보고 정중앙에 있는 해원을 가리키며) 예쁘네요.
장우	아냐. 이거 아냐. 전혀 아니야.
남학생	그럼… (한쪽에 큰 글씨. '다트' 가리키며) 이거?
장우	아이. (민망하여 크게 웃는다) 하하하하하하하!! (정색) 그럴 리가.
남학생	그럼 뭔데요?
장우	(옆에 붙어 앉아 사진을 보여주며) …자세히 보아야 보인다.
남학생	(잉?)
장우	(사진 속 콩만 한 은실을 가리키며) 얘가 그렇다.
남학생	아아. (그제야 알겠다는 듯 웃으며) 이 누나도 예쁘네요.
장우	그치. 근데 앤 먹을 때가 제일 예뻐.

그렇게 쭈그리고 앉은 두 남자 위로 가득 비치는 햇살.

S #27   (D − 오후) 은섭의 본가 앞

햇살 아래 두근거리는 얼굴로 집 앞에서 영수를 기다리는 휘.

영수	(저쪽에서 나타나) 야.

휘가 휙 쳐다보니 처음으로 사복을 입고 나타난 영수. 또

다른 매력이 있는데.

휘	(그 매력에 잠시 빠져) 아아.
영수	(툭툭 다가와서) 뭐가. '아아.'야?
휘	(모른 척. 새침한 척. 고개를 돌리며) 아, 몰라요.
영수	뭐?
휘	아, 모른다구.
영수	(별 관심 없다) 그래. 뭐. 그러던지.
휘	(못 참고) 아니. 근데… 선배님 사복 되게 잘 받네요?
영수	(어이없어 뚝 보면)
휘	예쁘네. 어깨가 넓어서 그런가?
영수	내 어깨가 넓어?
휘	아, 넓지. 태평양처럼.
영수	너 나 안 좋아한다고 하지 않았었냐?
휘	안 좋아하지. 과거형처럼.
영수	근데 지금 내가 예쁘다고 했냐.
휘	(정색) 선배님.
영수	(쳐다보면)
휘	제가 장미를 좋아하지 않는다고 해서 장미가 아름답지 않나요? 장미는 여전히 아름다울걸요? 제가 좋아하든 말든?
영수	(묘하게 빨려 들어가는)
휘	그거랑 같은 거예요. 니 어깨가 태평양이고 니가 사복이 잘 받아서 정말로 매력적인 걸 나보고 어쩌라고요. 내 감정은 과거형이지만 너는 현재 이렇게 매력적인데. 나보고 어쩌라고. (어깨를 으쓱하니)

영수	(피하고 싶다) 책방이 여기서 머냐.
휘	가깝지. 엎어지면 코 닿거든?
영수	그래?
휘	네. 선배님. 얼른얼른 따라오세요. 선배님. (종종 먼저 걸어 가자)

영수, "허." 어이없게 웃으며 휘를 따라가는데.

S #28   (D — 오후) 굿나잇책방 : 1층

연기가 피어오르는 책방 안.

장우	오후의 독서회라니. 이거 좀 색다른데?

책방 안. 소파 앞에 둘러 있는 현지와 수정, 해원, 승호. 장우.

해원	근데 이모님 얼굴이 안 좋아 보여요. 괜찮으세요?
수정	응. (힘없이 미소 지으며) 괜찮아.
근상	(뒷마당 쪽에서 은섭까지 나오자) 거. 그럼 이제 다 오신 거 아닙니까?
장우	예. 한번 시작해볼까요? (책을 펼치려는데)
휘	(문이 확 열리더니) 저기요. 저도 여기 멤버시거든요?
장우	아하. 임상실험 할 때 임, 휘파람 할 때의 우리 휘가 있 었….

영수	(빼꼼 열린 문 사이로 저도 얼굴을 내밀며) 저⋯.

다들 '누구?' 하는 얼굴로 보는 와중.

현지	오 마이 갓. 임휘. 대박.
휘	(들어오더니) 아하하하하! 아하하하하!!

넘어갈 듯 웃는 휘를 다들 '뭔데?' 하듯 쳐다보는데. 난로
위엔 승호 할아버지가 굽는 바삭바삭한 만두가 있다.

S #29   (D) 겨울 숲과 들판

하얀 눈이 허리께까지 쌓인 너른 숲길을 걸어가는 해원과
은섭. 털모자에 털장갑, 장화를 신은 해원이 무릎까지 푹푹
들어가는 눈길을 재미있다는 듯 걸어간다.

장우	(E) 우리가 마주 앉아 웃으며 이야기하던 그 나무에는 우리들의 숨결과 우리들의 웃음소리와 우리들의 이야기 소리가 스며 있어서.[4]

은섭도 옆에서 걸어가며 해원의 옆얼굴을 쳐다본다. 따스
하게.

해원	(시선을 느끼고 웃으며) 왜에. (푹 발을 넣자 넘어질 듯 휘청)
은섭	(옆에서 중심을 잘 잡고 걸으며 그저 웃는데)

장우   (E) 스며 있어서.

눈밭에 바람이 불어온다. 마치 눈보라처럼 눈결이 돌았다
나가는 길.

장우   (E) 우리가 ㅗ 나무 아래에서 웃으며 이야기했다는 사실
조차 까마득 잊은 뒤에도,

해원이 멈춰 서서 장갑을 벗더니 잡아달라는 듯 은섭에게
손을 내민다. 은섭도 장갑을 한쪽 벗더니 손을 내밀어 해원
의 손을 잡는.

장우   (E) 해마다 봄이 되면

은섭의 손가락 하나하나에 닿는 해원의 손의 감촉.

해원   (손을 잡고 씩씩하게 걸어가며) 은섭아.
은섭   (돌아보며) 어?

해원과 은섭이 서로 마주치는 눈길.

장우   (E) 우리들의 웃음소리와 우리들의 숨결과 말소리를 되
받아

겨울바람에도 웃는 둘. 숲의 거대한 나무들이 눈바람에 휘

날리는데.

장우   (E) 싱싱하고 푸른 새잎으로 피울 것이다.

S #30   (D) 굿나잇책방: 1층

          승호 할아버지가 바람이 부는 책방의 작은 창을 닫는 사이.

장우   〈우리가 마주 앉아〉. (책을 보여주자)
근상   참 가슴이 두근거리는 시군요.
승호   저도 뭔가 가슴이 그래요. 누나들.
현지   (어이없네) 니가?
승호   (진지) 네. 그럼 안 되나요?

          다들 깔깔깔 웃는데.

장우   저기. 그럼 우리 김영수 학생은 어떤 계기로, 이곳에? (휘
          와 현지 쪽을 보자)
현지   (시크하게 소개) 저 선배, 책을 좋아한대요. 전교 1등에 여
          친이 있는 우리 학교 유니콘인데. 책을 좋아해서 아마
          왔을걸요? 그쵸.
영수   (맞다는 듯 보자)
현지   뭐. 참고로 임휘가 저 선배를 좋아하는데요. 저 선배는
          뭐, 관심도 없다는 TMI.
은섭   (저도 모르게 '뭐?' 영수를 돌아보는데)

휘	저기. 모두 과거형으로 말해줄래? 난 이미 다 지난 일이거든?
은섭	(조금의 안도)
장우	(큼. 헛기침하더니 악수 손 내밀며) 야. 반갑다. 난 혜천고 42회 유니콘 이장우. 넌 참 나처럼 잘생긴 아이구나. 그래서 휘가 좋아하나?
휘	서기요. 모두 과거형으로 말해주시라고요.
영수	(악수를 하며) 감사합니다.
수정	(무시하고 얘기 계속) 근데 휘가 정말 영수 학생을 외모 때문에 좋아하는 걸까요?
근상	(쓸쓸하네) 역시 외모가 1등인 세상인가봐요.
현지	아니. 무슨 소리야. 둘 다 외모는 썩 아니거든요?
장우	예끼. 이 녀석.
휘	저기요. 여러분. 과거형이라고요. 네? 과거형. 네?
현지	(무심히 팩트폭격) 야. 뭐가 과거형이야.
해원	(휘 편 들어주는) 에이. 그래도 우리 휘가 과거형이라면,
장우	암. 현재형이지.
휘	아, 진짜 과거형이라고욧!!!

다들 깔깔깔 소리 내 웃는데. 그들 뒤 소파.

S #31   (D — 늦은 오후) 파주 출판단지: 윤택의 대형 출판
         사 — 편집장실

소파에 앉아서 달달달 불안하게 다리를 떨며 전화하는 윤

택. 옆엔 팩스로 받은 종이. [이봐. 우리 형부를 죽인 게 누구라
고 생각해?] 윤택, 다리를 계속 떨면서 초조해하며 전화를
거는데.

S #32   (D) 호두하우스: 1층: 명여 방

바깥에서 전화벨이 쉬지 않고 울리지만 방에는 명여가 침
대 위에서 머리끝까지 이불을 덮고 잠들어 있다. 곧 전화가
끊긴다.

[울보: 부재중 통화 (18)]

군밤이가 명여의 방에서 쫑쫑 돌아다니고. 명여는 세상모
르고 잠들어 있는. 명여의 방 창 너머로 가면.

S #33   (D) 굿나잇책방 앞

책방 문 열리고 사람들 흩어져 나온다.
"가볼게요." "다음 주에 뵙죠." 승호는 신이나 랩 하듯 "예!
세상은 더럽쥐." 나오면 옆에 있던 수정이 단호한 얼굴로
"승호야. 현지 흉내 내는 거 아니야." 곧 금세 착한 얼굴이
되어 "네. 이모." 대답하는 승호. 그렇게 다들 인사하는데.

장우도 뒤로 걸어가며 크게 손을 흔드는. 조금 걸어가는데

전화가 오면 모르는 번호에 '뭐지?' 생각하며 전화를 받으려는데 끊긴다. '엥?' 생각하고 콜백을 하니 "고객이 통화중이라." 음성메시지. 장우, 전화를 끊으니 바로 다시 걸려오는 같은 번호.

장우   (뭐야. 이건) 여보세요?

S #34   (D) 강릉 시내: 커피숍

산발에 트레이닝복 입은 은실이 커피숍 대형 테이블 앞에 자료들을 무수히 놓고 노트북 켠 채 전화를 하고 있다.

은실   (명랑) 안녕? 이장우?

S #35   (D) 논둑길부터 삼거리 버스정류장

장우   (얼음) 지은실?
은실   (F) 정답!
장우   (너무 당황해 사례가 심하게 들려 기침하기 시작하는)

S #36   (D) 강릉 시내: 커피숍

은실   전화 한번 하기 힘드네. 타이밍 왜 이러냐.

장우	(F) (켁으로 휘모리장단)
은실	(진심) 야. 그 정도면 전화를 끊고 그냥 병원엘 가. 나 끊는다.
장우	(F) 아니! 무슨 일이야.
은실	(미소 지으며) 아아. 나 있잖아. 내가 좀 물어보고 싶은 게 있거든? 물어봐도 될까?

S #37   (D) 논둑길부터 삼거리 버스정류장

장우	(근엄한 태도로 위장) 어. 물어봐. 뭐든지. 물어봐. 응. 난 대답할 준비가 돼 있어. (뭔가를 듣는다) 어. 그러니까. 응. (열심히 듣는다) 니네 강릉시에서 커피축제를 하는데. 응. (꾸준히 듣는다) 그 바리스타 유명한 사람들 연락처를… (어쩐지 실망) 야. 너 지금 나한테 그거 물어보려고 전화했냐?

S #38   (D) 강릉 시내: 커피숍

은실	(해맑게) 웅! 왜에? 물어보면 안 되는 거야? 그럼 그냥 다른 사람한테.
장우	(F) 아니! 내가 알려줄게. 내가 찾아줄게.
은실	우와. 역시 이장우. (씨익 웃으며) 고마워. 이장우. 보답은 내가 꼭 하겠음!
장우	(F) (다급) 야, 저기!

은실	(뭐지?) 어?

S #39   (D) 논둑길부터 삼거리 버스정류장

장우	너… 뭐, 더 할 말은 없냐?
은실	(F) 응. 없는데.
장우	(깊이 실망) 아. 그래. …그럼 뭐. 점심이나 맛있게 먹어라.
은실	(F) (정색) 야. 오후 4시야. 너나 드세요.
장우	어. 그래. 내가 먹을게. 끊어.
은실	(F) 어! (딸깍)

전화를 끊은 장우. 아직도 이게 꿈인가 생신가 싶은 얼굴.
잠시 뚝 서 있다 곧 현실을 직시하고 혼자 푸흣 웃더니 한
손으로 입을 가리고 좋아하며 조용히 은실의 전화번호를
저장하기 시작한다. 크크크 웃으며.

S #40   (D) 강릉 시내: 커피숍

은실이 전화를 끊자마자 문자가 온다. 윤민규: [강릉 바리스
타 전번 모두 입수했다. 전달한다] 은실, 어깨를 으쓱하며 답
장. [반사] 킥킥킥 혼자 웃으며 작업하는 은실인데.

S #41   (D) 논둑길

근상 　　저, 근데….

모두 근상을 쳐다보자

근상 　　(영수에게) 영수 씨는, 음. 정말 현재 지금 전교 1등이라는
　　　　걸 하고 계시는 겁니까? 실제적으로?

영수 　　아. 저요? 아… 뭐, 그렇긴 한데.

근상 　　아아. 그런 걸 진짜로 하긴 하는 사람이 있는 거군요. 저
　　　　는 뭐랄까. 그게 영. 뭐랄까. 어린 왕자의 그 사막여우처
　　　　럼 말입니다. 존재는 하지만 도무지 믿겨지지가 않는?
　　　　그 현실성이 아예 없달까요?

영수 　　(픽 웃자)

휘 　　　아, 이저씨. 애 진짜 전교 1등하는 애예요. 애 공부 되게
　　　　잘해요.

근상 　　근데 휘야. 너는 이 친구의 후배 아니니?

휘 　　　네. 후밴데요?

근상 　　근데 왜…,

현지 　　반말을 하냐.

영수 　　반말을 좋아해서 반말을 하겠죠.

휘 　　　빙고!

근상 　　그런데 너는 왜 나한테 존댓말을,

휘 　　　잘 생각해보세요. 아저씨. (음모) 제가 정말 아저씨한테
　　　　지금까지 꼬박꼬박 존댓말을 썼었었는지. 그저 그게 기

분인지. 아닌지. 사실은 잘 생각해보면 그것은 혹시 반

말은 아니었을까….

근상   (혼돈의 카오스) 그게 무슨….

영수   (그 모든 것들이 진심 어이가 없어 픽 웃으면)

현지   근데 선배는 왜 휘가 말할 때마다 웃으세요? 정말 혹시

재를 좋아하기라도 하시는 건 아니죠?

영수   (정색) 어이가 없어서 웃는 거야. 너는 재가 하는 말들이

다 말이 된다고 생각하니?

현지   (바로) 아뇨. 안 되죠.

휘   야. 너네들은 이미 그 말도 안 되는 내 매력에 빠져버린

거야. 알았니?

영수   (꿈쩍도 안 하고) 됐고. (휘에게) 야. 넌 나랑 할 말이 좀 있

지 않냐?

휘   아, 그건 내일 하자니깐요? 선배님?

영수   (참을 인이 셋이면 성인군자가 될 수 있다의 한숨을 쉬면)

근상   근데 현지야. 니네 약국의 그 간판 말이다. 불을 좀…,

현지   아, 진짜! 아저씨!! 그런 건 우리 엄마한테 말씀하시라니

깐요?

현지가 주머니에서 손난로를 꺼내 근상에게 턱 얹어주고

논둑길 한 켠 가로등에 꿈뻑 불이 들어오면.

S #42   (N) 북현리 동네

저녁이 찾아온 논둑길엔 다시 눈이 내리기 시작한다. 동네

의 강아지가 신이 나 캉! 캉! 짖으면 저 멀리 지나는 버스.

S #43   (N) 삼거리 버스정류장

눈 때문에 탈탈탈탈 느려진 버스가 정류장에 도착한다. 주
변 소나무에 그득그득 쌓인 눈. 책방 굴뚝에서도 모락모락
연기가 피어나면.

S #44   (N) 굿나잇책방 앞

문을 탁 닫고 나온 해원과 은섭. 은섭이 돌아보니 서 있던
해원이 은섭에게 뚝 손을 내민다. 은섭, 해원의 손을 잡고는
천천히 호두하우스 쪽으로 걸어 올라가는데.

해원   (가로등 아래서) 안 어둡다. 그치.
은섭   (픽)
해원   누가 이걸 고쳐놨더라고.
은섭   (픽)
해원   누구였지. (웃는데)

은섭, 해원의 손을 잡고 걸으며 미소 짓는.

해원   (은섭을 사랑스럽게 바라보며) 이따 이모 자면 탈출해서 올
             게.

| 은섭 | 가능하겠어? |
| 해원 | 그러엄. (웃는데) |

두 사람이 가로등으로부터 점점 멀어지는 뒷모습인데. 순간 저 뒤, 사박사박 눈길을 걸어온 소리가 툭 멈춘다.

S #45   (N) 굿나잇책방 앞

두 주머니에 손을 넣은 은섭이 해원을 데려다주고 두두두두 빠르게 걸어와 책방 앞에서 문을 열려는데. 멈칫. 뭔갈 보고 멈추는 은섭의 눈.
털모자에 목도리를 꽁꽁 한 보영이 은섭의 눈앞에 서 있다.
키핑 서재에서 빌려간 듯한 책 한 권을 한 손에 잘 들고서.
뭔가라도 본 양 왠지 차가운 얼굴의 보영인데.

S #46   (N) 굿나잇책방: 1층

키핑 서재에 빌려간 책을 꽂는 보영.

은섭	(바 뒤에서 커피 내리면서) 그거 되돌려주러 온 거야?
보영	(대답 없이 뚝 얼어서 책장을 보고 있으면)
은섭	(커피 내리며) 그거 하나 때문에 여기까지 올 필욘 없어. 전화하면 내가 시내에 나갈 때,
보영	이건 핑계고. (돌아보는)

은섭	(뭐?)
보영	(뚜벅뚜벅 뭔가 결심한 듯 은섭 앞으로 가) …해원인 잘 지내?
은섭	(그 눈이 차갑고 낯설어) 그렇지. (커피를 주욱 건네자)
보영	(가만히 받지만 마시진 않고 커피를 보기만 하는)
은섭	(그런 보영을 잠시 쳐다보는데)
보영	(커피를 본 채) 나 사실, 너를 좋아했어.
은섭	어?
보영	아주 오랫동안.
은섭	(멈추는데)
보영	정말 아주 오랫동안. (고개를 들어 은섭의 눈을 쳐다보자)
은섭	(잠시 보다가) …몰랐어.
보영	알았으면?
은섭	(쳐다본다)
보영	(확실한 대답을 바라듯 보고 서서) 알았으면, 은섭아?
은섭	(단호) 아무것도.
보영	(뚝 보면)
은섭	아무것도 달라지지 않았겠지. (어쩐지 빈 눈으로 보자)

보영, 마음이 쿵 내려앉는다.

보영	(겨우 미소를 짓더니) 그래.
은섭	(가만 보고 있으면)
보영	(조금 고개 숙이고, 작은 목소리) 괜찮아. 예상했던 일이었어. (부르르 일어나더니) 커피 잘 마셨어. 갈게.

고개를 살짝 숙이고 가방을 들고 바로 나가버리는 보영.

남겨진 은섭은 조금 멍 – 해졌는데. 저 바깥엔 소리 없이 눈이 내리고 있다.

S #47   (N) 굿나잇책방에서 삼거리 버스정류장 가는 길

새빨갛고 눈물 가득 찬 얼굴로 내리는 눈발 속을 걷는 보영. 누가 툭 건드리면 당장에라도 울 것 같은데.

보영   (E) 근데 너 그거 알아?

뚜벅뚜벅 버스정류장을 향해 걸어간다.

플래시 컷   **5회 S #35**

보영   (뒤돌아보며. 소리치는) 나 있잖아!!

보영이 자전거를 타더니 시원하게 가른다.
해원도 자전거를 타고 그 뒤를 따르는데.

보영   나 좋아하는 사람 있다!!
해원   누구!!
보영   (뒤돌아보더니 흐흐 웃으며) 우리 반 책 읽는 왕따!!

보영   (E) 내가 먼저 좋아했어.

뚝뚝 떨어지는 눈물. 보영이 쓱 닦아버린다.

보영   (E) 그래. 더 오래되었다는 게 무슨 상관이겠어.

모든 것이 소복소복 쌓여만 가는 정취 좋은 하늘 하래 자꾸
만 눈물이 나는 보영. 눈이 내리는 밤하늘이 비춰지면.

S #48   (N) 해천고: 3학년 교실 복도
        과거 ○ 9년 전 겨울―보영, 은섭, 해원 19세

새까만 밤하늘 아래 교실. 야간 자습이 끝난 학생들이 우르
르 교실을 나가고 있는데. 해원도 가방을 챙겨 친구들과 나
서자 다른 교실에서 나오던 보영이 해원을 흘끗 보는.
마침 한 남학생이 달려와 해원에게 장미꽃이 담긴 긴 상자
를 전하자 해원의 옆 친구들은 괜히 호들갑이고 막상 해원
은 '뭐야?' 싶은.

보영   (E) 언제나 주인공은 목해원이었는데.

그런 해원을 차갑게 쳐다보는 보영. 두두두 뛰어오는 학생
들을 보영이 조금 피하다가 해원의 뒤 학생들 사이에 섞인
은섭을 보게 되는. 무심히 걷던 은섭이 아이들 사이의 해원
을 발견하더니 걸음이 좀 느려진다.

보영   (E) 심지어 액자의 끄트머리에 있을 것 같은 너마저도.

260

그걸 놓치지 않고 뚝 멈춰 쳐다보는 보영. 천천히 걸어가며
해원을 바라보는 은섭의 눈이 깊고 또 깊은. 보영, 그런 은
섭의 모습에 옅은 실망감이 감도는데.

보영   (E) …목해원이었잖아.

이윽고 해원이 친구들과 섞여 복도의 사람들 속으로 멀어
져가고 은섭도 다른 쪽으로 가버리는.

보영   (E) 있잖아.

멈춰 선 보영도 학생들 사이에 파묻힌다.

보영   (E) 나도 여기에 있어.

뚝 서 있는 보영을 누군가 모르고 치고 가버리는데.

보영   (E) 나도 이렇게 존재하는걸.

S #49   (N) 굿나잇책방에서 삼거리 버스정류장 가는 길

빠르게 걷는 보영. 걷는 속도만큼 눈물이 많아지는데.

보영   (E) 이렇게.

갑자기 툭 멈추는 보영.

보영   (E) 이렇게 나도.

동네엔 고요하게 눈이 내리고 있다. 천천히 뒤돌아보니 책
방엔 노란 불이 켜져 있고 굴뚝의 연기도 모락모락. 그 뒤
로 호두하우스도 얼핏 보인다. 바로 그 뒤에는 검은 산.

보영, 결심했다. 확 뒤돌아서더니 왔던 길을 되돌아가기 시
작한다. 빠르게.

보영   (E) 이렇게.

보영이 가버린 자리엔 좁은 보폭의 발자국과 고요히 내리
는 흰 눈뿐이다.

S #50   (N) 혜천 시내: 편의점 앞

눈 쌓인 시내 편의점 앞 간이 의자에 앉아 맥주를 마시는
장우. 혼자 마셔도 기분이 좋다. 괜히 히죽히죽 웃음이 나
오는데.

S #34
은실   *(명랑) 안녕? 이장우?*

플래시 컷   **S #35**

장우   (얼음) 지은실?
은실   (F) 정답!

"푸흡." 혼자 웃음이 터진 장우. '아, 번호를 저장했지.' 하는
생각에 휴대폰을 꺼내 카톡으로 들어가 은실을 찾아 프사
를 본다. 은실이 활짝 웃는 사진부터 시작해 넘기니 풍경
사진도 나오고 그다음엔 호빵을 가득 물고 웃는 사진.

S #51   (D) 혜천고: 2학년 교실 복도
           과거 ○ 10년 전 ― 장우, 은실 18세

장우   야. 나는 여자한테는 관심이 없다?

장우가 친구들과 학교 복도를 걸어가며 종알종알.

장우   여자가 뭐야. 공부를 해야지. 바빠 죽겠어. 야자 끝나고.
           학원 갔다가. 집에 가서 복습하고. 난 유니콘 꿈도 안 꿔.
           그냥, (누군가 털썩 치고 지나자) 아이씨. 뭐야. (뒤돌아보니)
은실   (손 번쩍 들고. 명랑) 아, 미안!!!
장우   (금세 누그러져) 뭐. 미안하다면.

은실, 저 멀리를 보며 활짝 웃는데 마침 복도로 쏟아지는
햇빛에 눈이 부시다. 장우, 눈부시게 반짝거리는 은실을 보

고 약간 병 – 찌는 얼굴이 되자

장우 친구1	야. 뭐 해. (흘끗 보고) 여자 보냐.
장우 친구2	야. 관심 없다며. 여자 같은 건.
장우	(은실이 자꾸 쳐다보며) 아니. 나는 관심이 없어. 없는데. (자꾸 은실 쪽을 뒤돌아보는) 없기는 한데…. (자꾸 은실 쪽을 쳐다보면)

은실이 활짝 웃으며 저편의 호빵을 가득 든 친구에게 달려 간다.

장우	(넋이 나가) …없어. …없다고.

달려가더니 호빵 하나를 한입에 다 넣어버리는 은실. 와구 와구 먹으며 친구와 이야기한다. 친구가 호빵을 떨어뜨릴 것 같자 "정신 똑바로 차려라! 소듕하게 여겨라!" 단호하게 혼내며 먹는.
병 – 떨어져 은실을 쳐다보는 장우.

S #52   (N) 해천 시내: 편의점 앞

장우, '이거다.' 싶은지 그 사진을 캡처하는. 휴대폰에 저장 해 은실의 번호에 전화가 오면 뜨게 만든다. 주머니엔 은실 의 사진. 휴대폰엔 은실의 번호. 장우는 왠지 부자가 된 얼 굴로 맥주를 한 모금 들이켜는데. 시내에 눈발이 제법 날리기 시작했다.

S #53   (N) 파주 출판단지: 윤택의 대형 출판사 ─ 편집장실

창밖으로 눈이 내리는 책들이 빼곡한 편집장실. 그곳 책상 앞에 불안한 듯 서서 계속 전화를 거는 윤택. 끊임없이 울리는 상대방의 전화벨. 전화를 전혀 받지 않자 윤택, 이제 끊으려는데.

명여   (F) …왜.

전화를 받자 윤택이 책상 위 종이를 획 집어 채며.

윤택   **이거 뭐야. 설명해.**
명여   (F) (잠 덜 깨서) 뭐가.
윤택   **니가 어제 보낸 팩스. 몰라?**

윤택의 뒤쪽에 보이는 팩스.

S #54   (N) 호두하우스: 1층: 명여 방

눈이 내리는 창 옆. 어둠 속의 방. 팩스가 얼핏 보인다. 전화를 하는 명여가 서서히 일어나더니 말한다.

명여	(졸려) …소설의 첫 문장을 알려달라며.
윤택	(F) ('그거야?' 뚝 멈춰 있자)
명여	뭐야. 알려줬더니 왜 난리야.
윤택	(F) (뚝 멈춰) …그뿐이야?
명여	그뿐이지. 그럼 뭐.

S #55   (N) 파주 출판단지: 윤택의 대형 출판사 — 편집장실

윤택이 전화기를 들고 약간 멍해 있자

명여	(F) 혹시 너 지금 그게 사실인 줄 알고

S #56   (N) 호두하우스: 1층: 명여 방

명여	(기댄 채로 덤덤하게) 부재중 통화 18통. …이렇게 미친놈처럼 전화한 거야?
윤택	(F) (대답 없는)
명여	(옆으로 툭 고개를 돌리며. 텅 빈 눈) …뭐가 사실이고 뭐가 거짓인지 절대로 묻지 않는다. 니가 말했던 거잖아. 니가, 픽션이랑 논픽션이랑… (전화가 끊긴 수화음에. '이게 전화를 끊어?' 서서히 몸을 일으키며) 야. (어이가 없다는 듯 전화기를 보는데)

S #57   (N) 파주 출판단지: 윤택의 대형 출판사 — 편집장실

전화를 끊자마자 무덤덤한 얼굴로 박박 종이를 찢는 윤택.
휴지통에 명여의 원고를 버리고 코트를 확 낚아채 편집장
실을 나가버린다. 툭 불이 꺼진다.

S #58   (N) 호두하우스: 1층: 명여 방

뚝 꺼진 어둠 속. 살금살금 계단을 내려온 해원이 조용히
현관문을 열려고 하는데.

명여   (문 열고 나오더니) 너는 어디 가냐.
해원   (뚝 멈춰) 아.
명여   **퇴근한 거 아니었어?**
해원   아아. 맞지. (자연스럽게 몸을 돌려 안쪽으로 향해 2층으로 올라
           가며) 잘 자. 이모.

명여, '쟤 왜 저러지?' 하듯 해원을 보는데.

해원   (난간 밑으로 머리 내밀고 몹시 극성스럽게) 잘 자!!!
명여   ('왜 저래…' 쳐다보는데)

거실 창 너머로 눈은 살살 내리고 굴뚝에서 연기도 올라오
고 있다.

S #59　　　(N) 굿나잇책방: 2층 부엌

부— 물이 끓는 가스레인지 위 주전자. 은섭이 머그컵에 뜨거운 물을 따라 들곤 식탁 앞으로 가 앉는데. 노트북을 켜니 어제 써놓았던 글이 있다. 비공개로 된 그 글을 클릭하니

[이건 너에게 쓰는 첫 연애편지]

은섭, 조금 생각하곤 그 다음 글을 쓰기 시작한다. 타닥타닥 키보드 소리.

[그날, 내가 돌아본 창 너머에는]

S #60　　　9회 S #33, 11회 S #16 (D—새벽 6시 즈음) 청도 가는 기차: 객실
　　　　　　과거 ○ 10년 전 가을—은섭, 해원 18세

문득 화난 얼굴로 휙 고개를 들어 창밖을 본 은섭이 창밖의 무언가에 뚝 멈춰버린다.

은섭　　　(E) 나처럼 상처받은 얼굴을 한 네가 있었고.

사정없이 흩날리는 해천역 큰 나무의 잎사귀들. 가을 단풍이 잔뜩 든 나무들이 바람에 미친 듯 흔들리는데 그 아래,

저처럼 상처받은 얼굴로 가방을 손에 들고 바람에 머리칼이 잔뜩 나부낀 채 서 있는 교복 입은 해원이 있다.

기차 안에 등 굽은 채 앉아 있던 은섭, 툭 떨어져 보더니 서서히 굽은 몸을 일으킨다. 기차의 불빛이 깜빡 켜지고 해원이 기차를 탄다. 허리를 굽혀 황급히 몸을 숨기는 은섭. 숙이다 옆을 쳐다보니 기차 벽면 스틸에 자신의 모습이 비치는데.

은섭   **(E) 가고 싶다. 아니. 가면 안 돼. 미안하니까. 그런 거 전부 다 잊고.**

멍-하니 자신의 모습을 쳐다본다.

은섭   **(E) 널 따라가게 되었어.**

S #61   11회 S #31 이전 (D) 청도 가는 기차 안: 객실
        과거 ○ 10년 전 가을 — 해원, 은섭 18세

덜컹거리는 기차의 벽. 그 옆에 해원이 멍하니 앉아 있다. 그보다 좀 더 앞자리에서 은섭이 해원을 흘긋 쳐다보니 가방 안에서 초코우유를 꺼내 뜯어 마시는 해원. 한참 앞을 보더니 곧 뚝뚝 눈물을 흘린다. 쓱- 닦고는 다시 우유 한 입 마시곤 다시 뚝. 뚝 우는. 그러다 창밖을 보고 마음을 삼키는 해원.

객실 안내음	(E) 우리 열차는 잠시 후 청도역에 도착합니다. 소지품을 두고 내리지 않도록 미리 준비하시기 바랍니다. 고맙습니다. We will soon be arriving at Cheongdo Station. Please make sure you have all your belongings with you. Thank you.

빠르게 지나던 풍경이 점점 더 느려지고 이내 기차가 멈추니 감나무가 주렁주렁 열려 있는 기차역 저 너머 얼핏 보이는 강. 갑자기 해원이 벌떡 일어난다.

은섭	(E) 넌 청도역에서 내렸어.

S #62   (D) 청도역 앞
과거 ○ 10년 전 가을 ─ 해원, 은섭 18세

감나무가 무수한 청도역.

은섭	(E) 감나무가 많은 도시.

역사에서 나오는 해원을 뒤따라가는 은섭. 저 멀리 물 흐르는 소리가 들린다.

S #63   11회 S #32 (D) 청도 : 낙동강

270

맑은 물이 잘잘 흐르는 낙동강 앞에 도착한 해원.

은섭   **(E) 그곳엔 낙동강 물이 맑게 흐르고 있었는데.**

가을바람이 마구 휘몰아치는 강가. 넋이 나간 듯 모래톱 사이를 해원이 걷는다. 저 멀리 은섭이 해원이 어찌 될까봐 조마조마 쳐다보고 있다.

은섭   **(E) 나는 네가 그곳에 뛰어들까 무서웠어.**

은섭, 나무 뒤로 몸을 숨기고 휴대폰을 꺼내 빠르게 검색하는. [호두하우스] 전화번호를 찾아내서 전화를 건다.

은섭   **(그쪽에서 받자) 아, 안녕하세요. 이모님. (뭔가 듣고) 아, 누님. 저는 임은섭이라고 임종필… (거기서 알아듣자) 예. 다름이 아니고 지금 이쪽으로 좀 오셔야… (앞을 보니)**

해원이 뒤쪽을 보고 있다. 해원이 보는 곳을 은섭도 따라 쳐다보니 강어귀에 쭈욱 늘어선 민박집들.

S #64   11회 S #33 (D) 청도: 낙동강 변 민박집

해원   (그중 한 민박집으로 들어가며) 저… 안녕하세요.

감나무가 있는 민박집에서 등이 조금 굽은 할머니가 나온
다. 조금 뒤쪽의 은섭이 그걸 보더니 옆 민박집으로 들어가

은섭   **혹시 방 있나요? (책가방을 평상 위에 툭 내려놓는데)**

서서히 높이 솟아 드는 해와 평상에 가득 있는 감 소쿠리가
비춰지면.

S #65   11회 S #34 (D) 청도: 낙동강 변 은섭의 민박집
과거 ○ 10년 전 가을 ― 해원, 은섭 18세

해가 아주 높이 뜬 낮 12시, 1시 정도. 평상에 앉아 소쿠리
의 감 하나를 집어 먹던 은섭이 '해원이는 뭘 하나.' 궁금한
얼굴로 일어나 흘끗 옆 민박집을 본다.
평상에 상다리 부러질 것처럼 차려놓고 열심히 밥을 먹는
해원이 보이는. 은섭, 그 모습에 저도 모르게 픽 웃는데.

민박 아줌마   **(안쪽에서 털레털레 나오며) 학생 밥 줄까?**

감 하나를 물어 먹으며 민박 아줌마를 '네.' 하듯 쳐다보는
은섭.

S #66   11회 S #35 (D ― 해 질 녘) 청도: 낙동강 변 민박집

과거 ○ 10년 전 가을 ― 해원, 은섭 18세

어느새 한참 내려앉은 해. 툭 평상에 반쯤 누운 은섭이 천천히 흘러가는 구름을 쳐다보는데. 순간 뭔가 휙 지나가는 느낌에 벌떡. '뭐지?' 앞을 보니 스쳐 가는 해원의 뒷모습이 보인다.

바로 일어나 나가보니 화난 듯한 해원이 점점 빠르게 걸어가고 있는. 은섭, 심상치 않은 해원의 모습에 바로 들어와 당황해 휴대폰을 마구 찾는데.

S #67   (D ― 해 질 녘) 청도: 택시 안

과거 ○ 10년 전 가을 ― 명여 38세

개인택시 안. 시끄럽게 전화가 온다.

명여   (받자마자) 어. (조급한. 창밖 보더니) 나 거의 다 왔어.

은섭의 얘기에 창밖을 확 보는 명여. 마음이 급해 안절부절 못하는 표정이다.

은섭   (E) 너네 이모에게 전화를 걸었는데도

택시 차창 밖으로 풍경이 빠르게 지나는데.

11회 S #36 (D — 해 질 녘) 청도 : 낙동강
      과거 ○ 10년 전 가을 — 해원 18세, 명어 38세

청도의 풍경이 비춰지면 슬리퍼를 신은 채 있는 힘껏 마구
달려가고 있는 은섭이 있다.

은섭   **(E) 무서웠어.**

미친 듯 달려가 강변 앞에 서서 보니 가을 낙엽이 휘몰아치
는 강가에 해원이 씩씩거리며 강을 쳐다보고 서 있다.

은섭   **(E) 네가 죽어버릴까봐.**

은섭, '어떡하지. 지금 달려갈까. 달려가야 되나.' 움찔거리
는. 하지만 해원은 미동도 없이 강가에 서 있다. 은섭은 명
여가 언제 오나 자꾸 뒤돌아보는데. 다시 앞을 돌아보는 사
이 해원이 신발을 마구 벗고 성큼성큼 강으로 걸어가기 시
작했다.

은섭   **(E) 죽어버릴까봐.**

은섭, 더 이상 안 되겠다 싶어 해원을 향해 달려가려는 찰
나.

명여   (O.S) (찢어질 듯) 목해원!!

해원이 달려가다가 뚝 멈춰 휙 돌아본다. 명여가 해원에게
다가간다.
숨을 몰아쉬며 그들을 쳐다보는 은섭. 강 너머로 기차가 지
나간다.

은섭   (E) 그리고 그게 아마,

S #69   (N) 굿나잇책방: 2층 부엌

부엌의 작은 창 너머로 기차가 지나가는데.

[너와 나의 첫 번째 가을 여행이었다는 것]

글 끝에 깜빡거리는 커서를 보는 은섭. 저장하고 있는데 타
타타닥 계단 올라오는 소리가 들려 쳐다보니.

해원   (빼꼼 고개를 내밀고) 나 탈출 성공.
은섭   (웃으며 보고) …고생했네.
해원   응. 나 정말 고생했어. 이모가 갑자기 나와서.
은섭   (픽 웃으니)
해원   올라갔다가 잠잠해진 뒤 다시 내려왔거든.
은섭   (미소를 짓고 일어나자)
해원   (미소 지으며) 은섭아.

은섭	(컵 들고 싱크대로 가다가 쳐다보면)
해원	나 스케이트 좀 가르쳐줄 수 있을까.
은섭	지금?
해원	응. (미소) 지금.

은섭이 미소를 짓고 식탁으로 와 노트북을 닫고 나간다.

은섭	그래. 그러자. (해원에게로 다가가는데)

창밖으로 산이 보인다.

S #70   (N) 산 입구

보영이 산 앞에 멈춰 서 있다. 어두운 겨울의 산 앞에. 눈 덮인 겨울의 산을 뚫어져라 보는 보영.

아주머니1	(E) 자기. 그 얘기 들었어? 민정이가 없어졌대.

S #71   4회 S #25 때의 동네 상황 (N) 보국방앗간

아주머니1	알지? 이번에 어디냐. 그 공시 합격한,

방앗간에서 일하던 보영 모가 놀라 쳐다보며.

보영 모	로터리 빨간 지붕집 셋째 딸?
아주머니1	그래에. 그 집 딸이 없어졌대.
보영	(퇴근한) 다녀왔습니다.
보영 모	어머. 어떡해?
아주머니1	지금 아주 난리가 났어. 그, 종필이네 아들, 은섭이도 달려가고.
보영	(뚝 멈춰 보자)
보영 모	걔가 왜 달려가요?
아주머니1	몰라? 그 집 애가 (약간 작게 말하는) …산에서 살았던 애 잖아. 그래서 민정이 없어진 데 가서 찾아보라고 했나 봐.
보영 모	제발 찾아야 될 텐데.
아주머니1	그러게나 말이야.
보영 모	이렇게 추운데. 아유. (보영에게) 넌 집으로 가지 여긴 왜 왔어?

보영이 보영 모를 쳐다보는데.

S #72   (N) 산 입구

휴대폰을 꼭 쥔 보영. 큰 결심을 한 듯 산 입구로 가만히 들어선다. 어둠 속 산이 비쳐지는데.

S #73   (N) 논두렁 스케이트장

해원	아악!! (하면서도 곧잘 끌려가는)

뒷산이 보이는 스케이트장. 능숙하게 스케이트를 타던 은섭이 한쪽에 서 있는 해원의 손을 잡아끈다. 두 손으로 잡고 유연하게 데리고 다니면서.

은섭	몸에 힘을 더 풀어.
해원	어려운데.
은섭	힘을 풀면 좀 더 쉬울 텐데.
해원	그래. 그게 정말 어렵다고.
은섭	(웃으며 해원을 확 잡아당겨 자신에게 안기게 만들며) 그래도 풀어봐.
해원	저기. 은섭아. 좀 천천히 해주면 안 돼?
은섭	(단호) 어.
해원	뭐?
은섭	안 된다고.
해원	뭐라고?

은섭이 피식 웃더니 해원의 손을 잡고 미끄러지듯 스케이트장을 누빈다. 해원은 가끔 넘어지기도 하고. 은섭에게 안기기도 하고. 때론 유연하게 미끄러지기도.

밤의 스케이트장에 춤을 추듯 스케이트를 타는 두 사람. "아악!!" 해원이 넘어질 때마다 소리를 지른다. 꺄르르 웃는 두 사람의 모습. 그들 너머로 산이 보이면.

S #74   (N) 산

사박사박 산을 오르는 보영. 적당하다고 생각한 곳에 서더
니 가만히 옆을 쳐다보는. 얕은 경사가 있는 낭떠러지가 보
인다.
'이 정도가 좋을 것 같아.' 하는 얼굴로 낭떠러지를 쳐다보
는 보영. 보영이 조심스레 낭떠러지 입구에 앉는다. 그리곤
일부러 투투투투툭 넘어져 내려가기 시작하는.

보영   **(E) 정말이야. 임은섭.**

좀 무서운데 한 손엔 휴대폰을 꼬옥 쥐고 있다. 점점 빨라
지는 보영의 몸.

보영   **(E) 작고 하찮은 이에게도 진심은 있어.**

S #75   (N) 논두렁 스케이트장

쿵 넘어진 해원. 은섭이 손을 내밀자 잡아서 일어난다. 다시
두 손을 잡고 스케이트를 타는 은섭과 해원인데.

해원   **어떡하지.**

은섭   ('왜.' 하듯 해원의 손을 끌고 스케이트를 타자)

해원	**나 네가 너무 좋아.**
은섭	(스케이트를 타며 뒤돌아보면)
해원	(웃으며) 어떡해?

은섭이 웃는다. 해원도 함께. 다시 눈이 내리기 시작한다.

S #76   (N) 산

투두두두둑 내려가는 속도가 점점 빨라지는 보영. 언 땅이
라 미끄럽다. 가속도가 붙어 점점 빠르게 내려가는데.

| 보영 | **(E) 난 그저** |

보영, 손에 휴대폰을 꼬옥 쥐고 잔뜩 겁을 먹어선 "엄마. 엄
마아." 하는. 너무 빨라져 손에 쥔 휴대폰을 놓쳐버리는데.

| 보영 | (너무 무서워) 엄마!!! |

| 보영 | **(E) 네가 그걸 알아주길 바라.** |

보영이 빠르게 경사면을 내려간다.

| 보영 | **(E) 어떤 식으로든. 무슨 수를 써서라도.** |

| 보영 | (너무 무서워 질끈 눈을 감고) 아악!!! |

보영   (E) 네가 꼭.

S #78   (N) 북현리 동네

동네에 그림처럼 눈이 내리고 있다.

보영   (E) 알아주길 바라.

제12회 끝

책방 일지

이건 너에게 쓰는 첫 연애편지.

그날, 내가 돌아본 창 너머에는
나처럼 상처받은 얼굴을 한 네가 있었고.

가고 싶다. 아니. 가면 안 돼. 미안하니까.
그런 거 전부 다 잊고 널 따라가게 되었어.

감나무가 많은 도시.
그곳엔 낙동강 물이 맑게 흐르고 있었는데.
나는 네가 그곳에 뛰어들까 무서웠어.
너네 이모에게 전화를 걸었는데도 무서웠어. 죽어버릴까봐.

그리고 그게 아마,
너와 나의 첫 번째 가을 여행이었다는 것.

굿나잇책방 블로그 비공개글

posted by 葉

제
13
회

눈물차

레시피

네가 이곳을 떠날 때 마음 그리 무겁지 않기를.

그저 행복하게 웃으며 가기를.

S #1   (D ─ 늦은 오후) 혜천고: 2학년 교실 복도
과거 ○ 10년 전 초가을 ─ 보영, 은섭 18세

하교하는 아이들 드문드문 있는 오후의 교실. 표정 없는 얼굴로 툭 일어난 보영이 가방을 싸맨 뒤 타박타박 교실을 걸어 나온다. 보영의 뒤로 교실 창밖에는 비가 쏟아지는데. 교실 문 열고 나오니 열린 복도 창문으로 들이치는 비.
보영, 가만히 보다 다가가 깨금발을 들고 복도 창을 닫으려니 잘 닿지 않는. 보영, 깨금발로 노력하는데 마침 교실에서 나온 은섭이 그걸 보고 곁으로 와 복도 창을 드르륵 닫아준다. 확 은섭을 보는 보영.

보영   **아.**

위 창까지 꽉꽉 닫는 은섭. 그걸 바라보는 보영의 눈. 창밖의 비가 서서히 눈으로 바뀌면.

S #2   (N) 산

그림처럼 눈이 내리는 동네와 산. 달달달 쓸려 내려온 보영
이 일어나 돌아본다. 중간 즈음에 떨어져 있는 휴대폰이 보
이는. 보영, 이를 꽉 악물고 돌부리를 집고 경사면을 오른
다. 팔을 쫙 뻗어 떨어진 휴대폰을 줍고 "하." 한숨을 쉬며
경사면에 몸을 기대는데. 기대어 있다가 뒤를 돌아 산을 바
라보는데 쉬지 않고 눈이 내리고 있는.
보영, 한 손에 쥔 휴대폰을 바라본다.

S #3   (N) 굿나잇책방: 1층

바 위에 있는 은섭의 휴대폰. 전화가 오는.

음성전화: [김보영]

아무도 없는 책방 안. 휴대폰 진동 소리 계속 들리다 이내
끊어지는데.

S #4   (N) 논두렁 스케이트장

"히히히." 웃음의 여운이 가시지 않은 채 스케이트장 한쪽
에 앉은 해원. 해원 앞에 무릎을 꿇고 앉아 스케이트 끈을

풀어주고 있는 은섭. 코가 빨간 해원이 숨이 차 쌕쌕거리며
그런 은섭의 정수리를 가만 바라보는데. 저도 모르게 다시
웃음이 나오는 해원.

S #5   (N) 산

쿵. 비탈진 경사에 한 걸음 내밀어본 보영. 휴대폰을 주머니
에 쑤셔 넣고 경사를 올라가보려고 한다.
한 걸음, 발을 떼려는 순간 멈칫. 그리곤 '아니. 한 번 더 시
도해보자.' 생각하며 휴대폰을 꺼내 드는데. 손끝이 빨갛게
얼어붙은 보영.

은섭   (E) 춥지.

S #6   (N) 굿나잇책방: 1층

은섭   (외투를 벗으면서) 코코아 같은 거 끓여줄까.

툭 책방의 불이 켜지고 손을 꼭 잡고 들어오는 새빨간 얼굴
의 은섭과 해원.

해원   (손 놓아주며. 웃는) 응.
은섭   (가만 해원을 바라보면)
해원   (좀 더 웃으면서) 좋아.

은섭은 바 뒤로 가고 해원은 외투를 벗으며 바 앞에 앉는
찰나. 책방으로 전화가 온다. 해원과 은섭이 전화를 휙 바
라보는데.

보영   (F) 은섭이니?

S #7   (N) 산

시커먼 산. 한 손에 휴대폰을 꼭 쥐고 경사면에 몸을 기댄
채 앉은 보영.

보영   (F) 나 보영이야.

추운 듯 몸을 웅크린 채 무릎을 모으고 기다린다.

보영   (F) 다름이 아니고 내가 실족을 했어.

살금살금 머리 위로 뭔가 떨어져 올려다보니 함박눈이다.
보영, 내리는 눈을 고개를 꺾어 쳐다보는데.

보영   (F) 미안한데, 네가 와서 날 좀 구해줄 수 있을까.

눈바람이 휘이이이잉 — 불어오는 얕은 경사 밑. 보영, 꼼짝
도 않고 몸을 웅크린 채 그렇게 앉아 있다.

S #8   (N) 굿나잇책방: 1층

책방 전화기를 들고 뚝 서 있는 은섭. 왠지 멍 - 한데.

보영   **(F) 네가 구해줘.**

옆의 해원이 코코아를 마시다 은섭을 '왜?' 하듯 바라보면.
해원 너머 창 바깥으로는 눈이 내리고 있다.

S #9   (N) 산

산에 바람이 크게 한 번 더 부는. 눈보라가 치기도 한다.

보영   **(F) 기다릴게. 네가 올 때까지.**

야트막한 경사 밑에 강아지처럼 쭈그리고 앉은 보영.

보영   **(F) 이곳에서.**

흰 눈이 보영의 속도 모르고 동화처럼 떨어져 내린다. 보영,
고개를 꺾은 채 쏟아지는 눈을 가만히 바라보는데.

은섭   **(E) 저기!**

S #10   <u>2회 S #48 (D — 늦은 오후) 혜천고: 교문</u>
          과거 ○ 10년 전 초가을 — 보영, 은섭 18세

          빗속을 마구 뛰어가던 보영이 확 돌아보면.

은섭   **(쓰고 있던 우산 건네며) 이거.**
보영   **어?**
은섭   **니가 써.**

          보영이 천천히 손을 뻗어 우산을 받으니 보영을 지나쳐 확
          뛰어가버리는 은섭. 보영, 한 손에 우산을 쥔 채 왠지 멍멍
          히 서 있는데. 비가 쏟아진다.

S #11   (N) 산

          천천히 눈보라가 날리기 시작하는 어둠 속의 산. 어디선가
          와악 - 와악 - 고라니 우는 소리 들려오고. 고요한 어둠이
          내린 산에 소용돌이치는 눈보라.

S #12   (N) 굿나잇책방: 1층

          눈발 날리는 산 앞의 노란 불빛 비추는 굿나잇책방. 그 안,

은섭이 전화를 끊으며 약간 얼떨떨한 듯 해원을 쳐다보자

해원	(조금 날카로운) 그래서.
은섭	산 입구 쪽 아주 가까운 데에 있는데 거기로 와달라고. (외투를 찾으며) 지금 내가 가서 얼른.
해원	아니. 내가 가는 게 좋겠어.
은섭	어?
해원	그런 곳이라면 내가 가는 게 맞는 것 같아.
은섭	니가. (갈 거라고?)
해원	응. 내가 갈 거야. 은섭아.
은섭	(해원을 뚝 쳐다보면)
해원	(단호하고 확고한 눈) 나 걔랑 해야 될 말이 있는 것 같아.

은섭이 해원을 바라보는데. 그들을 비추는 책방의 노란 등.

S #13   (N) 산 입구

툭툭 걸어가는 발걸음. 보면 완전무장을 하고 랜턴으로 앞을 비추며 걷는 해원이다.

은섭	(E) 그럼 약속해. 해원아.

몇 걸음 걷다가 쓱 앞을 보니 좁은 나무 사이, 커다란 바위가 있다. 그리곤 그 옆엔 비탈진 산행로.

은섭   (E) 100미터씩 갈 때마다 나한테 연락 좀 해줄래.

해원, '이쯤일까?' 싶은 생각으로 휴대폰을 꺼내 은섭에게 전화를 하려는데. 마침 밑에서 부스럭 소리가 들린다. '뭐지? 설마. 이렇게 가까운 데?' 하는 생각으로 한 걸음 옮겨 그리 깊지 않은 낭떠러지 밑을 랜턴으로 비춰보니 아주 차가운 얼굴로 해원을 올려다보는 보영이 있다.

해원, '허.' 하듯 보영을 쳐다보는데 그녀를 노려보는 보영의 눈이 이렇게 말하는 듯하다. '니가 왜 왔어.' 해원, 멈춰서 랜턴을 보영에게 쏘아보는데.

S #14   (N) 산

해원   (랜턴 비춰가며 숲 사이 나뭇가지 찾으며) 은섭이가 오지 않아서 실망이라도 했니.

보영   (낭떠러지 밑에서 무릎을 모으고 경사에 기대 부루퉁 앉아 있으면)

해원   (두꺼운 나뭇가지를 골랐다. 발로 퍽 차도 부러지지 않자 들고 와서) 근데 이 정도는 너도 충분히 혼자서 올라올 수 있잖아.

보영   (서서히 일어나 쳐다보면)

해원   내가 (낭떠러지 밑의 보영에게 나뭇가지를 던져주며) …여기까지 혼자 오는데 아무 문제도 없었던 것처럼.

보영, 차가운 눈으로 해원을 쳐다본다.

292

해원   (그런 보영을 서늘하게 보다가) **아니야?**

긍정도 부정도 않은 채 해원을 쳐다보던 보영이 곧 나뭇가지를 잡는. 해원이 보영의 무게에 뒤로 몸을 기대는데. 어두운 산 너머 동네 들판으로 가면.

S #15   6회 S #23 이전 상황 (D) 혜천 시내: 보습학원

선생들이 교재를 가지고 학원을 나서는 와중 보습학원에 앉아 휴대폰에 저장된 [임은섭] 번호를 보는 보영. 보영, 결국 전화를 못 하고 부욱 일어선다.
힘없는 어깨로 보습학원을 나와 툴툴 걸어가는데. 대형 커피숍 2층, 흰돌과 은섭이 이야기 나누는 모습이 보인다.

보영   **(E) 그래. 맞아.**

순식간에 밝아지는 보영. 미소를 지으며 커피숍으로 들어가는데.

보영   **(E) 나 은섭이가 오지 않아서 실망했어.**

설레는 듯 머리칼을 매만진다.

보영   **(E) (덤덤) 마지막 기회라고 생각했었거든.**

보영의 뒤로 건너편 꽃집이 보이면.

S #16   7회 S #30 이전 상황 (D) 혜천 시내: 대형 커피숍 건너편
꽃집

딸랑. 소리와 함께 열리는 꽃집 문.

보영　　　　　　저….

꽃집 주인　　　예. 어서 오세요.

보영　　　　　　(베고니아를 보며) 이 꽃은… 뭐예요?

꽃집 주인　　　베고니아요.

보영　　　　　　이거 꽃말도 있나요?

꽃집 주인　　　그럼. 있죠. (미소 지으며) 당신을 짝사랑합니다.

보영, 베고니아를 가만히 바라보는데.

보영　　　　　　(E) 정말 내 마지막 기회.

S #17   7회 S #30 이전 상황 (D) 혜천 시내에서 북현리 가는
길 — 시내버스 안

베고니아 한 다발을 들고 버스를 탄 보영이 미소를 지으며
앞을 보고 있다.

보영　　　　　(E) 내가 지금껏 얼마나 많은 노력을 했었는지 너는 몰라.

그 곁으로 지나는 해원이 탄 택시. 보영은 미소를 감추지 않는데.

S #18　　　7회 S #36 (N) 굿나잇책방: 1층

미소를 지으며 은섭의 옆모습을 바라보는 보영. 문득 은섭이 보영을 볼 듯하자 황급히 책을 넘기며.

보영　　　　　두 사람은 여행지에서 서로 만나?
은섭　　　　　아니, 절대 안 만나.
보영　　　　　신기하다. 그래서?
은섭　　　　　여기 이 여자가,

은섭이 더 설명을 해주는 듯하다.

보영　　　　　(E) 내가 할 수 있는 한 정말 최선을 다했었는데.

책방이 멀어지며 저 뒤의 산이 보이면.

해원　　　　　(E) (서늘) 그런데 그걸 왜 이제 와서?

S #19   (N) 산

거대한 바람이 춤추는 산속에서 보영이 나뭇가지를 잡고
올라가다가 '뭐?' 하듯 해원을 뚝 쳐다보면.

해원   그찮아. 여태까진 뭐 하고. 왜 이제 와서야.
보영   (쳐다보는데)
해원   대체 지금까지는 뭘 하다가 갑자기 이런 시점에 이런 식
       의,
보영   (버럭) 아무리 노력해도 안 됐으니까!!

해원이 '뭐?' 쳐다보는데.

12회 S #46
보영   *(E) 나 사실, 너를 좋아했어.*

12회 S #46
은섭   *(E) 몰랐어.*

플래시 컷   12회 S #46

보영   (확실한 대답을 바라듯 보고 서서) 알았으면, 은섭아?
은섭   아무것도 달라지지 않았겠지.

보영, 마음이 쿵 내려앉는데.

보영   (속상해 바락) 아무리 애를 써도 안 되는걸!!!! 그걸 나보
        고 어쩌라고!!!!

        해원, 보영을 뚝 쳐다보자.

S #20   (D) 해천고: 3학년 교실 복도
         과거 ○ 8년 전 2월 — 보영, 은섭 20세

         졸업식 날 학교 복도, 보영이 저만치 서 있는 은섭의 뒷모습
         을 보고 있다. 가볼까 고민하는데.

보영   (E) 수많은 기회가 있었다 한들, 그럼 뭐 해.

        '어쩌면 이게 마지막일지도 몰라.' 용기 내 한 걸음 뗄 때는 찰
        나 마침 장우가 은섭에게 다가간다. "야, 자장면이나 먹으
        러 갈래? 형이 사줄게." 장우가 말하면 '뭐래.' 하듯 웃는 은
        섭. 다정한 두 사람에게서 보영이 한 발짝 뒤로 무르는데.

보영   (E) 항상 나는 엇나가고 빗나가고.

        교실 안쪽에서 "꺄아!!" 소리치고 웃는 아이들 소리가 들린
        다.

S #21   (D) 시내 버스정류장

과거 ○ 2017년 가을― 보영, 은섭 25세, 휘 15세

"꺄아." 소리치고 웃는 고등학생들이 지나는 버스정류장 길
가. 그곳에 고개를 숙이고 벤치에 앉은 보영. 버스가 오자
무료하게 앞을 보고 다시 가만히 고개를 숙이는데 또 버스
가 멈추고 군화가 내리는. 부스스 고개를 들어 앞을 보니
군복을 입은 은섭.

보영   (저도 모르게 벌떡 일어서면서) …은섭아.
휘   (저쪽에서 미친 듯 뛰어와) 임은서어어어어어업!!!!!! (한 번에 폴
        짝 은섭에게 대롱대롱 매달려선) 은섭아. 사 왔어? 군대 월급
        모은 걸로 나 게임기 사준댔잖아. 너 그거 사 왔어? (뺨
        살살 치며) 사 왔니 사 왔니.
은섭   (바보) 응.
휘   내놔봐. 내놔봐. 어딨니 어딨니? 어?

        "근데 임휘. 나 무거운데 좀 내려가면 안 되나." "어. 안 돼.
        빨리이! 보여달라고!!" 휘가 은섭을 조르는 와중 걸어가던
        은섭이 보영이 서 있던 쪽을 볼 듯 고개를 살짝 돌리는 찰
        나.

보영   (E) 마치 난 개한테 다가가면 안 되는 사람처럼.

S #22   (D) 굿나잇책방 앞

298

고개를 돌려 [굿나잇책방] 간판을 가만히 올려다보는 보영.

보국   이거 그… 부랑자 형이 하는 거라더라?

보영   (쳐다보고) 부랑자 형?

보국   왜 있잖아. 그 산에서 내려온 형.

보영   (다시 책방을 쳐다보는데)

책방 안쪽에서 툭 불이 켜진다. 보영, 들어갈까. 망설이는 외중 달달달 경운기가 오더니.

보영 부   얼러 타라우.

보국이 경운기에 툭 탄다. 보영도 경운기 뒤에 타는데. 탈 탈탈 가는 경운기에 앉아 책방을 바라보는 보영. 마침 책방 문이 열리고 은섭이 나온다.

보영   (E) 그래서 결국 아무것도 하지 못했어.

커피를 마시고 처마 밑에 서서 책을 읽는 은섭. 경운기 뒤에 앉아 작아져가는 은섭을 바라보는 보영이다.

보영   (E) 말 한 번, 전화 한 번 못 해보고.

보영   그런데 갑자기 용기가 나더라. (눈빛 변해서) 네가 오니깐.
해원   뭐?
보영   니가 여기 오니깐. 내가 괜히 독해지고. 조급해지고. 나
       도 한번 너를 훼방 놓고 너한테 못되게 굴고 싶어서!! (짜
       증 내며 확 나뭇가지를 놔버리자)

       동시에 두 사람 모두 "꺄악!!!" 소리를 지르며 떨어져버리는
       데. 낭떠러지 밑으로 굴러떨어진 해원이 흙투성이가 된 채
       완전 열 받아 소리치는.

해원   **야아!!!**

       지지 않고 해원을 힘껏 노려보는 보영.

S #24   5회 S #34 (D) 혜천고: 대형 시청각실
         과거 ○ 10년 전 가을—해원, 은섭, 보영 18세

         시청각실. 모두 영화를 보는데 빼곡한 암막커튼 틈으로 들
         어오는 빛에 의지해 맨 끝에 앉아 책을 읽는 은섭. 마침 문
         이 열리고 해원이 들어와 다른 빈자리도 많은데 은섭의 옆
         자리로 가 풀썩 앉는다.

보영   (E) 솔직히 말해봐. 너도 날 훼방 놓은 적 있었잖아.

중간 자리에 앉은 보영이 뒤돌아 쓱 해원을 쳐다본다. 왠지
날카롭다.

S #25   (D) 혜천고: 2학년 해원의 교실
        과거 ○ 10년 전 가을 ─ 보영, 주희, 은섭 18세

책상에 고개를 확 파묻는 보영. 곧 우는 듯 어깨를 들썩이
는데. 난데없이 보영이 울자 주희와 다른 친구들이 슬금슬
금 다가오더니만

주희   야. (보영의 어깨 툭 치며) 야. 너 왜 울어?

보영   (고개를 들더니 주르르르주르르 울기만 하는)

주희   왜 울어? 무슨 일 있어?

보영   (대답 없이 고개를 숙이면)

주희   아. 뭐야. (혼자 추측) 남자라도 뺏겼냐? 왜 우냐?

보영   (대답 없이 고개를 숙이고 뚝뚝 눈물을 흘리자)

주희   (혼자 단언) 뭐야. 얘 뺏겼네. 뺏겼지? 누구한테? 목해원?
        목해원이 뺏어간 거야? 어?

보영이 울다가 주희를 쳐다본다. 주희와 옆의 친구들이 지
레짐작하고는 "허얼." 탄성을 지른다. 보영, 머리칼을 넘기
며 눈물도 닦는데.

해원   (E) 아니. 난 그런 적 없었는데?

보영   뭐?

해원   (단호) 없었다고.

보영   (못 믿어하면서) 니가 내가 은섭일 좋아하는지 알면서도
          단 한 번도 먼저 걔한테 다가간 적이 (믿을 수 없어) …없
          었다고?

해원   (단호) 어. 없었어. 심지어 나는 니가 걔를 좋아하는 것도
          짐작만 했지. 정확히 임은섭이다. 생각한 적은,

5회 S #35

보영   *(E) 나 있잖아!!*

<u>플래시 컷</u>   **5회 S #35**

보영   나 좋아하는 사람 있다!!

해원   누구!!

보영   (뒤돌아보더니 흐흐 웃으며) 우리 반 책 읽는 왕따!!

해원   책 읽는 왕따?

해원   (E) (쐐기) 정말 없었거든?

          보영이 뚝 쳐다보고 있으면.

해원	…그래서 지금의 네가 전혀 이해가 가질 않아. 도무지. 도대체. 왜.
보영	(생각을 정리하는 듯 해원을 보고 있으면)
해원	그렇지 않니. 어떻게 (일어나 돌부리를 찾는) 지금껏 용기가 없어 무엇도 하지 못했다면서. 겨우 나 따위에 독해지고 못돼지고. (허) 그래서 이런 일을. (정말 이해가 안 돼 보영을 보고) …어떻게 이런 일을.
보영	(쳐다보면)
해원	보영아. (어이없어하며 위쪽에 올라서서 보영을 내려다보며) …넌 도대체 뭐가 그렇게 꼬이고 뒤틀린 거야?

보영은 그 자리에서 해원만 뚝 쳐다보고 있는데 마침 따르르릉 전화가 오는.

| 해원 | (바로 받아) 응. 괜찮아. 응. 지금 내려갈게. 어. (끊고 나뭇가지를 찾아 보영에게 던져주며. 진심) 이번엔 놓치지 마. |

보영이 해원을 공허하고 텅 빈 눈으로 쳐다본다. 해원도 역시 보영을 가만히 쳐다보는데. 두 사람이 서로를 바라보는 그 사이. 어두운 밤하늘이 저 위에 툭 떠 있다.

S #27   (N) 산

밤하늘의 구름이 천천히 흐르는 밤. 노오란 달은 왠지 시무룩해 보이는데.

S #28   (N) 북현리: 공소

노란 달 아래 살포시 눈 쌓인 공소. 댕- 댕- 작은 종이 울
리면 온 밤이 천천히 지나 아침이 밝아온다. 차가운 바람에
나무들이 살살 춤을 추면.

S #29   (D - 아침) 나무 오솔길

싱그러운 겨울의 오솔길. 줄지어 선 나무들 잎이 밤사이 얼
어 쩽쩽하다. 그곳을 자전거를 타고 달려가는 휘. 휘가 부
드럽게 커브를 돌며 "아하하하!!" 웃어대는데.

S #30   (D) 혜천고: 교정 일각

산뜻하게 "아히히히." 걸으며 등교를 하는 휘.

영수   (곁으로 쓱 와) 야. (옆에서 같이 걷는)
휘   (씨익) 왜요, 선배님? ("아히히." 웃음이 비져 나오는)
영수   (크게 한숨 쉬고) 거래종목이나 빨리 말해라.
휘   아하. 거래종목을 말하기로 했찌?! (영수를 보고 씨익 웃자)

영수가 눈으로 말한다. '빨리 말해라.' 휘, 쓰윽 미소를 짓더

니 영수에게 확 다가가 귓속말로 뭐라 뭐라 하니. 영수, 애 길 듣자마자 표정이 싹 변하는데.

휘	**왜요? 싫으세요, 선배님?**
영수	**응.**
휘	**아, 그럼 안 나오시면 돼요. 독서회 따위. 그따위 게 뭐라 고.**
영수	(아주 깊고 깊은 한숨을 내쉬더니) **그래.** (휘의 어깨에 손을 툭 올 려놓으며. 들릴 듯 말 듯 체념의 목소리) **내일 아침에 보자.** (가 버리는데)

남겨진 휘는 너무 좋아 "아하하하." 혼자 웃고 있다. 근처를 지나며 절레절레거리는 현지.

S #31   (D) 강남: 국밥집

사람들이 들어오고 나가는 국밥집 높은 문턱. 안쪽엔 굳은 얼굴로 앉은 윤택이 있는. 테이블 위의 휴대폰을 들어 잠시 보는데.

영춘	(앞에 앉으면서) **일찍 왔네?**

영춘이 앉자마자 아주머니가 두 사람 앞에 국밥을 놓고 가 는.

영춘	(숟가락 껍질 벗기며) 자기 요즘 심명여 만나러 다닌다더라?
윤택	(숟가락 껍질 벗기며) 어.
영춘	(후후 불며 먹으며. 가십) 그 여자 강원도 산골에 처박혀 있다던데.

윤택, 아무렇지도 않은 얼굴로 국밥을 먹는데.

영춘	(국밥을 먹더니 윤택을 보고 슬그머니 웃곤) 난 있잖아. 자기가 나만 봤으면 좋겠어.
윤택	(찡그리며) 뭐?
영춘	심명여는 안 봤으면 좋겠어. …책을 만들지 말라는 얘기가 아니고.
윤택	(무시하고 밥을 먹는데)
영춘	솔직히… 자기가 안 만나도 책은 잘 만들어지잖아. 그니깐, 만나지 말고 그냥 책만 내라고. 그럼 되지 않아?

순간 윤택의 휴대폰으로 오는 문자. 윤택, 흘긋 보니

[명여: 근데 그 말이 다 맞아. 차윤택]

윤택, 빠르게 답장한다.

[무슨 소리야]

영춘	(그사이 주절주절) 난 있잖아. 사실 그런 여자랑 내가 라이벌 같은 거라는 게. 좀 어이가 없어. 그렇잖아. 내가 개보다 뭐가 못하니? 내가 개보다 나이가 많니, 글을 못 쓰니, 얼굴이 달리니. 심지어. 알지? 개 소문.

윤택	('그게 뭔데.' 하듯 쳐다보면)
영춘	몰라? 왜, 그때 한참 잘나가다가 갑자기 다 관두고 낙향했을 때.

문자가 또 온다.
[명여: 남들이 하는 내 이야기가 다 맞다고. 그게 진실이야]

영춘	(픽 웃으며. 가십처럼) 그게 뭐였더라. 아. 지네 형부랑 개랑 바람이 나서, 개네 언니가 그 형부를 죽였다는 얘기.
윤택	(문자를 보다가 서서히 고개 들어 영춘을 쳐다보니)
영춘	(어이없다는 듯 웃으며) 자기는 어떻게 그걸 몰라?

[명여: 그걸 믿으라고]
휴대폰의 문자메시지에 뚝 눈이 멈춘 윤택인데.

영춘	어머. 그걸 모를 수도 있구나. 그럼 자기는 대체 그 여자랑 왜 헤어졌니? 난 또 그걸로 헤어진 줄 알았는데. 대체 왜,

윤택이 더 이상은 못 참겠다는 얼굴로 숟가락을 놓고 바로 일어나 휴대폰을 낚아채 나가버리는.

영춘	차윤택?

뒤도 안 돌아보고 나가는 윤택.

영춘   (짜증) 아, 차윤택!!

S #32   (D) 서울 골목
            과거 ○ 10년 전 10월 — 명여, 윤택 38세

윤택   (포효) 심명여!!!!!!

            명여가 뒤돌아보지 않고 걸어간다. 윤택이 달려가 명여를
            낚아채선.

윤택   (조금 진정하고) 대답하라고.
명여   (물끄러미 보다. 픽 웃으며) 끈질기시네.
윤택   이유만 알려달라는 거잖아. 그게 뭐가 어려워?
명여   (잠시 보다) …윤택아.
윤택   (보면)
명여   잘 살아.
윤택   (뭐?)
명여   (진심) 잘 살라고. 니가 좋아하는 결혼도 하고. 더 좋아하
            는 애도 낳고. 보란 듯이 알콩달콩 행복하게 살아.
윤택   (이제는 애원) 명여야.
명여   (윤택 어깨에 손 올리면서) 부디 행복해져. 이런 진상은 잊
            고. 응?
윤택   (울 듯. 간절하게 명여의 팔을 잡으며) …심명여.
명여   (팍! 팔을 뿌리치며. 최선을 다해 소리치는) 놔!!!!!

윤택, 명여의 소리에 뚝 멈춰 가만히 명여를 본다. '이젠 끝났지.' 하듯 윤택을 보고 명여가 한 걸음 물러서자 마지막인 듯 간절하게 명여의 팔을 잡아보는 윤택. 그리곤 그녀의 네 번째 손가락에 살살 반지를 끼워 넣는다.
명여, '이게 뭐야.' 쳐다보니

윤택 　　나는… (묵직하게) …너랑 다 할 건데.

명여 　　(뚝 멈춰 보고 있으면)

윤택 　　…그런 거 전부 다.

명여가 믿기지 않는 듯 자신의 손가락에 끼워진 반지를 본다. 햇살에 빛나는 반지가 마치 희망 같다.

명여 　　(반지를 물끄러미 보다가 천천히 빼내면서 힘겹게. 작은 목소리)
　　　　　…나는 아냐.

손을 뿌리치고 휙 돌아가버리는 명여.
한낮의 골목엔 주인 잃은 반지를 쥔 윤택만 쓸쓸히 남겨져 있다.

S #33　　　(D) 호두하우스: 1층 부엌

[명여: 남들이 하는 내 이야기가 다 맞다고. 그게 진실이야]
[명여: 그걸 믿으라고]

멍하니 자신이 보낸 메시지가 떠 있는 휴대폰 화면을 보는 멍여. 붉고 초록의 눈으로 메시지를 보다가 툭 내려놓고 선글라스를 쓴다. 멍여가 서 있는 부엌 창 너머 책방엔.

S #34   (D) 굿나잇책방: 2층 거실

은섭의 코에서 서서히 내려오는 해원의 입술이 이내 은섭의 입술에 닿으려고 하자 잠들어 있던 은섭이 가만히 눈을 뜨는.

해원	(미소) 일어났어?
은섭	(약간 졸린) 해원아.
해원	응?
은섭	너 몸은 어때?
해원	(보면)
은섭	감기 같은 건 안 걸렸어?
해원	안 걸렸지. (미소)
은섭	기분은. (걱정스레 바라보며) 괜찮아?
해원	괜찮지. (미소)
은섭	얘기는? (해원이 혹여 상처라도 받았을까봐) 잘 했어?
해원	(조금의 미소) 그럭저럭.
은섭	(픽 웃고 해원의 머리칼을 만지며) 다행이다. (졸린 듯 눈 깜빡이자)
해원	너 또 졸린 거야?
은섭	그러네.

해원	불면증이라며. 거짓말이야?
은섭	그러니까.
해원	거짓말이라고? 어?
은섭	아니. 불면증이라고. (끔뻑)
해원	(흔들) 아, 임은섭. 일어나. 나 심심해. 응?
은섭	(똑바로 누워 눈을 감으며) 나 정말 한숨만 더 자야겠다.
해원	(안 되겠다. 일어나 은섭의 눈꺼풀을 억지로 뒤집어대는) 안 돼. 안 돼. 일어나. 임은섭. 안 돼. (뺨을 때리는) 일어나. 일어나.
은섭	(픽 웃으며) 야.
해원	(은섭의 입술을 잡아당기며) 아. 일어나. 일어나라고. 빨리이. 응?

은섭, 웃으며 이불을 뒤집어써버리는데. 책방의 창밖 저 멀리로 버스가 느리게 지나가고 있다.

S #35   (D) 보국방앗간 근처 버스정류장 앞

버스에서 내린 은실이 주변을 살짝 살피곤 돌돌 짐 가방을 끌며 걸어가는데.

장우	(뒤에서 나타나) 흠. 흠. 흠흠흠.
은실	(너무 자연스럽게 뒤돌아보곤) 장우야. 나 있잖아. 지금 내 등 뒤에서 되게 큰 개가 짖고 있는 줄 알았었잖아.
장우	(얼굴이 새빨개져) 뭐? 개?

은실	응. 개. 멍멍. 귀엽지 않니? 근데 오늘은 웬일로 타이밍이 맞냐.
장우	뭐. 마침 지나다가.
은실	(꽃집 앞에서 딱 멈추더니 흰 장미꽃에) 어? 장미꽃이다!
장우	(같이 멈춰 보면)
은실	(장미꽃 보며) 야. 이거… (장우 흘끗 보고) 니가 나한테 줬던 거랑 같은 거지.
장우	어? (조금 빨개지면)

S #36 (D) 혜천고: 2학년 은실의 교실 복도
과거 ○ 10년 전 — 장우, 은실 18세

새빨간 얼굴의 장우. "우!!!!!!" 복도 가득 들리는 탄성. 은실 앞엔 흰 장미꽃 백 송이가 놓여 있다. 복도엔 은실과 장우를 구경하러 나온 학생들이 가득한데.

은실	(이런 상황에서도 태연한) 와. 이렇게 고백하는 거임?
장우	(고개도 못 들고 장미꽃만 내밀고 있는데) 어. 나는 이장운데.
은실	알아. 너 이장우.
장우	('그래?' 소심하게 고개를 들면)
은실	(태연) 흰 장미네? 너 되게 착하고 순수한 사람인가부다. 그치.
장우	(칭찬에 쭈뼛 고개를 들면) 어? 그게.
은실	근데 어떡해?
장우	('뭐가?' 보면)

은실	나 진짜… 여기 복도 돌기 전에 승대 선배한테 고백받았잖아. 받아들였잖아.
장우	(아…)
은실	미안. 타이밍이 안 맞았네?
장우	아….
은실	(장미꽃 위에 꽂힌 편지를 쏙 빼더니) 근데 이건 뭐야? 나 읽어봐도 되는 거야?
장우	(거절하는 거라면 읽지 마라) 아니. 그게.
은실	(쏘쿨) 고맙다. 근데 거절할게. 난 거절! (편지만 들고 교실 안으로 들어가자)

"우−!!!!" 하는 아이들의 탄성이 복도에 울려 퍼진다. 장우는 너무 창피해 얼굴이 새빨개졌는데.

S #37   (D) 보국방앗간 근처 버스정류장 앞

장우	(약간은 빨간 얼굴로 실낱같은 희망) 야. 그럼 그때 니가 만약에 승대 선배랑 안 만났으면.
은실	(단호) 당연히 거절이지.
장우	('뭐?' 쳐다보면)
은실	너 그때 내 타입 아니었음. 전혀 아니었음.
장우	("하." 깊은 한숨을 쉬면)
은실	(어느새 화제전환) 근데 너어… 이따 좋은 데 갈 거라면서?
장우	좋은 데?
은실	응. 나도 거기에 따라갈 거거든? (왠지 놀리듯) 재밌을 거

거든?

장우　어딜 따라온다고.

은실　제가요. 벌써 다 말을 해뒀어요. 네?

'뭐지?' 갈피를 잡지 못하는 장우의 눈동자가 하염없이 흔들리고 당황한 얼굴이 되는데. 시내의 시장 너머로 넘어가면.

S #38　(D) 혜천 시내: 시장

사람들 바쁘게 오가는 혜천시장. 그 앞으로 한 아주머니가 시장통 방앗간에 쌀 한 주머니 가져와서는.

아주머니2　(방앗간 앞 바구니에 쌀 놓아두며) 현아 엄마. 쌀 여기에 두고 가!

방앗간 여주인　예에!!!

방앗간 앞 바구니에는 봉지에 든 쌀이 잔뜩 쌓여 있다. 그 앞을 씽 – 지나는 자전거.

S #39　(D) 보국방앗간

다른 자전거가 보국방앗간 앞을 지나면서 쌀 뭉치 하나를 그 앞 대형 소쿠리에 던져놓는. 방앗간 옆 우체국에 펄럭이

는 대형 현수막에는

[혜천시 떡방아 대잔치

일시: 2020년 2월 28일 하루 종일 장소: 북현분교]

노인들이 길을 지나며 말한다.

노인1   거로 묵은쌀 갖다줬잖은가.

S #40   (D) 굿나잇책방: 1층

책방의 작은 창밖으로 지나는 노인들.

노인2   야. 우리는 현미가 많아 그거부터 줬잖소.
노인1   이 현미 가래떡도 마숩다야.

미소 띤 해원이 창문을 닫고 노트북 앞으로 와 앉는다. 노
트북엔 [굿나잇책방] 홈페이지 떠워져 있는.
해원, 책방 홈페이지를 주르륵 보다보니 못 보던 바 메뉴,
[책방 일지]에 '이게 뭐지?' 클릭해보니 최신 글이 보인다.

[이건 너에게 쓰는 첫 연애편지]

해원, 갸우뚱 클릭해보는데. 해원이 앉은 천장 위로 가보면.

S #41   (N) 굿나잇책방: 2층 거실

무거운 적막 속 눈을 뜨는 은섭. 머리가 아픈 듯 일어나서.

은섭   (잠긴 목소리) 해원아. (두리번거리는데)

S #42   (N) 굿나잇책방: 1층

계단을 풀썩풀썩 내려온 은섭이 머리칼을 정리하면서.

은섭   해원아. 지금 몇 시야? 나 얼마나 잤지. (옆을 보니)

은섭의 노트북을 뚫어져라 보는 해원.

은섭   (해원에게 다가가) 목해원. (해원이 보고 있는 것에 정신이 확 들
       어서. 눈이 확 커져) 야! (노트북 확 뺏는)
해원   (벙찐 얼굴로 서서히 은섭을 쳐다보면서) 아이린이… 나였어?
       휘랬잖아.
은섭   (믿기지 않는 얼굴로 얼어 있자)
해원   열쇠고리도 (어이없는) …내가 만든 게 맞구?
은섭   (노트북을 꽉 쥐고) …너 대체 어디까지.
해원   니 차에 있던 굿나잇 아이린은.
은섭   (다급) 그건 아니야. 그건 내가 좋아하는 노래 제목을 새
       긴 거야.

316

해원	(순수하게 궁금) 아, 그래? 근데 왜 내가 아이린이지?
은섭	(빠르게 변명) 그건. 그 열쇠고리를 니가 줬으니까. (아차)
해원	니가 만든 거라며. 그 열쇠고리. 니 거라며.
은섭	(대답을 못 하는데)
해원	(피죽피죽 웃음이 새어 나오는 걸 참으며. 놀리는 투) ···일기를 쓰는 줄 몰랐네. 은섭이.
은섭	어디까지 봤는지 제발 말해주면 안 돼?
해원	(혼자서 끄덕거리며) 나한테 벌레를 줬던 애도 너였구나.
은섭	그건.

플래시 컷　　9회 S #2

은섭이 주먹 안에 있던 쇠똥구리벌레를 톡 해원의 손에 올려주는. '좋아하겠지.' 씨익 웃으며 보는데 꼼짝도 못 하고 한참을 쳐다보던 해원이

해원	(작은 목소리) ···싫어.
은섭	(E) 니가 남자앤 줄 알고.
해원	(눈 몹시 동그래져) 내가? 내가? 내가 왜?
은섭	커트머리를 하고 있길래.
해원	아아. (또 생각나) 맞다. 너 우리 집에서 잔 적도 있던데.

플래시 컷　　9회 S #4

무겁게 깔린 밤기운 사이로 툭툭 계단을 내려오는 소리에 눈을 뜨니 어둠 속 계단 중간에 서서 긴 머리에 아이보리 원피스 잠옷을 입은 해원이

해원   …넌 누구야?

마치 밤의 요정 같은 해원의 모습에 넋이 빠진 은섭.

은섭   (어디까지 본 거야. 가늠이 안 돼 당황) …그건 그때 휘가… 갑자기 폐렴에 걸리는 바람에… 부모님이 서울 병원에… 그래서 내가 너네 집에….

해원   (또 놀리는) 아아. 그때 나한테 새삼 반한 거구나?

은섭   (얼굴이 새빨개져 노트북을 꽉 쥐고 해원을 보자)

해원   (씨익 미소 지으며) 재밌다. 은섭아.

은섭   다 봤어?

해원   아니. 다는 안 봤어.

은섭   (진짜?)

해원   거의 다 봤지. 덕분에 낙동강 사건의 궁금증이 시원하게 해결됐어.

은섭   ("하." 한숨을 깊이 쉬자)

해원   어쩐지 타이밍이 너무 기가 막히다 했지. 니가 이모한테 전화를 했던 거네.

은섭   (고개를 땅에 꺼질 듯 더욱 떨구는데)

해원   은섭아.

은섭   (확 고개 들어 쳐다보면) 어?

해원   (놀리는) 그날 아이린이 물었다.

은섭   (얼굴 벌게져) 하지 마.

해원   저기 저….

해원이 "히히히." 아이처럼 웃으며 좋아하는데 마침 전화가
울리자

해원   네. 굿나잇책방입니다. (뭔가 듣더니) 어? (몸을 좀 더 일으켜
세우며 은섭을 쳐다보는데)

여전히 새빨간 은섭의 얼굴.

S #43   (N) 굿나잇책방: 1층

장우가 약간 벙−쪄 어딘가를 보고 있다. 그 시선의 끝엔
활짝 미소 지은 은실.

은실   저는 지은실이구요. 강릉시청에서 일해요. 떡방아 잔치
때문에 연차 내고 잠시 와서 이렇게 참석하게 되었습니
다. (스스로 박수 치며) 박수.

독서회 회원 모두 박수를 치면.

수정   요즘 우리 독서회 새로운 회원들로 풍년이네요.

현지   ('왜 저래.' 느낌으로) 근데 장우 오빠 약간 넋이 빠져 있네
요.

장우	(1차 당황) 어? 아냐.
근상	그러게 말입니다. 평소와는 약간 다르군요.
장우	(2차 당황) 아뇨. 전혀. 전혀.

해원과 은섭이 서로를 보며 픽픽 웃는데.
승호 할아버지가 난로 위에 굽는 파인애플 냄새가 솔솔 풍기는. 책방 밖 까만 밤이 무수하다.

S #44   (N) 혜천역

까만 밤의 기차가 부-. 그 앞에 명여가 취한 듯 비틀거리며 서 있는데.

윤택	(그 앞에 서 주머니에 손을 넣고 명여를 보고) 너는 또 술이냐?
명여	너야말로 여기까지 왜 온 긴데.
윤택	(마음이 텅 빈) 니가 기차 시간을 알려줬잖아.
명여	(피식 웃으며 돌아서 가며) …윤택아.
윤택	(따라가면서) 어디 가냐.
명여	(텅 빈 표정으로 걸어가며) …나는 빛을 잃었어. 이젠 아무것도 없어.
윤택	(명여의 뒷모습을 바라보면서 따라가는데) 어디 가냐.
명여	그니깐 (돌아보곤) 나한테 뭘 바라지 마. (앞을 보고 걸어가는)
윤택	(명여의 뒷모습을 보다가) 심명여.
명여	(흘끗 돌아보면)

| 윤택 | 니 머리카락에서는 …우리 엄마가 썼던 차밍샴푸 냄새가 났었다. |

명여의 흔들리는 짧은 머리칼.

S #45   (D) 이신대: 도서관
과거 ○ 28년 전, 1992년 초가을 ─ 명여, 윤택 20세

긴 머리를 흐트러뜨린 채 책상에 팔을 기대고 앉아 있다가 고개를 돌려 윤택을 쳐다보는 명여.

| 윤택 | (E) 그리고 니 눈은 꼭 폭풍우가 치기 전날 밤의 빛깔 같아서 |

눈동자가 까맣고 빛이 난다. 빨려 들어갈 것 같은 명여의 깊은 눈동자.

| 윤택 | (E) 난 그게 너무 좋았거든? |

명여가 웃을 듯 말 듯 윤택을 바라보는데.

| 윤택 | (명여를 바라보며) 명여야. |

그새 고개를 숙이고 글을 쓰는 명여가 빠르게 글을 쓰다가 '웅?' 하듯 흘끗 윤택을 보는데 머리칼이 명여의 얼굴을 가

리고 있다. 가만히 귀 뒤로 머리칼을 꽂는 명여.

S #46   (N) 혜천역 앞

혜천역 앞에 똑바로 서서 까만 선글라스 쓴 채 머리칼을 넘기며 윤택을 보는 명여.

윤택   (묵직하게) 말해줄래.

명여   ('뭘.' 하듯 보면)

윤택   그 모든 것들이 전부 거짓이라고.

명여   (피식) 뭐가 거짓인데?

윤택   전부. 전부 다.

명여   아아. 알겠다. 내가 우리 형부랑 바람이 나서 우리 언니
         가 형부를 죽였다는 그 소문 말하는 거냐? (픽)

윤택   (바로) 아니라고 해줘. 제발.

명여   (태연) 뭐, 믿고 싶은 대로 믿는 거지.

윤택   ('뭐?' 쳐다보면)

명여   뭘 믿든 결과는 바뀌지 않아. 내가 형부랑 바람이 났든
         안 났든 형부는 죽어버렸고. 우리 언니가 형부를 죽였든
         안 죽였든. (쓸쓸) 언니는 감옥에 가버렸고. 언니가 감옥
         에 갔든 안 갔든 나는 이리 망가졌으니까. 상관없어. 뭘
         믿든 그게 전부 진실인 거야.

윤택   아니야.

명여   (단호) 아니. 그게 진실이야. 차윤택.

은실   (E) 사랑을 다해 사랑하였노라고 정작 해야 할 말이 남아 있음을 알았을 때[5]

윤택, 상처받은 얼굴로 명여를 쳐다보는데.

윤택   그게 진실이라 할지라도. 너는 내게 아니라고 해줘야지.

명여   (보면)

윤택   그게 나에 대한 최소한의 예의잖아.

명여   (윤택을 보다가 작은 목소리로) 미안. (꿀꺽) …내가 예의가 없잖아.

윤택   (확 무너지는 얼굴인데)

은실   (E) 당신은 이미 남의 사랑이 되어 있었다.

명여   난 다 시들었어.

윤택   우리 전부 다 시들었어. 나도 너만큼,

명여가 가만히 선글라스를 벗는다. 처음엔 보이지 않다가 순간 지나는 차의 헤드라이트에 비치는 명여의 붉고 초록색 눈.

은실   (E) 불러야 할 뜨거운 노래를 가슴으로 죽이며

윤택, 순간적으로 놀라 뒷걸음을 치는데.

명여   (픽 웃으며) 에이. 나만 시들었지.

윤택	(꼼짝도 못 하고 명여를 보고 있자)
명여	(초연) 나만 다 죽은 거야. 차윤택. (미소를 짓는데)
은실	(E) 당신은 멀리로 잃어지고 있었다.

S #47 (N) 굿나잇책방: 1층

은실	(시집 펴고 진지하게 읽는) 하마 곱스런 눈웃음이 사라지기 전 두고두고 아름다운 여인으로 잊어 달라지만 남자에게 있어 여자란 기쁨 아니면 슬픔.
영수	이게 뭐예요?
은실	(영수를 보며) 조지훈. 〈사모〉라는 시야.
영수	아. 시. (휘를 보는데 눈이 말한다. '이것이 시라는 거다')
휘	('흥.' 하듯 다른 곳을 보면)
수정	언제 들어도 가슴 아픈 시구니.
승호	왜 가슴이 아픈데요? 이모? 사랑이 아픈 건가요? (은실을 보면)
은실	음. (어깨 으쓱하며) 승호야. 누나는 안 아픈데. 글쎄? (장우를 쓱 보며) 장우야. 너는 혹시 사랑이 (강조) 아팠니? 특히 거절당한 짝사랑이 (강조) 아팠니?
장우	(물 마시다가 "풉!")

사람들이 같이 웃는데.
그들을 보고 미소 지으며 2층으로 올라가는 해원.

S #48 　　　(N) 굿나잇책방: 2층 부엌

부엌에서 티백 몇 개를 집어 드는 해원. 바로 나오려는데 식
탁 위에 컴퓨터가 켜져 있다. 해원, '오오. 이게 아직.' 하는
느낌으로 흘낏 1층 눈치를 보더니 잽싸게 [책방 일지] 들어
가 아까 못 읽은 글들을 마저 읽는데.
제목이 [바다의 책방]인 글을 클릭하는 해원. 그곳엔

[해원아. 네가 언젠간 이곳을 떠날 거라는 걸 이해해]

웃던 해원의 얼굴이 글을 읽으며 점점 어두워지는데. 아래
층에서 희미하게 들리는 전화벨 소리와 함께 곧 우당탕탕
계단 오르는 소리 들리더니

휘　　　　언니 언니! 전화 왔어요!!
해원　　　어? 나한테?
휘　　　　응! 보영…인가? 그런 사람이던데?

해원이 화알짝 웃는 휘를 가만히 바라보면.

S #49 　　　(N) 굿나잇책방: 1층

따스한 책방 1층의 은섭.

은섭	(피식 웃으며) 글쎄. 아마도 장우는,
장우	나 안 아팠어. 하나도. 전혀. 진심. 논둑길을 걸고 맹세한다.
은실	아하.
승호	하지만 짝사랑은 슬픈 거예요. 저는 책에서 배웠어요.
은실	와. 승호야. 너는 별걸 다 아는구나? (웃으면)

모두들 "하하하." 웃는 사이, 승호 할아버지가 이번에는 부들부들한 치즈를 굽기 시작한다.

명여	(E) 다섯 손가락 끝을 잘라 핏물 오선 그어 혼자라도 외롭지 않은 밤에 울어보리라.

책방의 노란 불이 비춰지면.

S #50   (N) 혜천역 앞

노란 헤드라이트가 씽 - 지나는. 차 너머엔 명여가 점점 빠르게 어둠 속으로 묻혀가고.

명여	(E) 한 잔은 떠나버린 너를 위하여.

남겨진 윤택은 더 이상 잡지도 못한 채 그 자리에 서서 뚝뚝 아이처럼 우는. 나뭇잎은 불어오는 바람에 마구 흔들리고 고개 숙인 윤택의 어깨는 들썩거리고.

| 명여 | (E) 또 한 잔은 이미 초라해진 나를 위하여. |

까만 밤하늘 아래. 멀리멀리 떠나는 명여.

| 명여 | (E) 마지막 한 잔은 미리 알고 정하신 하나님을 위하여. |

혜천역 앞 밤의 풍경이 쓸쓸하기만 하다. 하늘의 구름이 느리게 지나간다.

S #51   (D — 아침) 나무 오솔길

구름 한 점 없는 맑은 하늘. 아침이 찾아온 겨울 숲. 자전거로 지나는 휘는 없고 바람만 분다.

S #52   (D) 은섭의 본가 앞

집 앞 나무가 바람에 흔들리고 그 앞에 서서 부끄럽게 뒷짐을 지고 배배 몸을 꼬고 있는 휘. 누군가를 기다리고 있는데. 자전거를 탄 영수가 그런 휘 앞에 끼익 서더니.

| 영수 | (한숨 푹) ⋯빨리 타라. |

휘가 수줍은 듯 웃으며 자전거에 올라탄다.

S #53   (D) 혜천고 가는 길

쭉 뻗은 길을 영수가 휘를 뒤에 싣고 자전거로 달려 나간
다. 영수의 등을 꼭 잡은 휘.

휘   **(신나서) 다 비켜어!!!**

너무나도 상쾌하고 신이 나는 휘.

S #54   (D) 혜천고: 교문

쭈우우욱 – 달려 나간 영수의 자전거가 교문에 들어서니
홍해처럼 갈라져 휘와 영수를 쳐다보는 학생들.
"뭐야." "저거 전따랑 김영수 아니야? 뭐야?" 학생들 수군
거리는 틈. 휘는 그저 입이 찢어져라 기분이 좋아 죽겠는데.
교문 너머로 지나는 버스.

S #55   (D) 삼거리 버스정류장

버스가 버스정류장에 선다. 덤덤한 얼굴로 버스를 기다리
던 해원이 버스에 타는데.

버스 안내음　(E) 이번 정류소는 등촌리 앞입니다.

버스에 딴 혜원이 주변을 두르자 야구 모자를 푹 눌러쓰고 커다란 패딩 점퍼에 헐렁한 청바지를 대충 입은 보영이 한쪽 자리에 앉아 있다.

해원　　(복도 건너 옆자리로 가 풀썩 앉으며) 버스에서 만나 얘기하자는 사람은 너밖에 없을 거야.

보영　　(두 주머니에 손을 넣고 말없이 창밖을 보고 있는)

해원　　(주머니에 손을 넣으며) 할 말이 뭔데.

보영　　(잠긴 목소리) …니가 한 말에 대해 곰곰이 생각해봤어.

해원　　(흘끔 쳐다보니)

보영　　나의 꼬이고 뒤틀린 마음에 대하여.

해원　　(보영을 보는데)

보영　　맞아. 내가 너한테 그랬어. 왜냐하면 난 정말 니가 미웠거든.

해원　　('뭐?' 돌아보면)

보영　　생각해봐. (해원을 돌아보고) 넌 나를 원 스트라이크에 치워버렸잖아. 단 한 번의 실수로. 내 얘긴 들어주지도 않고.

플래시 컷　　**3회 S #7**

해원	(자기도 모르게 크게 팔을 휘두르며) 놔!

해원이 팔을 너무 세게 휘두르는 바람에 던져지듯 넘어진 보영.

보영	아무리 애쓰고 매달려도. 너는 날 쳐다보지도 않았어.
해원	(보면)
보영	니가 여기에 왔다길래 내가 다시 한 번 사과했는데도 넌,

플래시 컷　　4회 S #24

보영	그래서 너는 날 여전히 용서할 수 없다는 거야?

울 것처럼 구는 보영. 지나던 사람들도 보영과 해원을 흘끔 흘끔 쳐다본다. 해원이 길을 건너 은섭에게 간다.

보영	그러니깐 그때부턴 기다리게 되더라?
해원	(앞을 보고. 궁금하지 않은 느낌) 뭘 기다려?
보영	나의 잘못보다 …너의 용서가 늦어지기를. 그래서 결국 너는 속 좁고 야박한 사람이 되고 나는 불쌍하고 처연해서 모든 사람들이 나를 동정해주기를.
해원	('허.' 어이없어하다가 앞을 보곤 혼자 되뇌듯) …원 스트라이크니.
보영	(획 보면)
해원	(보영을 똑바로 보고) 보영아. 너한테나 원 스트라이크지.

나한테 그건 스리아웃 감이었어. 누구한테도 말할 수 없
는 내 전부의 비밀을 너한테만 말했는데 니가 그걸 다른
사람한테 얘기했다고. 그게 어떻게 원 스트라이크야?

보영   (보는데)

해원   너는 고작 주희한테만 말했을 뿐이고. 정말 겨우 그뿐이
라고 핑계를 댈 수 있었겠지만, 난! (쳐다보면)

보영   …그렇게까진 생각 못 했어.

해원   (뭐?)

보영   미안해.

해원   (보영의 의외의 말에 쳐다보는데)

보영   그런데 나도, 겨우 단 한 번의 실수였다는 생각을 떨칠
수가 없었어. 그래서 니가 정말 미웠던 거야. 게다가 은
섭이도 (혼잣말처럼) …너만 아니었다면…. (다음은 꿀꺽
삼키는데)

달달달 가는 버스 안. 사람이 없어 조용하다. 해원, 보영을
쳐다보는데.

보영   (앞을 보더니) 넌 내가 싫었겠지. …밉지 않고.

해원   그게 다르니.

보영   달라. (해원을 쳐다보고) 싫은 건 그냥 싫은 거지만 미운
건, 좋아하는 마음이 있어야 가능한 거니깐.

해원   (쳐다보면)

보영   나는 있잖아. 니가 진짜 좋았어. …그래서 자꾸 매달리
고 애원했었나봐. (자리에서 일어난다. 벨을 누르고 창밖을 보
는)

해원	(뚝 보고 있으면)
보영	넌 겨우 (해원에게 서서히 고개 돌리며) 딱 그쯤에서 확 싫어져버릴 만큼, 내게 더 이상 기회조차 주고 싶지 않을 만큼. 겨우 그만큼의 우정이었겠지만.

버스가 완전히 멈춘다. 문이 열리자 보영, 해원을 가만히 쳐다보고는 곧 야구 모자를 벗으며 버스에서 내린다. 머리칼을 쓸어 넘기며 걸어가는 보영.
해원, 내린 보영을 뚝 쳐다보는데.

S #57   2회 S #44 (D) 혜천고: 2학년 해원의 교실
         과거 ○ 10년 전 초가을 ─ 해원, 보영 18세

쉬는 시간. 빠르게 퍼져나가는 아이들 속 우두커니 혼자 앉은 해원. 뭘 해야 할지 몰라 머뭇거리고 있는데.

보영	(활짝 웃으며 빈 앞자리에 앉더니) 안녕? 난 김보영. 반가워.
해원	(보영을 뚝 쳐다보니)

S #58   3회 S #6 (D ─ 오후) 혜천고: 대형 과학실
         과거 ○ 10년 전 가을 ─ 해원, 보영 18세

보영	(주르르 울면서) 몰랐어.
해원	('왜 울어.' 하듯 보면)

332

보영	마음이 얼마나 아팠어? (자기 일인 듯 우는)
해원	(되레 피식 웃으며) 뭐야. 니가 왜 우는데?
보영	아 몰라. (뚝뚝 눈물 흘리는데)

과학실로 햇빛이 눈부시게 들어온다. 그렇게 웃다가 울다 가 웃는 두 사람인데.

S #59   (D) 북현리에서 혜천 시내 가는 길 — 시내버스 안

창밖으로 보이는 다시 모자를 쓰고 걸어가는 보영. 그녀의 등이 살짝 굽어 있다.
해원, 그런 보영을 한참이나 쳐다보는데.

S #60   (D) 굿나잇책방: 1층

끼이익 문을 열고 뒷마당 쪽에서 들어온 은섭. 소파 쪽으로 가 테이블 위에 있던 책을 정리하고 있는데 전화가 오는.

은섭	(전화 받으며) 예. (바로 뭔가를 듣더니) 아. 정길…복 씨요.

고개를 드는 은섭의 낯빛이 확 어두워지는데.

S #61   (D) 혜천시립대학병원: 지역응급의료센터

앰뷸런스 소리 들리는 빨간 불빛의 응급센터 안. 은섭이 병
상의 커튼을 확 젖히자 승호 할아버지가 누워 있고 그 옆엔
겁에 잔뜩 질린 승호가

승호   (울 것처럼) 삼촌….
은섭   (한 걸음 다가가는데)
간호사   (뒤 커튼 확 치고 들어오며) 오셨어요?

은섭, 간호사를 향해 돌아보는데.

간호사   (E) 거리에 쓰러져 계신 걸 마을분이 모셔 왔어요. 폐렴
이고요.

S #62   (D) 혜천시립대학병원: 지역응급의료센터

천천히 걸어 아픈 사람들 누운 병상을 지나 은섭.

간호사   (E) 그리 심각한 건 아닌데 며칠은 입원하셔야 돼요.

승호 할아버지의 자리로 간다. 커튼 앞에서 잠시 서서 생각
하는데.

간호사   (E) 근데 할아버님께서 자꾸만 퇴원을 하시겠다고 해서
요. 그게 …입원비 때문인 것 같은데.

커튼을 치자 어린 승호와 누운 승호 할아버지가 보인다. 그
옆에 앉은 승호는 울음을 꼭 참고 있는.
은섭, 승호를 바라보는데.

S #63   (D) 혜천시립대학병원 : 야외 주차장

은섭   **걱정 마. 금세 건강해지실 거야.**

          승호의 작은 손을 꼭 움켜쥔 은섭.
          승호는 고개를 숙이고 땅만 보고 걷는데.

승호   **(한참 생각하다가) ⋯학교에서 토끼를 키워요.**

          은섭, 승호를 쳐다보니.

S #64   (D) 혜천초등학교

          와글와글 아이들이 뛰노는 초등학교. 학교 한쪽에서 승호
          가 뭔가를 보고 있다. 작은 우리에서 뛰노는 작은 토끼 두
          마리다.

승호   **(E) 정말 귀여웠었는데.**

승호, 너무 귀여운 듯 미소를 지으며 토끼를 쳐다보는데.

S #65   (D) 혜천초등학교: 토끼 우리 앞

토끼 우리 근처. 아이들이 모여 있고 아이들 몇 명이 훌쩍훌쩍 울고 있다. 승호가 뚝 멈춰서 뭔가를 예감한 듯 토끼 우리 쪽을 쳐다보는데.

승호   **(E) 죽었어요.**

승호의 눈가에 순식간에 차오르는 눈물.

S #66   (D) 혜천시립대학병원: 야외 주차장

그 눈물이 승호의 뺨을 타고 뚝뚝 흘러내린다.

승호   **…우리 할아버지도 토끼처럼 되면 어떡해요?**
은섭   **안 그럴 거야.**
승호   ('정말요?' 하듯 보자)
은섭   **응. (승호를 보더니) …삼촌이 약속해. (승호를 가만히 안아주는데)**

은섭의 품에 안긴 승호, 눈물을 애써 꾹 참아보는데.

S #67   (D) 호두하우스 앞: 은섭의 차 안

은빛 열쇠고리 걸린 은섭의 차가 책방을 지나 호두하우스
쪽에 도착하는. 호두하우스 앞엔 은실과 해원이 맑게 손을
흔들고 있다. 은섭, 옆에 앉은 승호를 한 번 쳐다보는데. 조
금은 안도한 얼굴로 은섭을 보는 승호.

S #68   (N) 호두하우스: 1층

평소와는 다르게 복작거리는 호두하우스. 시끄럽게 TV도
켜 있고 부엌에선 음식 만드는 소리. 군밤이도 꼬리를 흔들
며 이리저리 돌아다니는데.

지연   (바닥에 앉아 있다가 명여에게) 아. 이모님. 이따 방에서 이불
       내주셔야 돼요.

명여   응. 내줄 건데 지연아. 난 이모님이 아니야. 언니지.

승호   (해원과 2층에서 내려오며) 맞아요. 누나. 명여 씨는 누나예
       요. 이모라고 부르면 안 돼요.

해원   (같이 내려와 지연 옆에 앉으며) 어우. 철도 없어. 이모면 이
       모지. 그게 뭐가 어떻다고.

명여   그러는 너는 은섭이네서 그렇게 부르잖아. 아이구. 해원
       학생 해원 학생. …졸업한 지가 언젠데.

해원   아, 난 아직도 학생 같잖아!

지연   (해원의 피부에 진심 놀라며) 그러게. 야. 넌 피부가 진짜 아

직도 학생 같다. 어쩜 이렇게 좋냐?

해원   (웃으며. 좋다는 듯 두 손으로 꽃받침) 그치.

명여   ('왜 저래.' 쳐다보는데)

지연   (책 읽는 승호에게) 승호야. 근데 그 책은 뭐야?

승호   《집에 있는 부엉이》요.

지연   나도 봐도 되니?

승호   네. 그럼요. (책을 지연에게 보여주니)

[다리 부러진 의자들. 부를 수 없는 노래들. 난로 뒤에 떨어져 그 뒤로 다시는 못 본 숟가락들. 읽을 수 없는 책들. 멈춘 시계들][6]

해원   (옆에서 같이 보더니) 눈물차 이야기구나.

승호   부엉이가 슬픈 생각을 떠올리며 흘린 눈물을 여기 주전 자에 모아 눈물차로 끓여 마셔요. 그럼 슬픔이 조금 사 라진다는 이야기예요.

명여   그럼 우리도 눈물차를 끓여 마셔볼까? (일어나 앉더니) 지 연아. 주전자 가져와봐.

지연   (주전자 주며) 여기 있습니다.

명여   다들 아까 마신 찻잔 있지? 그걸 (주전자 가리키며) 여기 에 따라 붓는 거다? 일단 목해원!

해원   ('어?' 당황하는) 나? 어…,

명여   (해원에게 주전자를 내미니) 아, 빨리.

해원   어… 나는…,

명여가 "아, 빨리해!!" 자꾸 재촉하자 다들 웃는데. 창밖으 로 천천히 저녁이 지나간다.

S #69   (D — 아침) 호두하우스: 1층 현관

아침 햇살이 비집고 들어오는 현관 앞. 해원이 문을 여니 은
섭이 차를 대고 기다리고 있는.
승호가 "삼촌!!" 부르며 달려 나가자 은섭이 해원을 향해
손을 흔들고 승호와 함께 떠나는.

은실   **(E) 해원아! 이모 깨워. 우리 밥 먹자!**

해원, 미소 지으며 안으로 들어서는데.

S #70   (D) 호두하우스: 1층: 명여 방

깨끗하게 비워진 명여의 침대가 보인다. 바깥에서 똑똑, 노
크 소리 들리는.

해원   **(O.S) 이모.**

이불이 좀 흐트러져 있지만 침대엔 누구도 없다.

은섭   **(E) (타이핑 소리) 해원아.**

해원   **(O.S) 이모. (노크하고) 이모. 일어났어?**

아무도 없는 빈 침대만 덩그러니 보이는데.

은섭   (E) (타이핑 소리) 네가 언젠간 이곳을 떠날 거라는 걸 이
       해해.

곧 끼익 문이 열리고 해원이 들어오는데.

은섭   (E) (타이핑 소리) 나는 전부 다 준비하고 있어. 다만

들어오던 해원, 눈이 커다래지는. 침대 밑 아무렇게나 엎어
져 쓰러져 있는 명여.

해원   (달려가) 이모!!! 이모!!

은섭   (E) (타이핑 소리) 네가 이곳을 떠날 때 마음 그리 무겁지
       않기를.

미동도 없는 명여인데.

해원   (거의 울 듯 뺨을 치며) 이모!! 제발. 이모!! (뺨을 또 치자)

은섭   (E) (타이핑 소리) 그저 행복하게 웃으며 가기를.

서서히 눈을 뜨는 명여.

해원   (반가워서) 이모. 이…. (하는데)

명여의 붉으면서도 초록색 눈동자.

은섭   (E) (타이핑 소리) 조금도, 아주 조금도 아프지 않기를.

그 눈에 해원의 입이 다물어지지가 않는데. 뒤에 있던 은실
도 "헉." 놀라 쳐다본다. 스르르 명여가 다시 눈을 감는데.

해원   이모! 이모! (소리 꽥) 이모!!!!!!!!

단숨에 새까매지는 시야. 찢어질 듯한 해원의 "이모!!" 소리
만 저 멀리서 들려온다.

은섭   (E) (타이핑 소리) 진심으로 바랄게.

제13회 끝

책방 일지

아이린에게 비공개 일지를 들켰다. 이런.
책방 일지 카테고리를 본 것 같은데
어디까지 읽었는지 모르겠다.
마시멜로 이야기로 나를 놀린 걸 보면
그녀가 북현리에 내려왔던 무렵이다.
그 이후로 어디까지…?
다 읽었다고 해도 뭐가 어떻게 되는 건 아니지만
왠지 음. 부끄러워서 정신을 잃을 뻔했음.

굿나잇책방 블로그 비공개글

posted by 葉

어떤

고백

떠날 사람은 떠나고 남겨질 사람은 남겨져야 할
계절이 다가오고 있다는 걸.

S #1   (D—아침 11시 즈음) 명여의 오피스텔

     과거 ○ 2010년 9월 4일— 명여 38세

     새까만 화면이 조금씩 밝아지면 우르르 쾅쾅. 천둥 번개가
     치는 오후.
     이불을 뒤집어쓰고 잠든 명여. 다시 한 번 창밖에서 천둥 번
     개가 치고 이불 속 명여가 한 번 뒤치락댄다. 창밖으로 곧
     비 쏟아지는 소리가 들리는데.

명여   **(E) 말해볼까.**

S #2   <u>13회 S #70</u> (D) 호두하우스: 1층: 명여 방

     서서히 눈을 뜨는 명여. 흐릿하고 좁은 초록의 시야에 해원
     이 보인다. 놀라 입을 다물지 못하고 있는 해원인데. 뒤편으
     로 은실이도 얼핏 보이는. 명여, 정신이 아득해져 다시 눈을

감는.

(O.S) 이모!!!!

플래시 컷   10회 S #59

한 손에 휴대폰을 쥐고 해원의 옛날 집 계단을 마구 내려오
는 명여.

명여   (E) 나는 언제나 그날로 돌아가는 연습을 해.

명여   (다급) 언니!! 언니!!

플래시 컷   12회 S #6

주홍   (거실 한쪽에 있던 골프백에서 골프채 하나를 꺼내 들고 괴물같이
따라가며) 거기 서!!!!!

마당에 정차된 자동차로 달려가는 두 사람.

명여   (E) 그날로 돌아가면

플래시 컷   12회 S #6

명여, 곧 눈을 질끈 감고 액셀을 꽉 밟아버리자 순식간에
확! 뒤로 넘어가버리는 주홍.

핸들을 붙잡고 부들부들 떨며 천천히 고개를 드는 명여. 헛바퀴만 돌아가고 주홍은 흔적도 없이 사라졌다.

명여   (E) 전부 다 되돌릴 수 있을 것 같아서.

명여, 헉헉 겁에 잔뜩 질려 앞을 보고 있는데.

S #3   (D) 이신대: 캠퍼스 일각
          과거 ○ 28년 전, 1992년 초가을 ─ 명여 20세

          살랑거리는 원피스를 입곤 싱그럽게 걷던 명여가 문득 옆을 바라본다.

명여   (E) 다 지나버린 내 모든 것들을.

          화사하게 웃는데 물기가 나올 듯 찰랑거리는 명여. 머리칼을 쓸어 올리는 그녀의 얇은 손가락.

플래시 컷   **13회 S #32**

          명여의 네 번째 손가락에 살살 반지를 끼워 넣는 윤택.

윤택   나는… (묵직하게) …너랑 다 할 건데.

          명여가 뚝 멈춰 윤택을 쳐다보는데.

명여	(E) 놓쳐버린 내 모든 것들을.

S #4 (D — 아침 11시 즈음) 명여의 오피스텔
      과거 ○ 2010년 9월 4일 — 명여 38세

      전자시계의 분이 바뀐다. 아침 11시 즈음. 전자시계의 날짜
      는 크게 [2010년 9월 4일]

명여	(E) 아침에 눈을 뜰 때마다 바랐지.

      창밖엔 비가 내린다. 우르르 쾅쾅!! 번개 치는 소리에 눈을
      뜨는 명여. 침대 옆으로 손을 뻗어 휴대폰 확인하니 문자가
      와 있다.

      [명주: 오늘 집에 올래?]

      바로 [응] 대답하는. 곧 휴대폰 내려놓고 다시 이불 속으로
      몸을 웅크려 넣는다.

명여	(E) 제발 그날의 나로 돌아가게 해달라고.

S #5 (D) 혜천시립대학병원: 안과 — 1인실

이불을 걷으며 옅은 신음 소리와 함께 명여가 눈을 뜬다. 서서히 고개를 돌려보니 아무도 없는 병원 1인실.

명여   (E) 제발.

힘이 없는 몸을 간신히 일으켜보니 콘솔 옆 세워진 작은 거울에 자신의 모습이 슬쩍 비치는. 흰머리가 살짝 섞인 푸석한 머리카락, 건조한 피부, 붉은 초록의 눈동자.

명여   (E) 제발.

거울을 보다 외면하듯 다른 곳을 쳐다보는 명여.

명여   (E) 제발 그날의 나로.

공허한 눈. 점점 멀어지는데.

S #6   (D) 혜천시립대학병원: 안과 — 상담실

의사   (컴퓨터로 차트 보며) 이게… 폐쇄각 녹내장이라고.
해원   (쳐다보고 있으면)
의사   녹내장의 한 종류입니다. 환자분이 갑자기 안압이 오르면서 쓰러지신 것 같은데요.
해원   …그럼.
의사   (검사 결과 보며) 뭐, 검사를 더 해봐야 알겠지만 한쪽 눈

은 거의 안 보이는 상태 같던데. (컴퓨터로 뭔가를 더 보더니) 어, 근데 환자분은 지금까지 이걸 방치하신 건가요? …이거 무척 고통스러웠을 텐데.

해원이 의사를 쳐다보는데.

<table>
<tr><td>**플래시 컷**</td><td>**2회 S #14**</td></tr>
</table>

약사 근데 그 집 이모는 병원에 가봤나? 두통이 정말 심하던데.

<table>
<tr><td>**플래시 컷**</td><td>**3회 S #41**</td></tr>
</table>

명여 (속 시원하게 소리소리) 미쳐 돌아버릴 것처럼 아프다!!

의사 (차트 보며) 이 징도면 두동이 성말 심했을 거예요. 안통도 심했을 거고. 가끔 구토도 있었을 거고… (해원을 보고 정말 궁금한 듯) 아마 참기 힘들었을 텐데… 병원엔 지금 처음 오신 거죠?

답답한 듯 해원이 "하." 한숨을 토하는데

S #7 (D) 혜천시청 신축 청사 근처 설렁탕집

분주한 점심시간의 식당. 시청 직원들 밥 먹는 자리. 음식이 나오자 장우가 '맛있겠다.' 생각하며 숟가락을 드니.

시청 여직원2	근데 장우 씨는 이따 거기 가죠? 떡방아 대잔치.
장우	(밥 먹으려다가) 예. 갑니다.
시청 여직원2	가서 맛있는 거 많이 먹고 와. 많이 도와드리고. (웃으면)
장우	예. 그럴게요. (이제 밥 먹으려는데)
과장	근데 그 지은실이라는 친구는 남자친구랑 헤어졌다던데?
장우	(뭐라고. 내가 잘못 들었나?) 네?
과장	그 있잖아. 강릉시청에서 일하는.
시청 여직원2	시리네 반찬집 딸래미?
과장	그래. 그 친구가 남친이랑 헤어졌다고 하더라고.
장우	남친이 있었대요?
과장	응. 같은 시청에서 일하던.
장우	(저도 모르게) 와.
시청 여직원2	그게 왜 '와.'야.
장우	(감추려고. 국어책) 와. 재밌다. 와. 신기한 정보야.
과장	(순수하게 믿는) 그래?
장우	근데요. 과장님. (이 말도 안 되는 정보력은 어디에서 온 건가) 과장님은 어떻게 저도 모르는 걸 알고 계시는 거예요?
과장	응. 우리 마누라가 말해줬어.
시청 여직원2	난 은실이네 엄마.
장우	은실이네 어머니를 아세요?
시청 여직원2	응. 시리네 반찬집이 우리 아파트 상가에 있는 거거든?
장우	이게 무슨….
과장	거, 그 반찬집 옆 수선집 말이야.

시청 여직원2	예. 아들 셋에 딸 하나. 영란이네 말씀하시는 거 맞죠?
과장	어. 거기 옆 보석방 하나가 있잖아?
시청 여직원2	아, 귀혜네? 왜요? 그 집에 무슨 일 있어요?
과장	아니? 그 집이 이번에 쌍둥이를 낳았대.
시청 여직원2	아아. 알아요. 지후랑 채연이. 이란성이잖아.
과장	마트에서 일하던 그 처녀는 이번에 결혼한다던데.
시청 여직원2	네. 알죠. 김천식 수학선생님이랑 하잖아요. 좋겠어.
과장	근데 우리 장우 씨는 언제 결혼을 하나.

장우, '와. 이 놀라운 동네의 정보력이란…' 밥도 못 먹고 처
다보고 있는데.

S #8   (D) 혜천시립대학병원: 안과 — 복도

병원 내 공중전화.

해원	(저쪽에서 전화를 받자마자) 여보세요?
명주	(F) …누구세요.
해원	(어이가 없다) 해원이야.
명주	(F) (대답이 없자)
해원	(좀 짜증 나는) 엄마는 내 목소리도 몰라? (전화를 하며 몸을 돌리니)

해원 앞을 지나는 사람.

S #9   (D) 파주 부동산 앞

사람들 지나는 부동산 앞. 휴대폰을 든 명주가 부동산 밖
으로 한 걸음 나와 아무 말 없이 '왜.' 하듯 서 있는데.

해원   (F) …이모가 쓰러졌어.

쏟아지는 햇살을 찡그리며 쳐다보는 명주.

S #10   (D) 혜천시립대학병원 : 안과─복도

해원   들었어? 이모가 쓰러졌다고. (듣는 거야?) 여보세요?
명주   (F) (침묵 끝) …알았어.
해원   뭐?
명주   (F) 알았다고.
해원   (뚝 끊긴 전화) 여보세요? 엄마? (끊긴 걸 알고 수화기를 내려
           놓는데. '허.' 기가 막힌다)

어이없어하는 해원의 앞으로 북적북적 많은 사람들이 지난
다. 해원, 한가운데에 서서 크게 한숨을 내쉬는데 인파들 사
이 보이는 은섭의 모습.

은섭   해원아.

천천히 다가와 해원의 앞에 선다. 해원, 왠지 안도가 되어
은섭을 쳐다보면.

S #11   (D) 혜천시립대학병원: 안과 ― 1인실 복도 입구

병실 복도 근처로 툭툭 걸어온 해원과 은섭.

해원   (병실 입구 앞에서) **다녀올게.**
은섭   (미소) **응.**

해원도 조금 미소 짓고는 1인실 복도 안쪽으로 들어가는
데.
돌아서 걷던 은섭은 가다가 투욱 멈춰 선다. 그리곤 옅게
한숨을 쉬며 옆을 쳐다보는데 복도 옆 큰 창밖으론 성격 급
한 꽃봉오리가 벌써 피어나고 있다. 창밖 가득 무성한 꽃봉
오리로 넘어가니.

S #12   (D) 북현분교: 정문

꽃봉오리 피어난 새순나무와 꽤 많은 사람들 북적이는 분
교 앞. 분교 정문에 걸린 현수막엔

[혜천시 떡방아 대잔치
일시: 2020년 2월 28일 하루 종일 장소: 북현분교]

그 밑으로 털모자에 장갑까지 낀 아이들 대여섯이 "와아아!!" 소리를 지르며 뛰어 들어간다.

은섭   (E) 2월이 되면.

학교 현관 쪽에선 떡방아를 찧는 아저씨와 아주머니들. 아저씨가 쿵! 방아를 찧으면 아주머니가 떡을 뒤집고. 쿵! 쿵! 방아를 찧을 때마다 지켜보던 아이들이 "오!" "오!" 탄성을 지르는.

은섭   (E) 이 동네는 어느 영화의 한 장면처럼 떡 만드는 행사를 한다.

그중 한 아이가 안쪽으로 뛰어 들어간다.

S #13   (D) 북현분교: 1층 복도

아이가 뛰어 들어간 복도. 맞은편으론 앞치마를 한 아주머니들과 할머니들이 지나가는.
1층의 교실 문들이 모두 활짝활짝 열려 있는데. 청년 하나가 떡 반죽 담긴 거대한 스테인리스 대야를 교실에 쓱— 밀어주면서.

청년   반죽이요.

끙! 대야를 들고 들어오는 은실. 안쪽엔 작은 난로에 돗자
리를 펴놓고 옹기종기 둘러앉아 바람떡을 빚는 아주머니들
이 있는데.

은실 모   (빠르게 떡 만들며) 그래서.

은실   (스테인리스 반죽 대야를 한가운데 놓고 자리에 앉으며) 그래서
          뭐.

은실 모   병원은 갔고?

은실   (반죽 조금 쥐어 떡 만들며) 아, 갔지. 지연이 차에 태워서. 엄
          마. 세상에 눈 신경이 다 상했대.

은실 모   어머어머.

은실   아주 눈이 초록색이너라니깐? 녹내장이 와서?

아주머니2 (참견) 그 호두집 말하는 거지? 딸내미들 예-쁜 집.

아주머니1 아유. 애들 인물 좋으면 뭐 해. 하나는 속도위반해서 서
          울로 시집을 가더니 남편이 죽는 바람에 감옥에 다녀오
          고. 또 하나는 소설가로 성공했다. 어쨌다 하더니 여기
          처박혀서 아무렇게나 살고 있고.

윤지 엄마   그 큰딸이, (괜히 속닥) …살인인가를 한 거지?

은실   아줌마! 살인이라뇨! 과실치사예요!

윤지 엄마   (떡 만들며) 아, 그래? 달라?

은실   아, 당연하죠!

아주머니1 아무튼 그 집 할머니가 딸들 땜에 속병이 나서 말년에

	암에 걸렸잖아. 암.
아주머니2	맞아. 그 건강하던 양반이.
윤지 엄마	불쌍도 하지. (떡 빚으며) 아이구. 불쌍해.
은실 모	(은실이 떡 빚는 걸 흘끗 보더니) 근데 넌 그따위로 잘도 빚는다.
은실	왜. 예쁜데. (떡 보여주며) 아줌마, 예쁘죠.
아주머니1	아유. 예쁘네. 예쁘다.
윤지 엄마	근데 그 시청 청년 있잖아. 장우 씨.
은실	(왠지 쫑긋해지면)
윤지 엄마	이번에 선을 봤대. 되게 잘 돼간다던데?
은실	(뭐?) 선을 봐요?
윤지 엄마	응. 내달에 결혼할지도 모른다던데.
은실	결혼이요?
아주머니2	아유. 누구든 결혼하면 좋지. 국수 먹고 떡 먹고. 간만에 뷔페 하고. 근데 은실이는 시청 일 재밌어?
은실	(정색) 아뇨. 완전 재미없죠. 근데 그 선 얘기…,
은실 모	(팔꿈치로 은실 머리통을 치며) 야. 너 복 받은 줄 알어! 직업이라도 있는 게!
은실	(뒤늦게 일부러 소리치며 쩨려보는) 아!!!

깔깔깔 웃는 아주머니들 사이 아주머니4가 다 빚은 떡 쟁반을 들고 나선다.

S #15　　(D) 북현분교: 급식실

떡 쟁반을 든 아주머니4가 급식실로 들어가자 급식실 한
쪽에서 가래떡 기계로 떡을 뽑아내고 있는. 갓 나온 가래떡
에서 모락모락 김이 난다. 그 옆으로 커다란 타파통을 들고
들어온 근상이

근상   (테이블 위에 타파통 올려놓으며 약사에게) 명여 씨가 쓰러지
         셨대요.
약사   (위생장갑 끼고 김치를 빠르게 썰고 있는) 내 그럴 줄 알았어.
         방치하더니만.
근상   (뚜껑 열어 한쪽에 놓으며) 뭘 방치했는데요?
약사   (타파통 안에서 김치 한 포기 꺼내) 두통이요. (쫑쫑쫑 썬다)
근상   괜찮을까요?
약사   모르죠. 검사를 받아야 할 텐데. 그것도 싫다고 할 것 같
         아서.
근상   (작게 한숨을 쉬는데)
방잇긴 여주인 (가래벽 뽑으면서) 현지 엄마!! 떡 얼마나 줄까?
약사   아, 저흰 두 식구니까 한 두덩이? (썬 김치를 대야에 담자)
근상   이거 안쪽에 가져다드리면 되나요?
약사   네. 그거,
장우   (마침 급식실로 다다다 쏜살같이 달려오더니) 제가 제가. 제가
         가져다드리겠습니다!

근상과 약사가 장우를 '응?' 쳐다보는데. 대야를 낚아채 아
주 빠르게 부엌을 나서는 장우.

S #16   (D) 북현분교: 1층 교실 복도

장우가 교실 문틈으로 안을 지켜보고 있다. 안쪽에는 아주
머니들만 있는 듯 희미하게 보이는데. 그런 장우 앞에 번뜩
이는 눈동자. 장우, 헉 놀라 뒤로 무르자

은실   (문을 벌컥 열고는) 너 누구 찾는 거임? (맑게 웃는)

은섭   (E) 그때가 되면 알 수 있다.

깜짝 놀라 딸꾹질을 하기 시작하는 장우.

S #17   (D) 북현분교: 운동장 한쪽 일각

은실   (하드 먹으면서) 그래서?

하 - 입김이 나오는 회관 앞.

은실   (분교 앞에 서서 하드를 먹으며 하 - 하 - 입김을 불어보며) 그래
           서 폐지 줍는 할아버지는 괜찮으심?
장우   (옆에서 같이 하드를 먹으며 서 있는) 어. 응. 괜찮아.
은실   다행이다. (묻고 싶은 말이 있는데 눈치)
장우   너 근데 커피축제는 어떻게 됐냐?
은실   잘 됐어. 니 덕에. (하 - 입김을 내뿜다가 문득 장우를 보고는)
           야.

장우   어?

은실   너 선봤다며? 결혼한다며?

장우   (하드 먹다가 사레 걸릴 뻔) 무슨.

은실   헛소문이구나.

장우   당연하지.

은실   어디서부터 어디까지?

장우   결혼하는 거.

은실   (폐부를 찔러본다) 선본 거는?

장우   아, 그거야 보긴 봤는데.

은실   음. 별로였구나.

장우   (머리 긁적) 뭐. 그게. 그렇다면….

은실   (어느새 기분 싹 좋아져서. 하- 입김을 내뿜더니) 근데 이제 안
         춥지 않냐?

장우   아니. 추운데. 되게 추운데?

은실   (하- 입김 불고) 아니. 이것 봐. 한겨울일 때보다 입김이
         반밖에 안 나오잖아. 그치. (하-)

장우   그건 니 폐활량의 문제 아니냐?

은실   (순순히 인정) 아, 그래? (하-)

장우   (은실 뚝 보더니) 근데 은실아.

은실   ('뭐?' 쳐다보면)

장우   너 입술 보라색이야.

은실   지는.

티격태격대는 두 사람 사이로 꺄르르 웃으며 아이들이 들
어왔다 나간다.

S #18   (D) 북현분교: 뒤편

잔칫날처럼 천막들이 세워져 있고 마을 사람들이 옹기종기 모여 앉아 보쌈에, 떡에 밥에 막걸리를 마시는 학교 뒤편. 근상과 아저씨가 와 테이블 몇 개 붙여 만들어놓은 간이 부엌에 김치와 쌀밥을 놓는다.

아주머니들과 할머니들이 분주하게 잔치음식을 만들고 있는데. 한쪽에서는 육수를 끓여 잔치국수를 준비하고 또 한쪽에선 소면을 빼는.

할머니 하나가 드럼통을 열고 두꺼운 돼지고기를 꺼내 도마에 올려놓고 능숙하게 칼질을 한다.

근상   **와. 냄새 좋네요.**

옆에는 지금 막 쪄서 모락모락 김이 피어오르는 떡. 아이들이 달려와 앙증맞은 손으로 떡을 집어 먹는다.

은섭   (E) 그렇게 겨울이 끝이 나고.

근상   (자리에 앉아 막걸리 마시며) …묵은쌀 가져와 이렇게 떡 만들고 나면 이제 모내기 준비하고 그러던데.

당구장 주인 (막걸리 마시며) 암. 그렇지. 모내기 준비해야지.

은섭 부   (먼 산 바라보며) …슬슬 스케이트장도 폐장해야겠어.

은섭   (E) 곧 봄이 다가오고 있다는 걸.

사람들로 분주한 학교 뒤편 틈으로 살며시 햇볕이 들어온다.

S #19   (D) 혜천시립대학병원: 안과 — 1인실

햇볕 잘 들어오는 1인실. 해원이 문을 열고 들어오자 옷을 갈아입다가 뒤돌아본 명여.

해원	(다가와) 뭐야. 며칠 더 입원해 있어야 된댔어. 검사도 더 해야 되고.
명여	(상의 입으며) …나 돈 없다.
해원	6인실 자리 나면 바로 옮겨준댔어. 지금 자리가 없어서,
명여	(다 입고 나가려고 하자)
해원	니무 아팠을 거라넌데. 의사가.
명여	(가면서) 무슨. 참을 만했어.
해원	아파도 아파도 너무너무 아팠을 거라던데.
명여	(멈추고 돌아보며) 아팠지. 근데 귀찮았어.
해원	아무리 귀찮아도 병원에 꼭 가고 싶을 만큼 아팠을 거라던데.
명여	내 귀찮음이 그 고통을 이겼어. (해원을 보더니) …됐냐.
해원	(아니잖아) 이모.
명여	(툴툴 가는데)
해원	(제대로 대답해) 이모.
명여	(툴툴 가다가 툭 멈춰 서더니 돌아보고는) …너 서울에 안 가

니, 해원아?

은섭   (E) 떠날 사람은 떠나고

명여   니가 여기 와서 이래라저래라 하는 게 난 좀 피곤하다.
        서울 좀 가. 이제. (확 나가버리며 선글라스를 쓰는)

은섭   (E) 남겨질 사람은 남겨져야 할

        해원이 명여를 뚝 쳐다보는데. 속도 모르고 병실 안으로 햇
        살이 쏟아져 내린다.

S #20   (D) 혜천시립대학병원: 안과 — 복도

은섭   (E) …계절이 다가오고 있다는 걸.

        햇볕이 쏟아지는 창밖을 뚝 서서 보고 있는 은섭이다.

S #21   (D) 굿나잇책방 옆

        이른 새순이 나기 시작한 버드나무 옆을 쓱 지난 택시가 호
        두하우스 앞에 서는. 명여가 내려 문을 열고 들어가니 현관
        앞에 팔짱을 끼고 딱 서 있는 명주.

명여	(저도 모르게 뒷걸음질) 아씨. 깜짝이야.
명주	(안쪽으로 들어가면서) 퇴원하고 오는 길인 거야?
명여	(신발 벗고 들어가며. 태연한 척) 어떻게 왔어? 해원이한테 연락받고 왔어?
명주	(소파에 앉으며) 어.
명여	나 괜찮아. 목해원이 오바한 거야. (방으로 들어가려는데)
명주	(소파에 앉아 명여를 보더니) …선글라스 벗어봐.

명여가 잠시 생각하다가 선글라스를 벗는다. 한쪽 눈 동공
이 이상하리만치 크고 붉고 초록색.

명주	(팔짱 끼고 그 눈을 가만히 보더니) …이따위 꼴을 보려고 내가 널 여기에 내버려둔 게 아닌데.
명여	(다시 선글라스를 쓰면)
명주	(팔짱 끼고 앞 보며) 여기에서 네 일에 최선을 다하며 살아가라고. (매섭게 명여 보곤) 소설도 쓰고 연애도 하면서.
명여	(문고리를 잡고 들어가지 못한 채 서 있자)
명주	최대한 열심히 살아보라고. 내가,
명여	(꾹꾹 참다가 바로 받아서 하는) …근데 내가 어떻게 그래. 언니.
명주	(뭐?)
명여	(지금껏 참았던 말) 어떻게 그러냐고.
명주	뭐라고?
명여	(자신에게 하는 말처럼) …사람을 죽였는데.
명주	(뭐어?)
명여	멋모르는 사람들은 언니가 불쌍하다 말하겠지만 (이제

야 말하는) 난 아니었어. 나는 (툭. 혼잣말처럼) …내가 불쌍
했어.

명주   (정말 몰라서) 니가 왜 불쌍하지.

명여   나도 내 죗값을 받을 권리가 있는데.

명주   (뚝 멈춰 보면)

명여   언니가 그마저도 가져가버렸잖아.

명주   (이해가 되지 않아) 그거야 넌 아무 죄도 없으니까.

명여   있어!

명주   (무슨 죄?)

명여   내가 밟았고 내가 죽였어! 언니, 난 그날,

S #22   12회 S #6 (D ─ 오후 4시쯤) 해원의 파주집 : 마당
         과거 ○ 2010년 9월 4일 ─ 명여 38세

명여가 핸들을 잡고 헉헉 겁에 잔뜩 질려 앞을 보는데.

명여   (E) 그 피가 물들던 담벼락의 무늬까지 전부 기억이 나
         는데.

담벼락에 천천히 피가 물드는 게 보인다.

S #23   (D) 호두하우스 : 1층

명여   내가 어떻게 죄가 없어.

명주   (보고 있으면)

명여   내가 어떻게 아무 일도 없는 것처럼. 내가 어떻게… 아
        무렇지도 않게… 내가 도대체 어떻게…. (뚝 눈물이 흐르자
        확 닦아버리는데)

        명주가 뭐라고 하려는 찰나 마침 들어오는 해원. 사이 명여
        가 서둘러 방으로 들어가버리는.
        심상치 않은 분위기에 해원이 눈치를 좀 보자

명주   (괜히 큼. 헛기침하며) 너 밥은 먹었냐.

해원   어?

        명여의 방 안쪽에서 나는 쿵! 탕! 소리.

S #24   (T — 방과 후 청소 시간) 해천고. 2학년 휘의 교실

        쿵! 탕! 소리 들리는 학교 청소 시간. 루루루 콧노래를 부르
        며 책상을 번쩍 들어 뒤로 미는 휘인데.

제인   (O.S) (휘 어깨에 손 올리며) 야. 임휘.

        자연스레 뒤돌아보니 다짜고짜 쫙! 날아가는 휘의 뺨. 우당
        탕탕 넘어진 휘. '뭐지?' 어이없다는 듯 앞을 쳐다보니

제인   (일진 포스) …니가 감히 김영수 자전거를 타고 학교에

	와?
휘	(어이없어) 저기, 누구세요?
제인	(무서운) 나 김영수 여친 송제인.
휘	(표정 싹 바뀌어) 아하. 송제인? (툭툭 털고 일어나) 니가 그 송제인이구나?
제인	뭐?
휘	(바로 제인의 긴 머리를 휘어잡아버리니)
제인	(머리카락 잡혀) 아!!! 야!! 놔!! 안 놔?
휘	안 놔!!! 내가 왜 놔!! (더 꽉)
제인	야아!! (휘의 머리칼을 쥐어 잡자)
휘	야! 놔!!!

"니가 놔!" "아, 니가 놔!!" 서로 머리끄덩이를 잡고 놓지 않는 제인과 휘.
갑자기 난 싸움에 다들 신이 나서 소리를 지르며 휴대폰으로 동영상을 찍고 구경을 한다. 그중 한 명이 빠르게 교실을 뛰어나가는데.

S #25   (D ─ 고3 자습 시간) 혜천고: 3학년 영수의 교실

교실 문 발칵 열리며 뛰어온 학생이 소리치는.

고3 남학생	야. 김영수! 4반에서 너 때문에 송제인이랑 임휘랑 개싸움 났대!

반 아이들 대다수가 "워얼~." 소리를 내며 구경하겠다고 달려 나간다.

문제집을 풀던 영수는 "하." 한숨을 쉬며 샤프를 내려놓는데.

S #26   (D) 혜천 시내: 중국집

해원   (밥 먹다 젓가락을 내려놓으며) 이모는 설득해봤어?

중국집에서 볶음밥과 자장면을 먹는 명주와 해원. 명주가 대답 없이 자장을 먹자

해원   이모 설득해보라고. 의사가 지금이라도 약물이나 레이저 치료하면 한쪽 눈은 괜찮을 수도 있댔어.

명주   (먹기만 하는)

해원   (조금 답답) 엄마, 이모랑 친하잖아.

명주   (먼 산 보듯) …그랬었나.

해원   안 쓰려던 책도 쓴다 하고. 윤택이 아저씨랑 다시 만나는 것 같기도 하고. (혼잣말처럼) …조금씩 바뀌고 있다 생각했는데. (한숨)

명주   (먹다가 쳐다보면)

해원   내가 잘못 생각했어. 이모, …뭘 하려는 사람이 아닌데. (조그맣게 한숨을 쉬며 창 쪽을 바라보니)

S #27   (N) 해원의 파주집: 마당

과거 ○ 2000년 초가을─명여 28세, 명주 30세

밤하늘의 별이 쏟아지는 파주집 마당. 한쪽에 있는 그네에
명여가 풀썩 앉으며.

명여   **언니. 나는 다 하고 싶다?**

명주   (한쪽에 서서 담배를 꺼내 물려다가 명여를 보면)

명여   (그네를 마구 타며) …이 세상에 있는 모든 것! (웃으며 명주
       를 보는데)

S #28   12회 S #20 (D) 청주 여자 교도소: 접견실

과거 ○ 8년 전 초가을─명여 40세, 명주 42세

명여   (두 주먹을 꼭 쥐고 울먹이며) …언니 무서워.

명주   (안에서 보고 있자)

명여   (오열) 나 무서워어….

무겁게 명여를 바라보는 명주.

S #29   (D) 혜천 시내: 중국집

그 눈으로 중국집 창밖을 바라보는 명주의 눈이 왠지 쓸쓸
하다. 바깥으로 부웅─ 자동차가 소음을 내며 지나간다.

S #30   (D) 굿나잇책방 앞: 은섭의 차 안

책방 앞. 차에서 내리려던 은섭. 전화가 오자 받는다.

은섭   (전화 받자마자) 예. 어머니. (뭔가를 듣고) 지금요? 예. 갈게
          요. (다시 시동을 걸고 출발하는데)

S #31   (D) 혜천고: 운동장

은섭의 자동차가 멈춘 학교 앞 운동장.

S #32   (D) 혜천고: 1층 현관

학교 현관에서 은섭 모와 은섭, 휘가 나오는데.

은섭 모   (휘의 등짝을 픽! 내려치며) 너는 진짜 창피한 줄 알아!!
휘   (부루퉁 걸어가며) 아, 뭐가아!!
은섭 모   어디 싸울 게 없어서 남자를 놓고 싸워. 아우. 창피해. 내
          가 진짜 너무 창피해!! 너!!
휘   엄마. (단호하게 쳐다보며) …남자는 내 전부야.
은섭 모   (누가 들을까 무섭다) 돌았니? 돌았어? (등짝 픽픽 치며) 돌
          았니, 돌았어?

370

휘	아, 안 돌았어! 나 멀쩡하다구! 나 총명탕 먹고 더더욱 멀쩡해졌거든?
은섭 모	(등짝 퍽퍽) 근데 왜 여친이 있는 앨 건드냐고. 건들기는!
휘	아이씨! 건든 게 아니었다니깐? 거래였다니깐?
은섭 모	뭐…래?
휘	아, 거래! 거미 할 때 거. 레알 할 때 래! 거래!
은섭	(작은 목소리) 휘야. 그 래가 그 레가 아닌….
은섭 모	(퍽 치는) 지금 그게 중요해? 어? (한 번 더 치려는데)

교문 쪽에서 승호가 마구 달려오며.

승호	삼초오오오온!!!
은섭	(웃으며) 어. 승호야.
승호	(달려와 은섭의 손을 꼭 잡더니 휘에게) 어? 누나. 혹시 사고 친 거 아니에요?
휘	뭐? (음모인가) 니가 그걸 어떻게 알아. 니가 그걸….
승호	에이. 원래 사고 치면 학교에 엄마랑 아빠가 오잖아요!

은섭 모가 "그러게? 우리 승호가 똑똑하네. 참 똑똑하다. 우리 승호." 웃자 "엄마. 이게 지금 똑똑하다고 칭찬할 일이야?" 발끈하는 휘. 다정하게 교문을 나서는 네 사람.

S #33   (D — 오후 6시 즈음) 혜천시립대학병원: 1층 로비

승호가 병원 정문을 지나 다다다 달려 나간다. 저쪽에서 해

원의 도움을 받아 휠체어에 앉은 할아버지가 눈이 안 보일 정도로 승호를 향해 웃고 있다.

승호   **할아버지!!!!**

할아버지 뒤에는 미소 짓는 해원. 은섭도 해원을 향해 웃어 보이는데. 그들 뒤로 보이는 병원 주차장.

S #34   (D — 오후 6시 즈음) 해천시립대학병원: 야외 주차장

병원 주차장에서 탕! 차에 타는 은섭. 해원도 옆에 타자

은섭   (안전벨트 하고 시동 걸면서) 나 오늘 운전 되게 많이 했다?
해원   (미소 지으며) 맞아. 너 그랬어.
은섭   (피식 웃지)
해원   (미소 짓더니) …승호 아버지랑은 혹시 연락 됐어?
은섭   (고개 도리) 아니.
해원   전화번호는 맞아?
은섭   …일단, 몇 통을 했지만 받지 않아서 일한다는 여행사에 연락을 해보니까.
해원   (쳐다보면)
은섭   그쪽 일도 관두셨다더라고.
해원   (작게 한숨을 쉬고) 승호 아버지는 언제 여기에 마지막으로 오셨던 거야?
은섭   한 5년 전쯤.

해원	(쳐다보면)
은섭	일단 연락처를 남겨놓긴 했어. (해원 쳐다보고) 너는?
해원	(옅게 한숨 쉬고) …난 뭐 똑같아. (생각하면서 대답하는) 이모는 무조건 괜찮다고 고집만 피우고. 엄마는 그런 이모 설득시킬 생각도 없어 보이고.
은섭	(운전하는데)
해원	…도대체 왜 그러는 걸까. 다들. (한숨을 푹 쉬자)

저 멀리 커다란 산이 보인다. 운전을 하던 은섭이 그 산을 한참 보더니.

은섭	승호 아버지도, 명여 누나 일도.
해원	(쳐다보면)
은섭	어쩌면 시간이 좀 지나야 해결되는 일이 아닐까?
해원	겨울이 지나고 봄이 오는 것처럼?
은섭	응.

해원이 창밖을 가만 보자 그들 옆으로 나무가 획획 지나간다. 어느새 새순이 돋은 나무들도 가끔.
해원, 그 나무들을 '정말 새순인가?' 하듯 돌아보니.

은섭	(혼잣말처럼) 곧 봄이 올 것 같아.
해원	(가만히 보다가) 그래.

은섭, 어쩐지 쓸쓸한 얼굴로 운전을 하는데 해원은 고개를 돌리지 않고 그런 은섭의 옆모습을 묵묵히 바라보기만 한다.

해원	**은섭아.**
은섭	(흘끗 해원을 보고. 여전히 따뜻하게) 응?
해원	(은섭의 소매를 조금 잡고 웃는)
은섭	**뭐야.** (웃는데)

해원도 같이 웃는다.

차가 지나는 길. 빽곡한 나무들.

S #35   (N) 호두하우스: 1층: 명여 방

나무숲 우거진 뒷산 앞의 호두하우스. 불이 다 꺼진 집에 작은 불빛이 새어 나오면 시꺼먼 방에 앉아 노트북만 켜놓은 명여.

[소설2] 제목의 한글파일을 연다. 소설의 첫 문장은 [이봐. 우리 형부를 죽인 게 누구라고 생각해?]

곧 문장을 지워버리는 명여. 다시 하얀 백지. 깜빡이는 커서. 생각하더니 글을 쓰기 시작한다. 타닥타닥 키보드 두드리는 소리가 까만 방에 울려 퍼지는데. 명여가 쓴 글.

[차윤택. 그래, 네가 맞아]

그 뒤로 보이는 창 너머의 밤.

S #36   (N) 서울: 밤거리

수많은 불빛들 무수한 밤의 거리. 택시를 탄 윤택이 밤의
장가를 내다보는데.

명여   (E) 남들이 하는 얘기가 다 틀리고

취한 사람들. 웃는 사람들. 인사하는 사람들. 비틀거리는
사람들. 불빛 아래 사람들이 움직이고 있다. 쓸쓸한 듯 그
모습을 바라보는 윤택.

명여   (E) 네가 다 맞다고.

손에 쥔 휴대폰에 메일이 왔다는 알림이 울려 확인하니 [심
명여 1고] 이름의 한글파일. 윤택, 파일을 바로 열어보는데.

명여   (E) 사실 난 말이야.

글을 읽던 윤택의 표정이 싹 바뀐다.

명여   (E) 단 한순간도 나를 포기하고 싶지 않았어.

플래시 컷   **12회 S #19**

명여	게다가 엄마. 제가 생각보다 재능이 없어요.
해원 할머니	재능이… 없다.
명여	어. 난 재능이 없다니깐, 하나도 없어. 그래서 그냥 오늘부터 해원이랑 엄마랑 우리 셋이 늙어 죽을 때까지 여기서,

쨍그랑!! 해원 할머니가 장독대를 도끼로 부숴버렸다. 도끼를 탕 내려놓고 호두하우스 안으로 들어가버리는 해원 할머니.

명여	**(E) 내가 정말 재능이 없다 생각해본 적도**

장독대 안에 있던 간장이 주르르 흘러 해원과 명여의 발밑으로 번져드는데 꿈쩍도 않은 채 앞만 보는 명여.

S #37　　(D ― 아침) 호두하우스: 1층: 명여 방

　　　　　　과거 ○ 2018년 가을 ― 명여 46세

힘겹게 아침에 눈을 뜬 명여. 침대에서 일어나는데 '아.' 머리가 깨질 듯 아파온다. 명여, 머리를 붙잡고 고개를 숙이니 더 아픈.

명여	**(E) 여기까지라고. 겨우 이뿐이라고 생각한 적도**

"아. 아. 악!" 소리를 지르다 쿵! 쓰러져버린다.

명여   (E) 혹은 망가지고 병들거나

창밖엔 멋모른 채 새들이 평화롭게 짹짹거리며 날아다닌
다.

S #38   (N) 호두하우스: 1층: 명여 방
               과거 ○ 1년 전 가을 ─ 명여 47세

창밖의 아침은 어느새 밤이 되고 아침에 쓰러진 채 그대로
웅크리고 있는 명여.

명여   (E) 늙고 추해질 거라는 그런 생각은

아무도 없는 방에서 서서히 눈을 뜬다. 겨우 힘겹게 일어나
려는데 다시 쿵. 쓰러져버리자 그대로 누운 명여.

명여   (E) 단 한 번도 해본 적 없어.

끔뻑끔뻑 눈을 천천히 감았다 뜨는데.

S #39   (D) 이신대: 공연영상창작학부 문예창작전공 ─ 강의
               실 복도
               과거 ○ 27년 전, 1993년 1월 ─ 명여, 윤택 21세

끔뻑끔뻑 앞을 보는 명여. 학교 복도에 붙은 신춘문예 당선자 명단이다. 윤택도 옆에서 같이 보고 있는데.

명여   (픽 비웃듯 보고 휙 돌아 걸어가며) 난 있지. 저런 거 진짜 우스워.

윤택   (쫓아가며) 뭐가 우스운데?

명여   (뚝 멈추더니 윤택을 똑바로 보고 태연하게) 어차피 여기서 내가 제일 잘 쓰잖아.

윤택   ('뭐?' 하듯 멈춰 서 보면)

명여   (말도 안 되는 자신감) 내가 제일 잘 쓰는데 저기서 당선되면 뭐 해? 결국 내가 다 이기는데? 아니야?

윤택, '이 엄청난 자신감은 뭐지?' 하듯 어안이 벙벙해져 명여를 쳐다보는데 픽 웃고 먼저 걸어가는 명여의 모습이 아주 낭당하다.

명여   (E) 이렇게 누구도 없는 어느 곳에서

S #40   (N) 호두하우스: 1층 화장실
           과거 ○ 1년 전 겨울─ 명여 47세

웩웩 구토를 하는 명여의 뒷모습. 화장실 변기를 붙잡고 토를 하다가 겨우 물을 내리고 나온다.

378

명여   (E) 죽기만을 기다리는 사람처럼.

거의 기어서 화장실을 나오는 명여. 그러다 다시 구토감이
몰려 빠르게 달려가 화장실 변기를 붙잡고 또 토를 한다

명여   (E) 평생을 지닐 거라고 생각지도 못했어.

웩웩거리는 명여의 외로운 등.

S #41   (N) 서울: 밤거리

창밖에 전봇대를 붙잡고 구토를 하는 사람이 지난다.

윤택   (휴대폰을 주머니에 넣으며. 조금 급하게) 기사님. 차 좀 돌려
          주시겠어요?

택시가 마침 유턴 신호에 맞춰 유턴을 하는.

명여   (E) 그리고 사실 나는.

윤택이 조급한 듯 달달 다리를 떨며 창밖을 쳐다보는데.

명여   (E) 한순간도 너와 헤어지고 싶지 않았어.

창밖으로 풍경이 빠르게 지난다.

S #42   (N) 호두하우스 : 1층 : 명여 방

뚝 멈춰진 창밖의 풍경을 침대에 가만히 걸터앉아 바라보
는 명여의 뒷모습.

명여   **(E) …그게 진실이야. 차윤택.**

창밖의 저녁이 천천히 흘러간다.

S #43   (N) 승호의 슬레이트 집으로 가는 논둑길

찌르릉. 자전거를 탄 장우가 힘차게 페달을 밟아 논둑길 달
려간다.
쓱쓱 풍경을 전부 지나 승호의 슬레이트 집 앞에 도착한 장
우.
툭 내려 뒤에 실린 공구상자를 꺼내 들고 안쪽으로 들어가
자 넓게 비춰진 승호의 집엔 조명들이 소소하게 켜 있고 여
기저기 흩어져 일을 하는 독서회 회원들이 있다.
"안녕하세요!" 쾌활하게 인사하며 장우가 부엌 쪽으로 들
어가는데.

S #44   (N) 승호의 슬레이트 집 : 부엌

팡! 냉장고를 여는 은실. 냉장고는 텅텅 비어 있다. 마른 김과 계란 몇 개가 전부. 그마저도 마르고 상했는데. 냉장고 안에 있는 것들을 다 비운 뒤 은실, 버너에 불을 켜 프라이팬에 마른 멸치를 볶기 시작한다.

장우   저기. 부엌 쪽에 고칠 데가 있다고 해…,

은실   (물엿 넣고, 말 끊으며) 야. 너 잘 왔다. (멸치를 하나 집어) 너 이것 좀 먹어봐.

장우   (얼결에 들어와 은실이 주는 음식을 받아먹으니)

은실   어때?

장우   어?

은실   아, 어떠냐고.

장우   글쎄. 몰라.

은실   (하나 더 주며) 뭐야. 하나 더 먹어봐라. 짜, 달아. (쳐다보자)

장우   (진심 머리가 안 돌아가는) 나 진짜 모르겠어.

은실   아니. 왜 이걸 몰라. (옆 반찬통의 잡채를 조금 말아 먹여주며) 이건.

장우   (본능) 맛있네.

은실   (순간적으로 표정이) 뭐?

장우   (약간 멍) 왜?

은실   샀거든. 이건 샀거든. (짜증 나) 엄마네 반찬가게에서 내가 산 거거든. 근데 이건 맛있다 이거지.

장우   아니. 그게 아니라.

은실   야. 그럼 이건? (옆 프라이팬의 가지볶음 주는) 어때? 짜, 달아?

장우	(맛없다고 말할 수가 없어) 잘 모르겠어.
은실	아. 진짜 이게 내가 만든 것만 다 모른다고 하고. 야. 너 수작 부리냐? 이게 진짜, (장우의 이마를 콩 치려다가 넘어질 것처럼 휘청이자)

장우가 재빨리 두 손으로 은실을 잡아준다.

은실	(깜짝 놀랐지만 괜히 감추는 얼굴로) 와. 대박. 너 팔 대따 굵다.
장우	(얼굴이 빨개졌다. 아무 말) 나 다리도 되게 굵어.
은실	(아무 말) 야. 좋겠다.
장우	(멍한 채. 역시 아무 말) 어. 좋지. 튼튼하거든. 많이 걸어도 힘도 안들고.
은실	아, 그래?

그렇게 부엌과 이어진 안방 쪽문이 보이면.

S #45   (N) 승호의 슬레이트 집: 안방

쪽문 앞에서 실내용 빗자루로 살살 먼지를 쓸어 담은 수정. 한쪽에 빗자루를 둔 뒤 방문을 열고 들어간다. 허름하기 짝이 없는 방 안. 다 떨어진 솜이불에 벽지는 헐어 있고 한쪽엔 곰팡이도.
수정, 들어가 이불을 꺼내 방 바깥으로 확확 내놓는데. 곧 천에 싸 온 것을 풀어 직접 만든 퀼트 이불을 꺼내 탈탈 털어내는.

그사이 근상, 조명을 들고 들어와

근상	와. 그 이불 정말 좋아 보이는데요?
수정	그쵸. 만드는 데 한참 걸렸답니다. (웃으며) 따뜻해요.
근상	(웃으며 의자를 놓고 조명을 다는데)
수정	그거 하시고 저랑 곰팡이도 닦으실 수 있나요?
근상	아, 그럼요.

수정, 미소 짓는데 문 너머로 가면.

S #46 　　(N) 승호의 슬레이트 집 : 마당

마당에서 도끼로 장작을 패기 시작하는 현지. 정말 잘 팬다.
마루에서 걸레질을 하다 그런 현지를 보던 휘가

휘	야. 권현지. 너 그거 왜 그렇게 잘 패? 학원 다니니?
현지	뭐래.
휘	너무 잘 패잖아. 왜 잘 패냐고.
현지	(쾅 패면서) 뭐. 힙합 할 때 퍼포먼스로 하면 어떨까 해서 연습 좀 해왔지.
휘	(현지를 진심 한심하게 보더니) 누가 나보고 도라이랬냐?

'헐.' 어이없다는 듯 보다가 뒤를 팡 돌아 하던 걸레질을 팍
팍 하는데.

거실 구석의 영수는 승호의 앉은뱅이책상 앞에 앉아 승호의 교과서를 정리해주고 있다.

휘   (근처를 막 닦으며) 저기 좀 비켜주겠니?

영수   (책 정리하면서 조금 옮기는)

휘   (괜히 더 걸레로 영수의 엉덩이 부분을 마구 치자)

영수   (살짝 옮기는데)

휘   (열심히 걸레질을 하다가 갑자기 열 받아 퍽! 걸레를 던지며) 아, 근데 생각하면 할수록 내가 열이 받거든?

영수   (슬쩍 보자)

휘   아, 니 여친 말이야. 도대체 니가 뭐라고 말을 했길래 나를 그렇게 패냐고. 야! 나 뺨 처음 맞아봤거든? 내가 지금 2년째 전교 왕따인데, 아직 내 뺨까지 때린 사람은 아무도 없었어! 걔 진짜 미친 거 아니야? 내가 우리 엄마한테 고소하라고 할 거거든?

영수   너도 제인이 머리카락 다 뜯어놨다면서.

휘   선빵은 걔가 먼저 날렸잖아!

영수   (픽)

휘   웃어? 너도 한번 이 싸움에 참여해보고 싶은 거니?

영수   (왠지 무섭게) 야.

휘   (바로) 뭐!

영수   이제부터 제인이도 우리랑 같이 등교하겠대. (교과서를 정리)

휘   아씨. 싫어어어어!!!!!

휘는 싫다고 난동을 부리고 영수는 픽 웃고 현지는 말없이 장작을 패고 있는데 마침 마당에 은섭의 차가 도착한다.

휘   (일부러 걸레 영수 쪽으로 집어 던지고는 달려 나가며) 은섭아
            아!! (신발도 안 신고 달려 나가) 내가 말한 아이스크림 사
            왔어? 응?

은섭   어. (봉지를 내밀며) 사 왔어.

휘   오오. 맛있겠다. (봉지에서 아이스크림을 꺼내면서) 잘했어.
            잘했어 잘했어. 은섭아.

은섭   안 팔아서 저 멀리 가서 사 왔어.

휘   잘했다 잘했다. (아이스크림 꺼내서 할짝할짝 먹는데 은섭은
            그저 좋아 보고 웃자)

영수   (진심 혼잣말) 아아. 쟤를 다 망친 게 쟤 오빠였구나.

휘   (매섭게 돌아보며) 뭐라고오?

귀가 너무 밝은 휘에 놀라 걸레로 괜히 책상 훔치는 영수
다. 사이 해원도 내려 "저 왔어요." 부엌 쪽으로 걸어가고 은
섭은 "다녀올게." 하고 다시 차에 올라탄다. 사람들이 복작
거려 따뜻한 승호의 슬레이트 집 뒤로 저 멀리 기차가 지나
가는데.

S #47   (N) 혜천역

기차의 기적 소리 멀어지는 혜천역. 윤택이 기차역을 걸어
가니 명여가 주머니에 두 손을 넣고 서 있다. 윤택, 명여를
보고 미소를 짓자

명여	…너는. (진심 귀찮) 왜 자꾸 우리 동네에 오는 건데.
윤택	(서서 보고 있다가) 니가, (먹먹한 걸 꿀꺽 삼키고) …기차 시간을 알려줬잖아.
명여	(가만 보면)
윤택	야. 심명여.
명여	뭐.
윤택	한 번만 안아보자.
명여	뭐?
윤택	딱 한 번만.
명여	신고한다.
윤택	한 번.
명여	안 돼.
윤택	딱,
명여	아, 되게 질척거리, (순간)

윤택이 천천히 다가가 풀썩 명여를 안는. 안고서 놓지 못하고 그대로 있는데.

윤택	(고개를 푹 숙인 채 명여에게만 들릴 듯. 혼잣말처럼) …나도 사실 너와 헤어지고 싶지 않았어. 단, 한순간도.
명여	(가만히 있다가) 너. (꿀꺽) 너 거기 내가 어떤 짓을 한 사람인진 읽고 나온 거 맞아?
윤택	제4조 내용의 책임 3항. 절대로. …뭐가 사실이고 뭐가 거짓인지 묻지 않는다.
명여	(가만히 안겨 있다가) 뭐가 사실이고 뭐가 거짓인지도 모

르면서 잘도 이러고 있네.

윤택   (대수롭지 않다는 듯 픽 웃자) 그럼 안 되나.

명여   보기보다 비위가 좋구나. 차윤택.

윤택   (안고 있다가) 좋지. (혼잣말처럼) 그러니까 널 사랑했지.

명여가 안긴 채 멍하니 앞을 본다. 기차역으로 세찬 바람이
불고 껴안은 두 사람은 흔들리지 않는다. 기차역 바깥으론
노란 헤드라이트를 켠 차들이 지나는데.

S #48   (N) 승호의 슬레이트 집 앞

새까매진 밤. 노란 헤드라이트가 승호의 슬레이트 집을 비
추고 곧 은섭의 차가 집 앞에 도착한다.
승호가 먼저 내리고 은섭이 부축한 승호 할아버지도 함께
내리는. 세 사람이 안쪽으로 한 걸음 들어가니 마당에 나와
기다리고 있는 독서회 식구들. "와아!!" 다들 소리 내어 환
영한다.
"괜찮으세요?" "들어가서 식사 좀 하세요." 따뜻하게 맞이
하는 사람들 사이로 승호의 슬레이트 집이 좀 더 따뜻하게
보인다.

S #49   (N) 은섭의 본가로 가는 논둑길: 은섭의 차 안

서서히 동네로 들어오는 은섭의 차.

해원	피곤했지. 오늘. 정말. 계속 왔다 갔다.
은섭	괜찮아. (호두하우스 앞에 차를 세우며) 너도 들어가서 자.
해원	응. (내리려다가) 아. 있잖아.
은섭	(보면)
해원	보영이가 사과를 했어. 정말 미안하다고. 진심으로.
은섭	(가만히 보면)
해원	그리고 내가 밉대. 좋아했기 때문에 밉다면서. 난 자기를 싫어했을 거래.
은섭	…그랬어?
해원	모르겠어. 내가 정말 보영이를 좋아하지도 않았었나. 지금의 감정만 남아서 그 애에 대한 처음 감정을 잊어버렸어.
은섭	(가만히 보면)
해원	하지만, 그 감정을 기억해내더라도, 다시 원래대로 돌이킬 순 없으니깐. (은섭을 보곤) 신뢰는 유리와도 같아서, 한번 깨져버리면 붙여도 금이 선명하잖아.
은섭	그렇지.
해원	(가만히 쳐다보자)
은섭	(머리칼 쓰다듬으며) 너무 신경 쓰지 마.
해원	('응.' 하는 듯 보면)
은섭	(머리칼 쓰다듬으며) 가.
해원	(미소를 지으며) 응.
은섭	응.

해원이 웃으며 내린다.

은섭, 미소를 머금은 채 해원을 쳐다보는데. 문자메시지가
왔다는 휴대폰 소리에 바로 확인하니 명여의 메시지다.

명여 누나: [은섭아. 메일 하나 보냈다. 확인 부탁한다.]

S #50   (N) 굿나잇책방: 1층

휴대폰을 쥐고 책방 문을 열고 들어온 은섭. 들어오자마자
외투를 벗지도 않고 바로 노트북을 켜는.
노트북 로딩이 될 때까지 기다리며 외투를 벗고 곧 노트북
앞에 앉아 메일함을 열어보니. 메일의 내용은 없고 그저 [시
스터필드의 미로]라는 한글 파일명.

은섭, '이게 뭐지?' 파일을 클릭하면 곧 호기심에서 심각한
얼굴이 되어 글을 읽는 은섭. 메일을 읽는 은섭의 곁으로 묵
직하게 밤이 지나간다.

S #51   (D – 아침) 굿나잇책방: 1층

아침의 고요한 책방의 바 뒤엔 굳은 듯 앉아 있는 은섭. 노
트북은 열린 채 그대로다. 마치 그 채로 밤을 새운 듯한 얼
굴이다.

책방의 전화가 울리는데도 전화는 받지 않고 옅게 한숨을

쉬는데.

벨소리가 잦아들자 은섭, 천천히 고개를 돌려 창밖의 버드
나무를 바라본다. 아무것도 모르고 평화롭고 잔잔히 바람
에 춤을 추는 버드나무다.

[누나가 보내주신 메일은 잘 읽었습니다]

잠시 생각하다 노트북으로 메일을 쓰기 시작하는.

[고백록이라고 해야 할까요? 이 글 제가 읽고 해원이에게 전하는
건 저의 판단이라고 하셨지만]

메일을 쓰는 은섭의 얼굴이 아주 무거운데.

[저에게 이렇게 글을 보내신 것 자체가 실은 조카에게 진실을 알
리고 싶기 때문이 아닌지요.]

창밖의 버드나무는 여전히 한없이 춤을 춘다.

S #52   (D―아침) 호두하우스: 1층

버드나무 너머 호두하우스로 가면.

[가족을 자기 손으로 해쳤다는 건, 말씀대로 명백한 범죄입니다
만 그 상황에 대해 저는 자세히 알지 못하니까요. 제가 판단할 영

역은 아니라는 생각이고]

현관에서 기분 좋은 얼굴로 털모자에 장갑을 끼고 신발을 신는 해원. 군밤이가 꼬리를 흔들며 앞에 서 있자

해원   **오구오구. 우리 군밤이. 오구오구. 군밤이 손! 오구오구.**

[힘들어도 직접 고백하시는 편이 옳겠지만 차마 얼굴을 맞대기 어렵다면 저는 오늘 주신 글을 해원이에게 전달하는 것까지만 관여하겠습니다.]

한참 예뻐하고 일어나 "이모 나 다녀올게!" 소리치고 활짝 웃으며 나선다.

[침묵 속에서 많이 고통스러웠으리라 생각합니다.]

호두하우스 저편 논둑길이 보이면.

S #53   (D) 삼거리 버스정류장부터 논둑길

두 손을 주머니에 넣고 논둑길을 쓸쓸하게 걷는 명여.

[그러나 저는 어떤 일이 있어도 누나가 해원을 사랑하시는 그 마음은 믿고 있습니다.]

그저 텅 빈 눈으로 허공을 바라보며 걸어가는데. 연기가 피어오르는 저편 책방에서는.

S #54   (D — 오후) 굿나잇책방: 1층

바 뒤에서 밀봉된 갈색 봉투를 해원에게 쓰윽 내미는 은섭.

해원   이게 뭐야?
은섭   (묵직) 읽어봐.
해원   ('뭔데?' 하듯 보다가) 니가 쓴 소설이야?
은섭   아니.
해원   그럼?
은섭   그냥.
해원   (더 이상 말하고 싶어 하지 않는 것 같자 집어 들고) 근데 니 왜 벌써 집에 가라 그래? 더 있고 싶은데.
은섭   (생각하다) 음. 그걸 읽는 게 좀 더 중요한 것 같아서.
해원   (그래?)
은섭   퇴근하고 호두하우스로 갈게. 그리고 같이 얘기하자.

해원이 불안한 듯 은섭을 쳐다보니 그런 해원을 잠시 보던 은섭이 바 너머에서 툭툭 걸어 나와 팔에 힘을 주어 해원을 꼬옥 껴안아주는.

해원   (웃음 감추지 못하고) 갑자기?
은섭   (미소) 응.

해원, 따뜻하긴 하지만 어딘가 걱정스러운 은섭의 표정이 마음에 걸리는데.

S #55   (D — 오후) 호두하우스: 1층

해원   **(문을 열고 들어오며) 다녀왔습니다.**

갈색 봉투를 꼭 안은 해원이 들어와 주변을 둘러본다. 집은 늘 그렇듯 썰렁하기만 한.
해원, 갈색 봉투를 열어볼까 하다가 왠지 불안한 마음에 소파 밑에 숨겨두고 2층으로 올라가는데. 창밖의 하루가 천천히 지나가는 오늘의 오후.

S #56   (N) 호두하우스: 1층 계단

사라진 오후를 뒤에 두고 계단을 툭툭 내려오는 해원이

해원   **이모. (아직도 없나 두리번) 이모?**

해원, 아무도 없자 "하." 짧게 한숨을 쉬며 창밖의 굿나잇책방을 흘끗 보는. 별일은 없어 보인다.

S #54

해원   *(E) 근데 나 왜 벌써 집에 가라 그래? 더 있고 싶은데.*

S #54

은섭   *(E) 그걸 읽는 게 좀 더 중요한 것 같아서.*

해원, 툭툭 소파 앞으로 가 숨겨둔 갈색 봉투를 가만히 꺼
낸다. 그리고 소파에 털썩 앉아 내용물을 꺼내보는데.

명여의 소설 묶음.
해원, '이걸 왜 은섭이가 나한테 준 거지?' 천천히 넘겨보니
소설이 시작된다. 첫 장 윤택에게 썼던 글을 지나 한 장 뒤
로 넘기면.

[내가 네게 헤어지자는 말을 하기 바로 전날. 2010년 9월 4일.
그날은 아침부터 비가 쏟아졌어]

S #57   (D — 아침 11시 즈음) 해원의 파주집: 마당
                과거 ○ 2010년 9월 4일 — 명주 40세

우르르 쾅쾅. 가을비가 내리는 파주의 집. 마당에 비가 쏟
아지고 있다.
명주가 커튼을 치고 쏟아지는 비를 바라본다.

명여   **(E) 언니한테 연락이 왔더라고.**

소파 위에 던져진 휴대폰을 집어 명여에게 문자를 보내는 명주.

[오늘 집에 올래?] 명주, 문자를 다 보내고 휴대폰을 소파 위에 던지곤 부엌으로 툴툴 걸어가는데.

S #58   (D — 오후 2시 즈음) 명여의 오피스텔 앞 거리
         과거 ○ 2010년 9월 4일 — 명여 38세

어느새 비가 그친 거리. 명여가 버스정류장에서 우산을 쓰고 있다가 접는다.

명여   (E) 여느 날과 다름없는 날이었지.

곧 버스가 오고 타는 명여. 자리에 앉아 창밖을 보며 옅게 미소를 짓는데.

S #59   11회 S #64, 12회 S #5의 조금 전 상황 (D — 오후 3시쯤) 해
         원의 파주집: 2층 안방
         과거 ○ 2010년 9월 4일 — 명여 38세, 명주, 주홍 40세

비에 젖은 풀밭을 가로질러 현관문을 조심스레 열고 들어가는 명여.

명여   (기분 좋게 계단을 올라가면서) 언니.

다 올라가니 살짝 닫힌 2층 안방 문. 불길한 기분. 안쪽에서
는 뭔가 패는 듯 퍽퍽 쿵쿵 소리 들린다.

순간 바람에 끼이이익 문이 열려 사이로 빼꼼 보이는 광경
은 명주를 신나게 밟고 있는 괴물같은 주홍의 모습이다. 명
여가 뚝 멈춰 그걸 보고 있는데.

명여   (E) 형부가 언니를 패고 있던 그 모습까지 전부 같았던
그날.

명주를 패던 주홍이 돌아본다. 아주 천천히.

명여   (E) 단 하나 다른 게 있다면,

검머은 얼굴로 한 걸음 뒤로 물러서는 명여.

플래시 컷   **12회 S #6**

벽을 뚫어버린 자동차. 등나무 덩굴 덮인 담장의 벽돌이 와
르르 무너져 내리는데.

명여   (E) 내가 그를 죽여버렸다는 거야.

차 안쪽. 명여가 핸들을 붙잡고 부들부들 떨며 천천히 고개
를 드는데.

쿵 떨어진 얼굴로 얼어붙은 해원. '말도 안 돼. 내가 잘못 읽은 거야.' 다시 빠르게 종이를 앞으로 넘기는데.

명주   (현관문 열고 들어오더니) 나 왔다.

해원   (홱 엄마를 쳐다보곤) …엄마.

명주   (해원의 표정이 이상해 '뭐.' 하고 보면)

해원   이게….

명주   왜.

해원   이게… 지금… 그니깐… (믿기지 않아) 누가 아빠를 죽였다고?

명주   뭐라고?

해원   (명주를 쳐다보며) 말해줘. 엄마.

명주   (빠르게 해원 앞으로 가 종이를 들고 빠르게 읽는)

해원   그러니까 아빠를. (복기하듯 말하는) 엄마가 아닌 이모가. …엄마가 감옥에 간 동안 나를 보살펴줬던 저 이모가.

명주   (다 읽고) 해원아.

해원   이모가.

명주   해원아.

해원   (믿기지가 않는다) 엄마. 말해봐. 진짜 이모가 아빠를 죽였어?

우르르 쾅쾅! 소리 들리는 바깥.

해원	엄마. 대답해달라니까.
명주	그게.

해원, 명주가 변명한다는 생각에 휙 돌아 나가버린다.

명주	(따라 나가는) 해원아. (해원의 팔목을 잡자)

해원이 명주를 확 뿌리치고 밖으로 나가버리는.

명주	(맨발로 달려와) 해원아! (다시 붙잡는)
해원	(크게 뿌리치며. 소리치는) 놔!
명주	(보면)
해원	(어이가 없어) …그러니까 두 사람은 알고 있었던 거네.
명주	(절절히 보는) 해원아, 그게.
해원	엄미.
명주	(보면)
해원	엄마 지금. (얼굴에 마구 뭐가 흐른다) 내 기분이 어떤지는 알아?
명주	(절절히 보면)
해원	너무 무서워.
명주	(생각을 빠르게 정리하고 말하려고) 그러니까,
해원	엄마가 아빠를 미워하는 마음은 충분히 이해해!!
명주	(보면)
해원	나도 아빠가 마냥 좋은 건 아니었어! 하지만,
명주	(보는)

해원	…그래도 아빠잖아.
명주	(가만히 쳐다보면)
해원	그런 아빠가 죽은 게… (허. 어이없어) 진짜 사고가 아니라는 것도. 그걸 엄마가 죽인 게 아닌 (넋이 나갈 지경) 이모라는… (말도 안 돼) 이모….
명주	(해원의 손을 잡으려 하자)
해원	(가만히 뿌리치며) 그게… 어떻게 이모…. (아무리 생각해봐도 믿기지가 않아)

| 명여 | (E) 목해원. |

S #61   12회 S #19 바로 이어 (D) 호두하우스: 2층 해원 방
         과거 ○ 10년 전 초가을 ─ 명여 38세, 해원 18세

안으로 들어선 해원의 손목을 가만히 잡는 명여.

| 명여 | 이제부터는 내가 니 보호자야. |

해원이 움찔한 채 명여를 보는데.

| 해원 | (E) 내가 마지막으로 믿고 의지한 사람인데. |

S #62   (N) 호두하우스: 1층 거실

해원	(눈물 줄줄) 이 모든 불행을 만든 사람이라는 게!!! (꿀꺽 보고) 정말…. (무섭단 말이야)
명주	해원아.
해원	(한 걸음 뒷걸음질)
명주	(한 걸음 따라가자)
해원	(뚝 멈춰서 무섭게) 따라오지 마.

뒷걸음치던 해원이 곧 뒤돌아 걸어가버린다. 맨발에 슬리 퍼만 신고 당장에라도 비가 쏟아질 것 같은 어둑한 하늘 아 래를 걸어가는 해원.

S #63   (N) 호두하우스: 1층 거실

소파 앞에 홀로 서서 고개를 숙인 채 글을 보는 명여.

[말해봐. 누가 나를 용서할 수 있을까] 부분을 손으로 가만히 만지는데. 우르르 쾅쾅. 창밖으로 보이는 너른 동네에 비가 쏟아지기 시작한다.

S #64   (N) 논둑길부터 삼거리 버스정류장

비 쏟아지는 동네. 정류장의 해원, 그 앞에서 버스를 기다리 는.
버스가 오자 곧 탄다. 멍한 얼굴로 버스에 타 돈도 안 내는.

기사 아저씨가 쓱 보더니 해원의 몰골에 그냥 넘어가는데. 빈자리에 풀썩 앉아 비 오는 창밖을 보니 마음이 멍-해진다.

S #65   (D — 한낮) 해원의 파주집: 부엌
            과거 ○ 2005년 초가을 — 명주, 주홍 35세, 해원 13세

해원   (밝게 달려가) 엄마!! (다리에 매달리지만)

부엌에서 설거지를 하는 명주는 무시. 푹 고개를 숙이고 설거지만 하는데.

해원   (금세 시무룩해져) 엄마?
주홍   (뒤에서 팔 벌리고) 해원아. 이리 와.
해원   (축 처진 어깨로 아빠에게 가 살며시 안기며 엄마를 흘끗 보자)
주홍   (다독이며) 엄마가 기분이 안 좋나봐. 아빠랑 놀까?

해원, 주홍의 따뜻한 품 안에 고개를 부벼 묻는데. 아빠의 어깨 너머 살포시 먼지가 일렁인다. 햇볕에 반짝거리는 먼지를 아빠 품에 안겨 느리게 바라보는 해원. 먼지 너머 엄마의 뒷모습이 햇볕에 뿌예진다. 베란다 창으로 비가 조금씩 흩뿌려지기 시작하면.

S #66   (N) 시내버스 차고지

창밖으로 마구 쏟아지는 비. 비 덕분에 느려진 버스가 차고
지에 멈춰 선다. 시동도 조명도 끄고 일어난 버스 기사가 뒤
에 혼자 앉은 해원에게 오더니

버스 기사   (O.S) 저기.
해원   (푹 숙이고 있다가 고개를 들어 쳐다보면)
버스 기사   (어쩐지 따뜻하다) …괜찮아?

해원, 아저씨의 말에 겨우 참았던 눈물이 다시 왈칵 고이는
데. 창 너머로 보이는 불 켜진 차고지.

S #67   (N) 시내버스 차고지 앞

차고지 앞으로 은섭의 SUV가 빗길을 뚫고 도착한다. 곧
차에서 내린 은섭이 차고지로 빠르게 달려가는데.

S #68   (N) 시내버스 차고지: 복도

은섭이 달려온 버스의 차고지. 복도를 지나 나온 역무실로
은섭이 들어가니 한쪽 벤치, 슬리퍼에 기사 아저씨의 점퍼
를 걸치고 해원이 앉아 있다.

은섭   **해원아. (한 걸음 다가가니)**

바로 일어나 툭툭 걸어와서는 은섭의 팔목을 잡는 해원. 꾹
누르면 울 것 같은 얼굴인데.

은섭   **해원아. (해원의 얼굴에 흐르는 물기를 닦아주자)**

두 사람이 서 있고 바깥엔 하염없이 비가 쏟아진다.

제14회 끝

책방 일지

한때는 살아가는 일이 내 자리를 찾아가는 과정이라고
여긴 적이 있었다.
내가 존재해도 괜찮은, 누구도 방해하지 않고 방해도
받지 않는
누구에게도 거부당하지 않을 그런 곳을 찾아가는 것이
살아가는 일이라고.

하지만 지금은 달라졌다.
어디든, 내가 머물고 있는 바로 이곳이 바로 나의 자리가
이닐까.
내가 나 자신으로만 살아간다면 나는 이곳에서 존재해도
괜찮을 것 같다.

…여기까지만.
그렇지 않으면 다 그만두고 싶어질지도.

굿나잇책방 블로그 비공개글
posted by 葉

다시

만날 때까지

봄이 …왔잖아.

S #1   (N) 굿나잇책방 앞

외투를 입으며 빠르게 책방에서 나온 은섭이 쏟아지는 비를 다 맞으며 차로 간다. 문을 열고 쾅! 닫고 시동을 켜는데. 마음이 급한 은섭, 액셀을 밟으려다 모르고 브레이크를 밟아 쿵. 조금 진정하고 다시 액셀을 서서히 밟아 출발한다.

S #2   (N) 시내버스 차고지 앞

빗길을 뚫고 차고지 앞으로 도착한 은섭의 SUV.'곧 차에서 내린 은섭이 차고지로 빠르게 달려가는데.

S #3   (N) 시내버스 차고지: 복도

은섭이 달려온 버스 차고지. 복도를 지나 나온 역무실로 은섭이 들어가니 한쪽 벤치, 슬리퍼에 기사 아저씨의 점퍼를 걸치고 앉은 해원이 있다.

은섭　　**해원아. (한 걸음 다가가니)**

바로 일어나 툭툭 걸어와서는 은섭의 팔목을 잡는 해원. 꾹 누르면 울 것 같은 얼굴인데.

은섭　　**해원아. (해원의 얼굴에 흐르는 물기를 닦아주자)**

두 사람이 서 있고 바깥엔 하염없이 비가 쏟아진다.

S #4　　(N) 호두하우스: 1층 부엌

비 쏟아지는 창가를 등에 지고 어두운 부엌. 식탁에 홀로 앉은 명주. 명여가 부엌 입구로 툭툭 오더니.

명여　　**방금 은섭이한테 연락 왔어. 해원이 데리러 간다고.**
명주　　(어둠 속에서 쓱 쳐다보면)
명여　　**그러니 걱정하지 말고 자. (쓱 가려는데)**
명주　　**너.**
명여　　(가다가 쳐다보면)
명주　　**이러려고, (식탁 앞의 프린트물 집어 들곤) …이걸 쓴다고 한 거구나?**

명여	(살짝 다른 곳을 보며) ···이제라도 죗값을 치르고 싶어. (고개 살짝 숙이곤) 언젠간 해원이한테도 꼭 말해야 될 일이었고.
명주	그래서. 자수라도 하겠다는 거니?
명여	(그렇다는 듯 쳐다보면)
명주	(명여를 가만 보다가. 혼잣말처럼) ···그럼 나는 뭐가 되지.
명여	(보면)
명주	(낮게) 너 대신에, 7년을 거기에 있다 나온 나는 뭐가 되냐고.
명여	그러니까 언니가 거길 왜 갔어.
명주	몇 번을 말해. 니 잘못이 아니니까 내가 거길 갔다고.
명여	(말 끊으며) 언니.
명주	(보면)
명여	언니는 정말, 이게 언니의 잘못이라고 생각해?
명주	(바로) 당연한 거 아냐?
명여	이게 어떻게 언니의 잘못이지?
명주	(보면)
명여	···내가 죽였어.
명주	넌!
명여	(보면)
명주	넌 내가 아니었다면.

S #5   14회 S #59 (D ─ 오후 3시쯤) 해원의 파주집 앞

과거 ○ 2010년 9월 4일 ─ 명여 38세

비에 젖은 풀밭을 가로질러 딩동— 벨을 누르는 명여.

명여   언니.

명주   (E) 그 집에 올 일도. 더 나아가

대답이 없자 현관문을 조심스레 열고 들어가는데.

S #6   11회 S #64, 14회 S #59 (D — 오후 3시쯤) 해원의 파주집:
            2층 안방
            과거 ○ 2010년 9월 4일 — 명여 38세, 명주, 주홍 40세

주홍에게 맞고 있는 명주. 최대한 덜 아프려 몸을 웅크리고
견디는데.

주홍   (미친놈처럼 명주를 밟으며) 내가!! (이성 잃고 밟으며) 내
              가!!!!!

마침 바람에 주홍의 뒤 방문이 끼이이익 열린다. 열린 문 사
이로 명여가 놀라 멈춰 있는데. 맞으면서 힐끔 명여를 쳐다
보는 명주다.

명주   (E) 내가 그렇게 날 때리는 남편을 만나지 않았더라면

꼼짝도 못 하고 굳은 명여를 명주가 느리게 바라보고 있는

데.

명주   (E) 그런 일을 볼 일도.

명주를 패던 주홍이 천천히 문 쪽을 돌아보기 시작한다.

S #7   <u>12회 S #6</u> (D — 오후 4시쯤) 해원의 파주집: 2층 안방
            과거 ○ 2010년 9월 4일 — 명여 38세, 명주, 주홍 40세

            명여가 바라보는 쩌억 – 갈라진 유리창 앞엔 아무것도 없
            다.

명주   (E) 게다가 넌 나만 아니었어도

            벽을 뚫어버린 자동차. 등나무 덩굴 덮인 담장 벽돌이 와르
            르 무너져 내리는데.

명주   (E) 그걸 밟을 일이 애초부터 없었어.

S #8   (N) 호두하우스: 1층 부엌

명주   니가 자수라도 하면 나는 이 모든 벌을 다시 받는 기분
            이 들 거야.
명여   (꾹 참다가) 그럼 난?

명주	뭐?
명여	그럼 나는 계속 이렇게 살아?
명주	이렇게 사는 게 힘드니?
명여	어. 힘들어.
명주	(어떻게 이게 힘들지?)
명여	털어놓고 비난이라도 받아야 살 것 같은데.
명주	(근데)
명여	누가 날 좀 비난하면, 내 마음이 좀 편해질 것 같은데.
명주	그럼 책이나 출간하고. 소설이라 하고.
명여	아니.
명주	(쳐다보면)
명여	…쓰다보니 욕심이 생겼어. 그래. 이왕 이렇게 된 거 자수를,
명주	(버력) 심명여!
명여	(명주를 똑바로 보고) 언니.
명주	('뭐.' 보면)
명여	(꿀꺽 삼키고) 나는 매일 밤 꿈을 꿔.
명주	(올라오는 걸 참으며) …니가 무슨 꿈을 꾸는데.
명여	형부 꿈.
명주	(아주 약간의 비아냥) 왜. 니 형부가 꿈에 나타나 널 원망이라도 하니?
명여	(명주를 한참 보다 슬픔을 꿀꺽 삼키며) …아니.

S #9   11회 S #47 (D) 해원의 파주집: 부엌
과거 ○ 2005년 초가을 ─ 주홍 35세, 명여 33세

주홍   처제. (케이크를 건네며) 이것 좀 먹어봐봐.

명여   (E) 잘해줘.

그런 주홍을 보는 명여. 주홍이 명여를 향해 활짝 웃어 보이는데.

명여   (E) 너무너무 잘해줘.

언뜻 뚝 떨어져 주홍을 보는 명여.

S #10   (N) 호두하우스: 1층 부엌

명여   그게 날 (푹 숙인 고개 사이로 뚝뚝 눈물 떨어진다) …미치게 해.

엉엉 우는 명여를 명주가 뚝 멈춰 쳐다보는데. 두 사람이 서 있는 부엌의 창밖으로 끊임없이 비가 쏟아진다.

S #11   (N) 북현리 동네 구석구석

비 오는 동네 풍경. 등 굽은 할아버지와 할머니가 집으로 들어가면 그 지붕엔 타닥타닥 빗방울이 닿고, 개집 안엔 강

아지가 쌕쌕 잠들어 있는. 젖은 나무마루 구석 오래된 라디
오에서는 오래된 팝송이 흐른다.

S #12   (N) 논둑길

논둑길 한쪽에 세워둔 경운기 위로도 탈탈탈 떨어지는 빗
방울. 동네가 천천히 비로 젖어가는데.

S #13   (N) 삼거리 버스정류장

부- 물보라를 일으키며 지나는 밤의 버스. 빗속에서도 옅
게 빛을 내는 도로의 가로등. 새벽이라 한산한 국도변이 보
이면.

은섭   **(E) 집으로 갈래?**
해원   **(E) 아니.**

그 위로 은섭의 차가 빠르게 지난다.

은섭   **(E) 그럼 어디로 가고 싶은데?**

가로등 불빛 이어지는 국도. 하늘에서는 쉬지 않고 비가 쏟
아진다.

S #14   (D — 새벽 6, 7시 일출) 해원의 파주집 : 마당

서서히 비가 개고 찾아오는 맑은 아침. 담요를 덮고 차 안
에서 살짝 잠들어 있던 해원이 찡그리며 눈을 뜨니 라디오
음악이 옅게 흐르는 차 안. 해원, 서서히 몸을 일으켜 앞을
보니 빨간 지붕이 눈부신 해원의 옛집이 보이는.

햇살 내리는 집, 그 꿈같은 광경을 해원이 뚝 멈춰 바라보
는데. 마침 그 앞에 서 있던 은섭이 해원을 향해 천천히 돌
아본다. 마당 한쪽 바람에 사정없이 흔들리는 느티나무.

S #15   (D) 나무 오솔길

겨울나무 빼곡한 오솔길. 자전거 탄 휘가 지나가며.

휘   **다 비켜어!!!**

뒤따라오는 영수. 휘, 청량하게 웃으며 영수를 돌아보는데.
그 뒤로 미친 듯 따라붙는 제인. 휘가 제인의 모습에 "아아
악!!" 소리를 지르며 도망가자 제인이 마구 페달을 밟아 휘
를 따라잡는. 앞서거나 뒤서거나 엎치락덮치락거리며 세
사람이 함께 자전거를 탄다. 그 숲을 따라 저 멀리로 가면,

S #16   (D) 혜천 시내: 혜천시청 신축 청사 가는 길

자전거를 타고 쭉 뻗은 시내 길을 달려 출근하는 장우.

장우   (지나면서 모든 이에게 인사) 안녕하세요. 안녕하세요?

가게 주인   (가게 앞을 쓸다가) 너 어제 은실이랑 밥 먹었냐?

장우   아뇨? 아뇨. (씽- 가며 입 모양으로) 와. 씨. 진짜 어떻게들
            다 아는 거야. 아무도 모르는 데로 가서 먹고 왔구만. (지
            나가다가 또 인사하는) 안녕하세요? 안녕하세요?

동네 아주머니1   응. 장우야. 은실이 오늘 떠나는 거 알지? (가면)

장우   (뒤늦게 듣고 끼익 멈춰 서서) 뭘 떠나요?

동네 아주머니1   강릉 간대. 휴가 끝났다고.

장우   아. 오늘이에요? 어젠 그런 말 없던데?

동네 아주머니1   간다던데? 반찬집 아줌마가 반찬 한참 싸고 있던데?

장우   아. 알겠습니다아… (가려다가 다시 뒤돌아서) 그런데 왜 그
            걸 저한테 말씀하시는,

동네 아주머니1   니가 은실이 좋아한다며.

장우   누가 그래요.

동네 아주머니1   다 알아. 니가 고등학교 때부터 좋아한 것도 다 알아.

장우   아…. (벌어진 입이 다물어지지가 않는다)

동네 아주머니1   저기. 버스정류장에서 버스 타고 간다더라. 그게 몇 시더
            라.

동네 아주머니2   (마침 앞에서 지나오면서 흘리듯 말하는) 아, 3시.

동네 아주머니1   3시란다.

장우, '이 동네는 프라이버시라는 게 과연 존재하는가.'에

대해 심도 깊은 토론을 하고 싶을 지경이다.

S #17   (D) 호두하우스: 1층

쩍쩍 아침이 찾아온 숲길 끝 호두하우스. 방문을 열고 나오니 텅 - 비어 있는 집이다. 명여, '언니는 돌아갔나보다.' 생각하며 부엌으로 툭툭 걸어가니 냉장고 밑에 쭈그리고 앉아 있는 명주를 보고.

명여   (화들짝 놀라) 아씨. 깜짝이야.

명주   (가만히 명여를 쳐다보자)

명여   왜 거기에…. ('있는 거야.'는 삼키고 툭툭 싱크대 쪽으로 가면)

명주   (다 포기한 듯 한숨 푹 쉬고선) 해. 그럼.

명여   (고무장갑 끼며) 뭘.

명주   자수. 그렇게 힘들면 하라고.

명여   ('뭐?' 뚝 쳐다보면)

명주   (풀썩 일어서면서) 내가 잘못 생각했다.

그런 명주를 명여가 멈춰 바라보는데.

S #18   (D) 청주 여자 교도소: 정문 안쪽
        과거 ○ 2010년 가을― 해원 할머니 62세. 명주 40세. 명여 38세.
        해원 18세

뚝 멈춰 서서 어딘가를 바라보는 명여. 수감자들 내리는 호송버스다. 그 사이엔 포승줄에 묶여 구치소로 이동하는 명주도 있는.

명주 　　(E) 나는 내가 그렇게 가버리면

명여와 해원, 해원 할머니가 그렇게 셋이 한쪽에 서 명주를 보고 있는데. 명여가 울컥하는 걸 겨우겨우 삼킨다. 가다가 흘끗 그들을 돌아보고 들어가는 명주. 명여도 명주를 넋을 놓고 처다보는데.

명주 　　(E) 남겨진 네가 행복할 거란 생각만 했지.

명주가 들어간 감옥 안쪽으로 들어가면.

S #19 　　(N) 청주 여자 교도소: 수용거실
　　　　과거 ○ 2016년 12월 중순 — 명주 46세

명주가 머무는 감방 창문, 수용거실로 사회복귀과의 서신 담당자가 찾아와 명주에게 편지를 반송시킨다는 내용의 장부에 손도장을 받고 있는. 명주가 편지를 쭉쭉 넘기는데 흰돌의 편지도 있고, 해원의 편지도 있다.

서신 담당자 　　(명여의 편지를 보여주며) 이것도 반송시키는 건가요?
명주 　　아. 예… (하려다) 아뇨. 잠시만. (받아서 천천히 뜯어보니)

[언니. 나야. 잘 지내? 해원이는 잘 지내고 있어.]

편지를 읽는 명주.

[나 역시 잘 지내]

그녀가 서 있는 곳의 창가. 그곳으로 햇살이 들어온다.

명주   (E) 너는 거기서 다 잊고 너만의 길을 갈 거라고.

S #20   (N) 호두하우스: 2층 해원 방
             과거 ○ 2016년 12월 중순 ― 명여 44세

창밖으로 폴폴 눈이 오는 밤. 해원의 방. 책상에 앉은 명여
가 편지를 쓰고 있다. 문장을 한참 쳐다보다 곧 박박 지우
고 다시 쓰는 명여.

[아니. 나는 못 지내. 못 지내겠어. 나는]

뚝뚝 눈물이 떨어지는데, 울음을 들이켜곤 눈물을 닦으며
새 편지지를 꺼내 다시 글을 쓴다.

명주   (E) 네가 그토록 불행할 거란 생각은 하지도 못했어.

S #21   (D) 호두하우스: 1층 부엌

명여, 흐르는 눈물을 닦아내는데. 한참 생각하던 명주가 명
여를 쳐다보고는.

명주   (진심) …정말 미안하다.

명주의 한마디에 고개를 확 숙이곤 더 우는 명여. 들썩거리
는 그녀의 어깨 뒤로 빈 거실 풍경이 보인다.

S #22   (D) 호두하우스: 1층 거실
             과거 ○ 2005년 초가을―해원 할머니 57세, 명주 35세, 명여 33세,
             해원 13세

해원과 해원 할머니, 명주와 명여가 거실에 있는. 네 사람이
행복하게 깔깔깔 웃는 풍경이 꿈결처럼 펼쳐지는데.
그 한쪽엔 파주집 앞 명주네 식구의 행복한 가족사진이 놓
여 있다.

S #23   (D) 해원의 파주집: 마당

사진 속 파주집 마당. 차에서 내린 해원이 천천히 은섭에게
다가가 옆에 서며.

해원	어릴 때 살던 집이야.
은섭	(보면)
해원	아빠의 사고가 났던 날이, (뒤돌아 담벼락을 쳐다보는데)

S #24   12회 S #13 (D) 해원의 파주집으로 가는 골목
         과거 ○ 10년 전 초가을 (2010년 9월 4일) ─ 해원 18세

하나둘 사람들 흩어지기 시작하자 그 틈에 서서히 드러나
는 풍경은 처참하게 무너진 등나무 덩굴 덮인 담장 한쪽.

해원	(E) …마지막이었는데.

마침 바람이 불어 마당 한쪽 느티나무 잎사귀가 비현실적
으로 흩날린다.

해원	(E) 폐허가 됐다고 들었어.

S #25   (D) 해원의 파주집: 마당

해원, 멀쩡해진 담장을 가만히 바라보고 있자

은섭	(해원에게) …들어가볼래?
해원	(보면)

| 은섭 | 어차피 빈집일 테니. |

은섭이 현관 쪽으로 툭툭 걸어가 바로 손잡이를 돌려보는데 잠겨 있다. 해원, 가만히 보다 익숙하게 옆에 놓인 커다란 화분 밑을 들어보니 낡은 열쇠가 놓여 있는.

해원	(열쇠 집어 들고) …그대로네. (열쇠를 현관문에 꽂다가 멈칫)
은섭	왜.
해원	(잠시 보더니) …아냐.

해원이 열쇠를 돌려 문을 연다. 문을 열자마자 풀썩 안쪽에서 밀려오는 따뜻한 냄새. 햇볕에 반짝거리는 따뜻한 먼지. 놀랍게도 집은 10년 전과 다름없는 풍경이다.
해원, 뚝 멈춘 채 집 안을 보다 천천히 몸을 돌려 부엌 쪽으로 가보니 사람이 사는 느낌인데. 주로 쓰는 밥그릇과 접시, 숟가락 등이 씻겨 놓여 있는.
멍하니 다시 거실로 나와 주변을 빠르게 둘러보니 소파 옆에 놓인 선글라스가 눈에 띈다. 그 선글라스를 집어 드는 해원.

플래시 컷　　**4회 S #60**

| 해원 | (명주에게 천천히 다가가며) …엄마? |

표정이 싹 굳어진 명주가 뒤를 돌아본다. 명주의 선글라스.

해원이 선글라스를 들고서 은섭을 돌아보는데.

S #26   (D) 호두하우스: 1층 거실

명주   (짐 가방 속을 뒤적거리며) 너 혹시 내 선글라스 못 봤냐?

명여   (방에서 나오다가) 못 봤는데.

명주   ('하씨. 놓고 왔나.' 인상을 쓰면서 가방을 챙기자)

명여   가려고?

명주   가야지.

명여   형부한테는.

명주   (외투를 입다가) 뭐?

명여   저번에 …형부 생일이라서 왔던 거잖아.

명주   뭐. (혼잣말처럼) …기일을 챙길 순 없는 거니깐.

명여   (가만히 보면)

명주   잘 있고. (신발 신으며) …자수하기 전에는 연락해.

명여   (지켜보며) …알았어.

명주   (나가려는데)

명여   근데 언니는 어디 살아?

명주   ('뭐?' 돌아보자)

명여   해원이가 자기한테 언니가 어디 사는지도 알려주지 않
　　　　았다고 하던데. 대체 지금은 어디에 사는 거야?

명주   (태연하게) 파주집.

명여   뭐? 언제부터?

명주   출소하고부터 쭉.

명여   (쳐다보면)

명주	(어깨 으쓱) 달리 살 데도 없잖아.

명여, 어이가 없다는 듯 명주를 쳐다보는데.

S #27   (D) 해원의 파주집: 마당

꽉! 현관문을 열고 집에서 나온 해원.

해원	(빠르게 집에서 나오지만. 차분하게) 여기 엄마가 사는 것 같아.
은섭	(따라 나오는)
해원	(가다가 확 돌아보곤) 그래서 나랑 안 살았던 건가봐. (이해가 쉬이 되지 않아) …어떻게 이럴 수가 있지? 또 나만 모르고 있었던 거야.
은섭	(그런 해원을 쳐다보면)
해원	(이해가 안 돼) …어떻게 나만 빼고 다.
은섭	아마 (생각하다가) …지금까지는 네가 모르는 게 낫다고 생각했을 테니까.
해원	(뭐?)
은섭	너희 가족한테 일어났던 일들. 전부 너한테 숨겼던 건, 아마 네가, 그걸 알게 되면 괴롭고 힘들어질 테니까. 그래서 조금이라도 늦게 알게 해 덜 힘들게 하려고. 견딜수 있을 때까지 견디다가 마지막의 마지막에. 참고 참아보다가. 말해보려고. 하지만, 그 용기를 차마 낼 수는 없어서.

해원	(정리) 너한테 그 얘기를 전하고. …내가 그 얘길 듣게 만들고.
은섭	('응.' 하듯 보면)
해원	(가만 보다가) 그런데 나도 가족이잖아.
은섭	네가 아플 테니까. 니가 알면 너무 아픈 일일 테니까. 네가 지금까지 아파해야 할 것들을 아마도. 그동안은. 대신. 다 짊어지고 살았을 거야. 해원아.

해원, 은섭의 말도 영 이해가 되지 않는 건 아니라 가만 바라보면.

은섭	(묵직) …정말 그랬을 거야. 해원아.
해원	("하." 크게 한숨을 쉬며 고개를 푸욱 숙이니)

한 걸음 은섭이 다가온다. 고개 숙인 해원을 만질까 말까 망설이는 은섭의 손. 잠시 망설이다 해원의 팔을 가만히 잡아주니 고개 숙인 해원도 천천히 은섭의 팔을 잡는다. 그렇게 서 있는 두 사람과 아무것도 모르고 마당 한 켠 한가롭게 춤을 추는 느티나무다.

S #28   (D) 파주에서 서울로 가는 길: 은섭의 차 안

창 옆으로 휙휙 풍경이 지나면. 차 안에는 생각이 많아 고개를 돌린 해원이 창밖만 보고 은섭은 말없이 운전만 한다.

플래시 컷	14회 S #60

해원	(크게 뿌리치며. 소리치는) 놔!
명주	(보면)
해원	(어이가 없어) …그러니까 두 사람은 알고 있었던 거네.

S #29

은섭	*(E) 네가 아플 테니까. 니가 알면 너무 아픈 일일 테니까.*

플래시 컷	14회 S #60

해원	엄마 지금. 내 기분이 어떤지는 알아?
명주	(절절히 보면)
해원	너무 무서워.

S #29

은섭	*(E) 네가 지금까지 아파해야 할 것들을 아마도.*

플래시 컷	S #29

은섭	대신. 다 짊어지고 살았을 거야. 해원아.

무거운 마음으로 점점 드러나는 서울 빌딩 숲을 바라보는 해원. 거대한 빌딩 숲이 햇볕에 반짝거린다.

학교 건물 사이로 두 주머니에 손을 넣은 제인이 걸어오더
니 자전거 주차장에서 자전거를 꺼내는 휘에게 가서는.

제인	야.
휘	어머? 흥! (고개 돌리면)
제인	너 자전거 좀 타더라?
휘	언니. 진짜 제발 부탁인데요. (맹랑) 저한테 말 좀 걸지 말아주실래요? 전 아직도 언니와 심적으로 화해가 안 됐거든요? (정수리 보여주며) 아직도 언니가 뜯은 머리가 너무 아파요.
제인	(피식 웃더니. 휘 어깨에 손 빡 올리며) 야. 우리 내일도 만나는 거다?
휘	아, 싫거든요? 저 영수 씨랑 데이트할 거거든요?
제인	걔는 내 거야.
휘	흥!
제인	그리고 임휘.
휘	(째려보면)
제인	너 전따라며?
휘	네. 보태주신 거 있으세요?
제인	내가 졸업은 하지만, 후배들한테 말 잘 해놓을 거야. 그러니 걱정 마.
휘	하이고!
제인	고마운 줄 알아라. 영수가 부탁해서 내가 특별히 봐주는 거니깐.

휘	흥! 칫! 퐁!

제인, 픽 웃으며 다시 자리로 돌아가면.

휘	(제인이 가자 그제야) 하. 자존심 상해. (자전거를 우당탕탕 빼내 타고 가버리면서. 제인이 무섭긴 무서웠었음) 하. 너무 자존심 상해.

S #30   (D) 나무 오솔길

휘	(자전거로 가며 소리소리 지르는) 하! 자존심이 너무너무 상한다!!!!

청아한 숲길을 달리며 소리소리치는 휘인데.

현지	(저 뒤에서 달려와서는) 야!! 야아!!
휘	(끼이익 멈춰 돌아보면)
현지	야. 김영수에 대한 (숨이 차 헉헉) 새로운 정보가… (헉) 있어. (자연스럽게 손을 내밀자)
휘	(자존심이 상하지만 정보는 정보. 안쪽에서 지갑을 꺼내) 얼마.
현지	(헉헉) 늘 받던 대로.
휘	(지갑에서 만 원짜리 한 장 주자)
현지	김영수. (아직도 넘어간다) 서울대 간대.
휘	(화가 난다) 허. 어이없어. 현지야. 장난하니? 김영수는 서울대에 가는 게 꿈이라는 걸 니가 니 입으로 정확히 35

일 20시간 18분 전에…,

현지	(숨차) 아니. 합격했대. 합격.
휘	오잉?
현지	(이제 숨이 좀 덜 차서) 무슨 과더라? 국어국문은 아니었는데? 아 뭐였지.
휘	그래서. 이제 학교 안 나온대?
현지	아, 그건 나오지. 졸업식까지 아직 남았어.
휘	그럼 됐어.
현지	뭐야. 안 서운해?
휘	모랄까. 사랑하는 사람의 행복을 빌어주는… 모랄까. 나는 좀 큰 것 같아.
현지	모랄까. 너 모래니.
휘	모랄까. 나는 좀 자랐어. 현지야.
현지	꺼져.
휘	응. 꺼질게. 안뇽. (자전거를 타고 씽 – 가자)
현지	('헉.' 숨이 차 크게 말도 못 하는) 야. 나 좀 데려다주고 가지.

휘가 "다 비켜!!!" 소리 지르며 나무숲을 가르는데.

S #31   (D) 혜천 시내: 대형 커피숍 건너편 꽃집 앞 버스정류장

| 장우 | (가게 앞 아무렇게나 놓아둔 거울에 비친 자신에게) 안녕? (이게 아닌가. 조용히 뒷짐 지고 있던 다른 한 손을 꺼낸다. 장미 한 송이가 들려 있다) 이거 오다 주웠다. (말하고도 어이가 없어 저 혼자 끅끅 웃는. 그러다 갑자기 정신을 딱 차리곤) 안녕? (다시 장 |

미를 건네며) 얘보단 너가 더 이쁜 것 같아. (끅끅끅끅 터졌
다가) 안녕? 아이씨. 못 하겠다. 못 하겠어. (안주머니에 꽃
을 마구 구겨 넣더니 쓱 고개를 빼서 저쪽을 보면)

꽃집 앞 버스정류장. 은실이 버스를 기다리고 있다. 장우,
'인사를 할까 말까.' 타이밍을 보고 있는데.

은실	(앉아 있다가 문득 장우 쪽을 보더니) 야. 너 뭐 해?
장우	('헉.' 놀란 상태로 나와서) 아. 음. 나 그게.
은실	('뭐 해?' 하듯 장우를 보면)
장우	(괜히 헛기침) 내가. 저기. 데려다줄까, 너?
은실	(갸우뚱) 어디서부터 어디까지?
장우	여기서부터 …강릉까지.
은실	뭐래. 너 차 없잖아.
장우	야. 나 있어. (다른 곳을 보면서) …아빠 차.
은실	(밝아지는) 아, 그래? 그럼 나야 (바로 벌떡 일어나) 좋지. (짐을 장우에게 굴려주는데)
장우	(자연스럽게 짐을 받아 들면서 되묻는) 근데 너 짐은 이것뿐이야?
은실	응. 그것뿐인데. (장우를 뚫어져라 보는데)
장우	(바로 당황) 왜. 왜. 뭐. 왜 보는 건데.
은실	야. 너 이제 전혀 안 빨개진다.
장우	(당황) 뭐가?
은실	얼굴. 옛날엔 무슨 버튼 누른 것처럼 나만 보면 빨개졌었잖아.
장우	(확 빨개진다)

은실	아. 바로 빨개지는구나.
장우	(스스로 뺨을 치는) 진정해. 진정하라고. 이 녀석아.
은실	(그런 장우를 보며 갑자기 주머니에서 떡을 꺼내 씹어 먹는. 촵촵)
장우	(기괴한 광경에) 너 지금 그거 뭐냐.
은실	떡. 우리 동네 떡 잔치했었잖아. 되게 맛있었었잖아.
장우	너 그런 걸 주머니에 넣고 다니는 거야?
은실	응. 발에 매달고 다닐 순 없으니까. (떡 주면서) 왜. 너도 먹을래?
장우	(이해 안 돼) 아니.
은실	나 이따가 휴게소에 들러서 이것저것 많이 먹어도 될까? 나 아침도 못 먹고 나와서. 엄마가 빨리 가라고 난리 쳤거든.
장우	그래. 먹어. 먹어라.
은실	(떡 촵촵 먹으며) 근데 이거 꿀떡인데. 진짜 안 먹을 거니? (촵촵)
장우	응. (흘끗 보더니) 근데, 너… 너 남친이랑 헤어졌다면서?
은실	응. 그런 건 귀신같이 알고 다들 나한테 물어본다? 어디 인터넷에 올라왔나? 어떻게 다 아는 거야. 근데 그게 갑자기 왜 중요해?
장우	아니. 우리 집은 손주를 빨리 보고 싶어 해서 결혼을 빨리하라는 주의거든.
은실	아아. 그래서 선봤구나.
장우	아니. 그건 아니고.
은실	근데 왜 갑자기 그 얘길 꺼내?
장우	아니. 그냥 니가 꿀떡 얘길 꺼내니깐.

두 사람, 제법 다정하게 이야기를 나누며 걸어가는데.

S #32   (N) 호두하우스: 마당 바로 옆 주차장

완전히 밤이 된 호두하우스 앞. 그 앞에 서서히 멈춰 서는
은섭의 차. 안에서 해원이 안전벨트를 풀자

은섭   어떻게. ('들어갈 수 있어?' 하듯 쳐다보면)
해원   (깊은 결심. 혼잣말처럼) …응. 들어갈 수 있어.
은섭   그럼 가서….
해원   물어볼 거야. (은섭을 보고) 물어볼게.
은섭   (보면)
해원   내가 이모한테 직접. 왜 나한테 말을 하지 않았었는지.
        그걸 왜 굳이 지금까지 나한테만 숨겼었는지. 정말 내가
        아플까봐 그런 거였는지. 그래서 정말 네 말대로라면,
은섭   (가만 보면)
해원   나 어쩌면. (사실 지금은 아니지만 이렇게 언어로 털어놓으면 이
        루어질지도 모른다는 바람으로) …이해할 수 있을지도 몰라.
은섭   그래.

은섭이 상처 입은 해원을 가만히 바라본다. 해원 역시 은섭
을 보면. 은섭이 가만히 다가가 해원을 천천히 안아준다.
아주 따뜻한 은섭의 품. 해원의 마음이 온기에 서서히 물들
어가자

해원	(은섭에게 안긴 채) 넌 정말 좋겠다. 임은섭.
은섭	(안은 채) …내가?
해원	응. 이렇게, (쓸쓸하지만 진심) …정말 따뜻해서.

은섭이 조금 더 힘을 줘 해원을 꼬옥 안아보니.

| 윤택 | (E) 너는 따뜻한 게 뭔 줄 아니? |

S #33   (N) 호두하우스: 1층: 명여 방

침대에 걸터앉은 명여가 윤택의 [나의 모든 처음] 책을 한 장 넘긴다.

[그녀가 물었고 난 대답했다. 내 차가운 손이 너의 차가운 손에 닿아 우리 둘 다 뜨거워지는 것이라고. 외로움이 외로움을 만나 아늑함이 되고 슬픔이 슬픔을 만나 기쁨이 되고 서늘한 바람이 서늘한 바람과 부딪혀 포근한 눈이 되는 게 바로 따뜻한 것이라고]

명여 글귀를 보다가 한 장 넘기려는데 벌컥 문이 열리더니만.

해원	…집에 있었네.
명여	(쳐다보면)
해원	나랑 얘기 좀 해.

명여가 대답하려는데 벌써 쿵! 닫히는 문.

S #34   (N) 호두하우스: 1층 부엌

식탁 위에 탁. 물 잔을 놓으며 해원이 묻는.

해원	엄마는. (목이 타서 물 한 모금 마시곤) 갔어?
명여	(부엌으로 들어오며) 응. 갔어.
해원	(물컵 놓고는) 그럼 이모가 설명해줘.
명여	(뭘)
해원	이 모든 일들이 어떻게 일어난 건지.
명여	내가 네 아빠를 죽였어.
해원	(본다) 그뿐이야?
명여	내가 쓴 글에서 너도 봤을 거 아냐.
해원	(봤어)
명여	미안해. 정말 미안하다.
해원	(꿀꺽 넘기고) 그럼, …그걸 나한테 왜 숨겼어?
명여	(보면)
해원	왜, 나한테만.
명여	…니가, 아프잖니.
해원	(듣고 싶었던 말에 뚝 보면)
명여	나와 네 엄마와 네 아빠만 알고 있으면 괜찮은데. 너까지 알면. 니가 아프잖아. 그렇게까진 할 순 없었어.
해원	그렇게 생각했었다면 왜 이제 와서, (나한테 털어놓은 건데)

명여	이젠 내가 자수를 할 거니깐.
해원	(쿵) 뭐?
명여	이제라도 그 죄에 대한 형벌을 받아야 되지 않겠니.
해원	(멍해져 보면)
명여	나, 소설 정말 쓰기 싫었다? 그런데 먹고살 일이 정말 막 막하더라. 나 말고. 너 말이야. 내가 몇 푼이라도 벌어놔 야 니가 좀 편할 것 같은데. 그래서. 하나만 더 써보자. 결심했는데 마침 차윤택이 와서 내 경험으로 글을 써보 라잖아? 옳다구나 했지. 그래. 그럼 여기에 다 써버리고 도망가자. 잘됐어. 내 얘기만큼 자극적인 얘기가 어딨냐 고. 잘 팔리겠지. 그래. 그렇게 돈도 벌고 사람들에게 실 컷 비난도 받고 그렇게 자수도 하고.
해원	이모 진짜 자수를 할 거야?
명여	지금껏 니네 엄마가 정말 많이 반대했었는데. 이번에는 내가 이겼어. 하래. 그렇게 하고 싶으면.
해원	(왠지 넋이 빠져 보고 있으면)
명여	그러니까 됐어.
해원	(뭐가?)
명여	이제 가서 자. (곧 돌아서 부엌을 나가버리는데)

'자수라니.' 충격에 해원은 배터리가 멈춘 듯 꼼짝도 못 하 고 그대로 서 있다.

| 기상캐스터 | (E) 어느새 기나긴 겨울이 지나고 이제 봄의 기운이 완연 합니다. |

S #35   (D) 북현리 동네

이른 봄비가 내리기 시작한 북현리. 겨울갈이를 해놓은 논
에 비가 내린다. 우비를 쓰고 자전거를 탄 사람이 찌룽찌룽
소리를 내며 지나는데.

기상캐스터   **(E) 본격적인 봄의 서막인 경칩도 지났는데요. 오늘은
전국 곳곳에 비 소식이 있겠습니다.**

S #36   (D) 굿나잇책방: 1층

계단을 툭툭 내려와 책방 창밖을 가만 바라보는 은섭. 해원
이 걱정되긴 하지만 지금은 해줄 수 있는 게 없어 옅게 한
숨만 쉬고 커피머신 앞쪽으로 툭툭 걸어가는. 포트가 끓어
김이 피어오른다. 은섭, 전화를 한 번 바라보는데.

S #37   (D) 혜천 시내: 시장 내 국숫집

시장 안쪽 김이 폴폴 일어나는 국숫집이 보이는데. 후루룩
후루룩 국수를 먹는 사람들 사이. 소주를 놓고 혼자 앉아
병-한 해원. 생각할 게 너무 많은데 스스로 해결할 수 있는
일이 아무것도 없다. 해원, 한숨을 쉬며 소주를 따르자

S #34

| 명여 | *(E) 니가 아프잖아. 그렇게까진 할 순 없었어.* |

플래시 컷   S #34

해원	그렇게 생각했었다면 왜 이제 와서, (나한테 털어놓은 건데)
명여	이젠 내가 자수를 할 거니깐.
해원	(쿵) 뭐?
명여	이제라도 그 죄에 대한 형벌을 받아야 되지 않겠니.

해원, '허.' 하듯 한숨이 나는데.

| 명여 | (E) 내가 잘할게. |

S #38   14회 S #61 이어 (D) 호두하우스: 2층 해원 방
과거 ○ 10년 전 초가을 — 명여 38세, 해원 18세

가방을 멘 채 여전히 적응을 못 한 듯 어쩔 줄 몰라 서 있는
해원에게 명여가 말한다.

명여	알아. …네 마음이 어떤지.
해원	(울컥 올라오는데)
명여	그러니까 내가 너한테 (꿀꺽) 뜨겁게 잘한다고. 해원아.
해원	(보면)
명여	외로워하지 마.

해원의 참았던 눈물이 터져 나오자 명여가 다가가 해원을
꼭 껴안는다. 해원도 그 안에서 조금 안도하는 얼굴이 되면.

플래시 컷   **5회 S #38**

해원   내가 언제 엄마한테 뭐 물어본 적 있어? 지금 어디에 살
고 있는지. 누구랑 살고 있는지. 혼자 사는지. 왜 나랑은
안 사는지. 가족이라면서 우리는 왜 1년에 두 번밖에 안
보는지. 안 묻잖아. 왜 내 면회는 받아준 적이 한 번도 없
고 내 편지에도 답장을 한 적이 없는지.

플래시 컷   **5회 S #60**

명주   (맨발로 달려와) 해원아! (다시 붙잡는)
해원   (크게 뿌리치며. 소리치는) 놔!

명여   (E) 야.

S #39   (N) 혜천 가는 기차 안: 객실
과거 ○ 10년 전 가을―명여 38세. 해원 18세

혼들리는 기차 안의 해원. 그녀의 눈이 어쩐지 공허한데.

명여	(앞만 보고) …왜 죽으려고 했냐?
해원	(대답 없이 다시 앞을 보려 하자)
명여	야. 죽지 마.
해원	(다시 '뭐?' 쳐다보면)
명여	니가 죽으면 나도 죽고. 니 엄마도 죽고 올 엄마도 죽어.
해원	(가만히 명여를 보고 있으면)
명여	그게 그래. (해원을 똑바로 쳐다보고) 우리가 이렇게 보여도 그렇다고. 그냥 다 죽는다고.

해원, 왠지 눈시울이 뜨거워져 확 기차의 창밖을 쳐다본다. 속절없이 지나는 풍경엔 주렁주렁 감이 매달린 나무가 줄 지어 서 있다.

플래시 컷   S #34

명여   니네 엄마가 정말 많이 반대했었는데. 이번에는 내가 이 겼어. 하래. 그렇게 하고 싶으면.

S #40   (N) 혜천 시내: 시장 내 국숫집

또르르 소주를 잔에 따른 해원. 소주를 벌컥 마시고 앞을 보니 시야가 점점 흐려진다. 본능적으로 휴대폰을 꺼내려 는데 휴대폰은 없는. 해원, 곧 쿵 테이블에 엎드려버리는데 흐려진 시야로 누군가 자신을 보고 있는 게 느껴지는 듯.

국숫집 밖으로 보슬보슬 비가 내리기 시작한다. 밤이 천천히 지나간다.

S #41   (D — 흐린 아침) 보영의 연립빌라: 보영의 방

부슬부슬 비 오는 창밖. 힘겹게 눈을 뜬 해원이 부시럭거리며 천천히 몸을 일으켜보니 전혀 모르는 장소. '뭐지?' 둘러보다가 화장대 거울 속 자신과 눈이 마주쳤다. 다소 꿩하고 표정이 없는 자신의 얼굴. 해원, 작게 한숨을 쉬며 고개를 숙이는데. 마침 문이 발칵 열리더니.

보영   **(무뚝뚝) 너 일어났니?**

해원, 보영의 얼굴에 좀 놀라는데.

S #42   (D) 보영의 연립빌라: 거실 및 부엌

식탁 위로 탁! 놓이는 콩나물국. 해원, 의자에 앉아 김 폴폴 나는 빨간 콩나물국을 보고 있자

보영   **(숟가락 주고) 먹어. 속 아플 거 아냐.**
해원   **(쳐다보다 숟가락을 받아 들자)**
보영   **(머리 묶으면서 거실 쪽으로 가며) 선생들끼리 회식이 있어서 국숫집에 갔는데 니가 쓰러져 있더라.**

해원	(돌아서 쳐다보니)
보영	(소파에 풀썩 앉아. 앞을 보곤) 그래서 주워 왔어.
해원	(후- 불어 한 숟가락 떠먹는)
보영	(소파에 앉아 TV 리모컨 찾으며) 왜 그렇게 마신 거야?
해원	(대답 없이 먹는)
보영	(리모컨 찾았지만 TV는 켜지 않은 채) 은섭이랑 싸우기라도 했니?
해원	(후- 후- 한참을 불어 먹다가) …김보영.
보영	(쳐다보면)
해원	나도 니가 좋았어.
보영	(뚝 보니)
해원	좋았어. 그래서 상처받은 거야. 너한테. 널 믿고 좋아했으니까. 다만, 난 그때 내가 견뎌야 했던 많은 것들이 전부 너로 인한 것들이었기 때문에. 널 쉽게 용서할 수 없었어.
보영	(가만히 앞을 보고 있으면)
해원	하지만 그렇다고 해서 우리가 예전으로 돌아갈 수 있단 생각은 하지 않아.
보영	(해원을 휙 쳐다보면)
해원	(먹다 말고 앞을 보곤) 신뢰는 유리 같아서, …금이 가면 상처만 남으니까.
보영	금이 좀 가면 안 되는 거야?
해원	('뭐?' 돌아보면)
보영	테이프로 붙이면 되잖아.
해원	테이프로 어떻게 붙이니. 자국이 남는데.
보영	꼭 흠이 없는 식탁에서만 밥을 먹을 수 있는 건 아니야.

해원	(생각 못 했던 것. 보영을 가만히 보면)
보영	무엇이든 오래되다보면 흠도 생기고, 상처도 생겨. …완전무결한 관계 같은 건 없다고 생각해.
해원	(생각하는데)
보영	금이 가면 좀 어때. 상처를 좀 주고받으면 그건 또 어때?
해원	(완전히 이해되진 않아도 일부는 맞는 말이다)
보영	우린 다 완벽하지 않아. 그래서 자꾸 서로한테 미안해야 될 일들을 만들고, 또 사과하고. 다시 붙이고. 그러면서 사는 거야. 내가 너한테 씻을 수 없는 상처를 주긴 했지만. 난, 정말… 다시 기회를 얻고 싶었어. 니 마음이 여전히 아니라면 기다릴게. 더 오랜 시간이 지나면 모르지. 니가. …조금 나아질지.

해원이 돌아 보영을 쳐다보니 보영이 이내 옆에 놓인 사과가 담긴 바구니에서 사과를 하나 집어 들고 앞을 보고 아삭 먹으며.

| 보영 | 비 한번 (천천히 고개를 돌려 베란다 창밖을 보곤) …잘도 온다. |

거실 발코니 창에 빗방울들이 줄을 이루며 흘러내린다. 연립빌라 마당에 부딪히는 빗소리가 꽉꽉 퍼진다.

S #43   (D) 혜천 시내: 대형 커피숍 건너편 꽃집 앞 버스정류장

빗줄기가 탈탈 부딪히는 꽃집 앞 버스정류장. 우산을 쓴 해원이 서 있는. 꽃집에서 다정한 엄마와 아이가 나온다. 흘긋 그들을 쳐다보는 해원인데.

해원   (E) 엄마는 내게 시리게 차가웠고.

엄마가 아이가 비를 맞을까 우비를 입혀주는.

해원   (E) 이모는 내게 사무치게 다정했다.

버스가 오자 타는 해원. 창 너머로도 엄마와 아이가 보인다. 아이가 활짝 웃으며 엄마에게 뭐라고 하자 엄마가 '잘했다.' 머리를 쓰다듬는.

해원   (E) 아빠가 죽던 날, 제일 먼저 달려온 사람도

해원, 빈자리에 앉아 창밖을 물끄러미 쳐다보는데.

S #44   12회 S #11 이후 (D) 파주 대형 종합병원: 장례식장 복도
         과거 ○ 2010년 초가을 — 명여 38세, 해원 18세

장례식장 복도 의자에 앉은 해원. 뒤를 돌아보니 명여가 들어오고 있다. 해원, 명여를 보고 일어나더니 가서 명여를 확 껴안는다.

해원   (E) 이모였다.

멍여의 뚝 떨어지는 얼굴.

S #45   S #3 이후 (N) 시내버스 차고지: 주차장

비 쏟아지는 버스 차고지의 주차장. 은섭의 차 안에서 젖은
머리에 담요를 두르고 울면서 말하는 해원.

해원   (뚝뚝) 너무 무서워.
은섭   (해원의 머리칼을 만져주면)
해원   (은섭을 보더니) 사람들의 진짜 모습을 모르겠어. 은섭아.
은섭   (보면)
해원   내가 속고 있는 것만 같아. (주르르 우는데)

바깥으로 출발하는 버스.

S #46   (D) 삼거리 버스정류장

버스가 도착한 삼거리 버스정류장에 툭 내리는 해원. 마침
경찰차가 요란스레 소리를 내며 논둑길을 지나는데. 해원,
처음에는 별생각 없이 걷다가 경찰차가 한 대, 두 대, 세 대
까지 빠르게 가니 불안해지기 시작하는.

플래시 컷	S #34

명여   내가 자수를 할 거니깐.

해원, 확 불안해진 얼굴로 점점 더 빠르게 걸어가는데.

S #47   (D) 호두하우스: 마당

경찰차 세 대 정도가 마구잡이로 세워져 있는 호두하우스의 마당. 달려온 해원이 완전히 사색이 되어 미친 듯이 이모를 찾는데.

해원   **이모. 이모!!**

해원, 현관 쪽으로 달려가 빠르게 문을 열려고 하는데 마침 뒷마당 쪽에서 걸어 나오는 경찰이 있어

해원	**(경찰에게 달려가) 저기요. 아니에요. 아니야.**
경찰1	**예?**
해원	**아니라고요.**
경찰2	**(뒤에서 따라 내려와) 무슨 일이십니까?**
해원	**일단 저랑 먼저 얘기하세요. 네? 저랑, (하는데 앞을 보니)**

경찰에게 인도되어 나오는 몇 명 사람들. 완전히 낯선 사람

들이다. 해원, 당황해 바라보고 있는데 다섯 명 정도 되는
2, 30대 남녀들이 경찰에게 인도되는.

마침 선글라스를 쓴 명여가 장을 봐 들어오다가

명여   (경찰3에게) 이거 다 뭐예요?

경찰3   아. (뒤쪽 게스트하우스 가리키며) 저 뒤 게스트하우스에서
          알몸으로 파티를 한다고 주민들이 신고를 했거든요.

명여   (무심히) 아아.

경찰1   (당황한 해원에게) 근데 저. …아까 뭐라고 하셨죠? 뭐가
          아니라고.

해원   (허무하게 툭 떨어져) 아뇨. 착각했어요. (고개 푹 숙이고) 죄
          송합니다.

          곧 안쪽으로 해원이 빠르게 들어간다. 명여, 툭 그런 해원을
          쳐다보는데. 경찰차 모인 마당. 먼저 출발하는 경찰차가 사
          이렌 소리를 내며 지나자

S #48   (D) 호두하우스: 1층 부엌

          부엌으로 툭 들어온 명여가 장 본 걸 식탁에 내려놓으면서.

명여   (안에 있는 걸 꺼내 정리하기 시작) …내가 벌써 자수하는 거
          라고 생각해서 놀라기라도 한 거니?

          물을 마시던 해원이 명여를 쳐다본다. 물끄러미. 그리곤 명

446

여의 뒤 액자를 눈으로 가리키면서.

해원   저 액자는 왜 놔둔 거야?

명여   (말없이 식자재 정리하자)

해원   내가 여기 살 땐 본 적 없었거든. 할머니 살아 계실 땐 분
         명히 없었어.

명여   (빠르게) …엄마가 돌아가신 뒤로는 니가 여길 내려오지
         않았으니까. (혼잣말처럼 낮게) 보고 싶어서.

해원   (쳐다보다가 물컵을 툭 내려놓으며) 이모.

명여   말해.

해원   나는 이모가 조금 미워.

명여   이해해.

해원   처음엔 아빠를 죽여서 밉다고 생각했었는데. 잘 생각해
         보니까 아니야. 이모가 그걸 나한테 얘기하지 않아서 미
         운 것만 같아.

명여   ('그런 거 때문에 미운 거라고?' 뚝 쳐다보면)

해원   그런데 이모가 내가 아플 거라서 말하지 않았다니, 있잖
         아. 나는 그런 얘기를 들으면 이모를 이해할 수 있을 거
         라고 생각했었는데. 아니. 여전히 이해 못 하겠어.

명여   왜.

해원   가족이라면, (정말 하고팠던 말) …같이 아파해도 되는 거
         라고 난 생각하니까.

명여   (뚝 쳐다보니)

해원   고민을 말하고 함께. 이모의 그 외로운 그곳에서 나도
         같이. 엄마도 같이 우리가 같이 있으면 된다고 생각해.
         난 그게 가족이라고 생각해. 그러니까. (진심) 자수하지

마.

명여	(획 쳐다보면)

해원   엄마 때문에 10년 버텼으면, 이제 내 말 듣고 10년을 버
       텨줘.

명여   목해원.

해원   그때 이모가 그랬지. 내가 죽으면 이모도 죽고. …엄마
       도 죽고 할머니도 죽는다고.

명여   (보면)

해원   그래. 내 마음도 역시 지옥이었어. 그 사건의 실제적인
       주인공은 내가 아니었지만, 나 역시 지옥이긴 마찬가지
       였다고.

명여   (고개를 푹 숙이면)

해원   자수하지 마. 이모가 자수하면 난 다시 지옥인 거야.

명여   (쳐다보면)

해원   그냥 살아. …지금처럼.

명여   (옅게 한숨을 쉬자)

해원   하지만 난 이모를 예전처럼 볼 수는 없어. 당분간은. 내
       마음을 정리할 시간이 필요해.

명여   (보면)

해원   …내가 떠날게.

명여   뭐?

해원   (명여를 똑바로 쳐다보고) 내가 이제 떠날게. 이모.

해원이 가만히 돌아서 나간다. 명여, 꼼짝도 못 하고 멈춰만
있는데. 곧 쿵, 문 닫히는 소리. 순식간에 어쩐지 공허해져
버린 호두하우스. 오직 침묵만이 남아 떠도는데.

S #49   (N) 굿나잇책방과 호두하우스

오후가 내리고 저녁이 오는 동네 풍경.
은섭이 고쳐놓은 가로등이 툭 켜진다.

S #50   (N) 굿나잇책방: 1층 창가

온통 적막뿐인 책방 안에서 탓. 치. 푸. 은섭이 기계로 커피
를 내리고 있다. 은섭, 기계를 가만히 보고만 있는데. 책방
문 드륵 열리며.

해원   **은섭아.**

바로 휙 돌아보니 해원이다. 은섭, 해원을 물끄러미 바라만
보는데.

해원   (잠시 보다 고개를 살짝 숙이곤) 나랑 잠깐 얘기할 수 있어?
은섭   (잠시 보다가) …그럼.

해원, 풀썩 들어온다. 툭툭 걸어와 은섭의 앞에 뚝 서자

은섭   **커피 줄까?**
해원   (꿀꺽 삼키고) 아니.

은섭	(해원을 가만 바라보자)
해원	(쳐다보자)
은섭	넌 괜찮아?
해원	(고개 도리) …이모가 자수를 한다고 해서.
은섭	응.
해원	하지 말라고 했어.
은섭	…그래.
해원	근데 지금은 이모를 똑바로 볼 수가 없어.
은섭	(이해가 되어) 응.
해원	그래서 내가 이제 (고개를 똑바로 들고 은섭을 보며) …떠나려고.

은섭, 해원을 뚝 쳐다보니.

S #51   13회 S #48 (N) 굿나잇책방: 2층 부엌

제목이 [바다의 책방]인 글을 클릭하는 해원. 그곳엔

[해원아. 네가 언젠간 이곳을 떠날 거라는 걸 이해해.
나는 전부 다 준비하고 있어.]

웃던 해원의 얼굴이 글을 읽으며 점점 어두워지는데.

플래시 컷   14회 S #19

명여	(툴툴 가다가 멈춰서 더니 돌아보고는) …너 서울에 안 가니, 해원아?

플래시 컷	**2회 S #18**

장우	넌 서울엔 언제 돌아가냐.

플래시 컷	**10회 S #64**

은섭	너도 봄이 오면 떠나잖아.
해원	(뭐?)

해원	(E) 봄이,

S #52   (N) 굿나잇책방: 1층 창가

해원	(쓸쓸하다) …왔잖아.
은섭	(말을 못 하고 보기만 하는데)
해원	(미소를 짓고는) 책방. 잘 됐으면 좋겠어.
은섭	(보고 있으면)
해원	항상 네가 따뜻했으면 좋겠고. 지금처럼.
은섭	(뚝 보면)
해원	그리고 내 마음이 가짜인 적은 단 한 번도 없었어.
은섭	(바라보면)
해원	잘 있어. 은섭아.

은섭이 아무 대답이 없자 천천히 일어나 조금 미소를 짓고
뒤돌아 나서는 해원. 그녀의 등 뒤로 쿵– 문이 닫힌다.
남겨진 은섭은 꼼짝도 않고 그대로 있는데. 창 너머 버드나
무가 바람에 흔들린다.

S #53   (N) 호두하우스: 1층 현관

쿵. 문을 닫고 들어온 해원이 낮고 깊게 말한다.

해원   (혼잣말처럼) …다녀왔습니다. (가만히 앞을 바라보니)

어느새 아무도 없는 호두하우스. 어둠과 적막만이 가득하
다. 그런 곳에 홀로 서 있는 해원의 모습.

S #54   S #3 (N) 시내버스 차고지: 주차장

해원   아무도 믿을 수가 없어.
은섭   (해원을 안타깝게 보고 있으면)
해원   늑대 눈썹을 가진 그 소년처럼. 내가 보는 게… 내가 믿
        었던 게….
은섭   (해원의 뺨을 만지며) 동물이면 뭐 어때.
해원   ('뭐?' 보면)
은섭   꼭 나쁜 동물들만 있는 건 아니잖아. (달래는 눈)

해원	(울면서 은섭을 쳐다보면)
은섭	늑대의 은빛 눈썹으로 바라보면,

S #55　　　(D ― 한낮) 해원의 파주집: 부엌

과거 ○ 2005년 초가을 ― 명주, 주홍 35세, 해원 13세

해원	(밝게 달려가) 엄마!! (다리에 매달리지만)
명주	(무시한 채 설거지만 하는)
주홍	(뒤에서 팔 벌리고) 해원아. 이리 와.
해원	(축 처진 어깨로 아빠에게 가 살며시 안기며 엄마를 흘끗 보자)
주홍	(다독이며) 엄마가 기분이 안 좋나봐. 아빠랑 놀까?

고개를 푹 숙이고 설거지하는 명주의 얼굴은 입술은 다 터
지고, 눈가는 멍으로 오색찬란하다.

은섭	(E) 그 동물들의 진짜 모습이,

S #56　　　S #44 (D) 파주 대형 종합병원: 로비

과거 ○ 2010년 초가을 ― 명여 38세, 해원 18세

너무 울어 퉁퉁 부은 얼굴의 명여가 병원 입구로 들어오는.
눈물이 쉬지 않고 나고 손발은 부들부들 떨린다. 명여, '이
제 울면 안 돼. 정신 차려야 돼.' 하듯 후후 숨을 몰아쉬고
떨리는 팔을 다른 팔로 꽉 잡으며 장례식장 안으로 들어간

다.

은섭　　**(E) 보일지도 몰라.**

병원 로비 의자에 앉은 해원이 명여를 보고 일어나는데.

S #57　　(N) 시내버스 차고지: 주차장

은섭　　**다들 각자의 사정이 있을 거야. 안 그래?**

해원의 머리칼을 따스하게 넘겨주는 은섭인데.

플래시 컷　　4회 S #46

은섭이 바다에 툭 놓은 운동화.
해원, 2층으로 올라가려다가 '뭔데?' 하듯 쳐다보니

은섭　　(쓱 발로 살짝 밀며) 신으면 돼. (괜히 딴 데 보는)

플래시 컷　　9회 S #25

은섭, 자석에 끌리듯 해원에게 조금씩 천천히 다가가니 천천히 팔을 올려 은섭의 목을 감싸는 해원. 은섭의 머리칼이 헝클어지고 그녀의 손끝이 머리칼에 닿자

은섭   (속삭이듯) 그럼 한 번 더 하고 실수가 아닌 걸로 해.

그렇게 해원에게 키스하는 은섭.

S #58   (N) 호두하우스: 2층 해원 방

침대에 푸욱 엎드려 있던 해원이 벌떡 일어난다. '이럴 때가
아니야.' 하듯 바로 문을 열고 나가는 해원. 쾅! 닫히는 문과
바깥 계단, 다다다다다 내려가는 소리 들리는데.

S #59   (N) 호두하우스에서 굿나잇책방 가는 길

책방으로 미친 듯 내달리는 해원. 헉헉거리며 책방 문을 열
려고 하니 안 열린다. 굳게 잠겨 있다. 해원 '뭐지?' 하고 보
니 문에 작게 붙은 포스트잇에

[수일간 잠시 책방을 비웁니다]

그 메모에 해원은 길을 잃은 아이 같은 표정이 되는데.

휘   **(F) 언니.**

책방 뒤로 보이는 어둠의 산. 해원이 그곳을 획 돌아본다.

휘   **(F) 생각해보세요.**

S #60   (N) 은섭의 본가에서 산 입구로 가는 길

미친 듯이 산으로 뛰어가는 해원.

휘   **(F) 오빠가 이 시간에 없어졌으면. 어딜 갔겠어요?**

마구 달려가는데.

S #61   (N) 산

산 입구에 다다른 해원, 망설이지 않고 산을 올라간다. 오
직 은섭만 생각하며 랜턴도 없이 올라가는. 저 멀리 오두막
의 노란 불이 보이는 것 같은데.

S #62   (N) 산속: 오두막집

화르르 오두막 안쪽에서 불을 때는 은섭. 불이 붙자 한숨
돌리며 점퍼를 벗고 있는데 벌컥 문이 열린다. 놀라 보니 해
원.
은섭, 뚝 멈춰 해원을 보고 있는데 헉헉 숨이 찬 해원이 바
로 은섭에게 달려가 안기면서.

해원	난.
은섭	(해원이 매달린 팔을 잡고) …목해원.
해원	난,
은섭	(안긴 채 그대로 있으면)
해원	사실 가기 싫어.
은섭	(가만히 있는)
해원	가고 싶지 않아.
은섭	(뚝 멈춰 있는데)
해원	그런데.

해원, '가야 된다.'는 말 대신 은섭의 품 안에 얼굴을 묻는.
은섭, 잠시 서 있다 가만히 천천히 해원을 안아주는데. 그렇
게 부둥켜안은 두 사람의 모습이 따뜻하게 비춰지면 오두
막 밖으로 어두운 산이 보인다.

S #63   (D—아침) 산

산속으로 찾아온 아침. 뚝뚝 이슬이 떨어지고. 나뭇잎 위로
새들이 앉았다 사라지기도. 풀잎이 싱그러이 바람에 움직이
고 물길이 졸졸. 구름은 높은 나무 위로 느리게 흘러간다.

해원	(E) 은섭아.

도망친 짐승이 만들어낸 나뭇잎들의 먼지가 흩어지는데.

해원   (E) 나 이제 떠나려고.

S #64   (D — 아침) 산속: 오두막집

           햇살이 들어오는 오두막 안. 침낭 안에서 잠들어 있는 은섭.
           서서히 눈을 뜬다. 부스스 일어나 보니 텅 — 비어 있는 옆자
           리. 은섭, '갔구나.' 싶어 뚝 앞을 쳐다보는데.

해원   (E) 내가 제멋대로라 실망했지.
은섭   (E) 아니. 그래도 널 사랑해.

           은섭뿐인 빈 오두막. 어쩐지 휑한 느낌이다.

은섭   (E) 잘 가.

           오두막 창. 서리가 끼어 뿌예지는데.

은섭   (E) 잘 가. 해원아.

           창 너머를 돌아보는 은섭. 은섭의 시선 너머의 겨울 산에는
           아직 녹지 못한 눈들이 제법 쌓여 있다. 빼곡한 나무들이
           바람에 휘청거린다.

S #65   (D — 아침) 겨울 숲

여전히 매서운 바람 불어오는 겨울의 숲. 어디선가 깍깍 우
는 까치까지. 해원이 멈춰 있는 곳은 주홍의 나무 앞이다.
주홍의 나무엔 다 시든 동백꽃이 꽂혀 있는데. 해원, 가만히
바라보다 푹 쭈그리고 앉아 땅을 파기 시작하는. 조금 파내
니 나오는 건 해원의 휴대폰. 해원, 그걸 꺼내어 흙을 툭툭
털고 일어나 주머니에 넣으면서 말한다.

해원   **(주홍의 나무를 향해) …잘 있어.**

다시 왔던 길을 돌아가는 해원. 주홍의 나무에서 점점 멀어
져만 가는데. 숲 너머 마을에 버스가 지나고. 저 멀리 기차
도 지나간다.

S #66   (D — 아침) 북현리

짐 가방을 끈 해원이 지나는 다리 너머 북현리 마을에 올겨
울 마지막 눈이 내리기 시작한다.

제15회 끝

책방 일지

오랫동안 기록을 계속하다 보면 오늘 날짜의 부피가 생긴다.
그렇게 포개지는 일상들은 딱히 변화를 선물하진 않았다.

그러다 올겨울 그녀가 내게 다가왔을 때, 우리가 서로
사랑을 나누었을 때,
그 날짜들은 더 이상 균일한 평안함으로 쌓이지 않고,
오늘의 부피는 이전과는 달라졌다.

내년 겨울부터는 더 달라지겠지.
내가 아직 알지 못하는, 이제 다가올 겨울의 부피.

수일간 책방 문을 닫는다는 공지를 띄웠다. 신경이 팽팽히
당겨진 활시위 같다.

잠시 내려놓고 쉬어 가기로.

굿나잇책방 블로그 비공개글

posted by 葉

제
16
회

긴 겨울이

지나고

믿어.

정말 그런 날이 올 수 있을 거라고. 그렇게.

S #1   (D) 지상파 방송국: 공개홀 복도

검정 롱 패딩을 입은 사람들이 가득 찬 방송국 복도. 저마
다 악기를 가지고 악보를 보거나 이야기를 나누고 있다. 그
중 목 끝까지 패딩을 올려 입고 벤치에 앉아 악보를 보는
해원도 있는데.

음악프로 AD   (큰 소리. 한 손에 큐시트 말아 들고는) 이제 들어가실게요!!!!

한꺼번에 일어서는 사람들. 하나둘 패딩을 벗자 금색, 은색
머메이드 드레스가 드러나는. 해원도 일어나 패딩을 벗으
니 금색 드레스 옆에 놓아둔 첼로를 메고 옆구리에 악보를
끼고 사람들을 따라 걸어간다.

은섭   (E) 있잖아. 해원아.

방송국 복도 끝, 들어오는 햇볕에 단원들의 머메이드 드레

스가 반짝거리는데.

은섭   **(E) 나는 네가**

S #2   (D) 지상파 방송국 입구

흐린 햇살에도 빛이 나는 머메이드 드레스. 검정 패딩을 겉
에 입은 해원이 첼로를 메고 방송국 입구에 서서 앞을 본
다. 흐린 햇살 속 두두두두 쏟아지는 비. 해원, 한 발자국도
움직이지 못하고 바라만 보는데.

은섭   **(E) 잘 지내고 있을 거란 생각이 들어.**

방송국 너머로 빗줄기 흩뿌리며 지나는 시내버스.

S #3   (D) 서울 시내: 편의점 앞

비 그친 도로 위 편의점. 그 앞엔 머리칼이 약간 젖은 채로
비닐우산은 팔에 걸고 한 손엔 호빵, 한 손엔 우유를 들고
먹는 해원. 배고픈 듯 열심히 먹는데.

은섭   **(E) 잘 지내지, 해원아.**

근처의 나무가 바람에 흔들린다.

S #4　　　　(D) 굿나잇책방 옆: 커다란 나무

버드나무 세차게 바람에 휘날리는 책방 창가. 그 옆에선 커피를 내리는 은섭. 커피를 만들어 잔에 따르곤 창밖을 내다보는 은섭의 묵직한 눈. 곧 따르르릉 전화벨이 울리니

은섭　　　**예. 굿나잇책방입니다. (뭔가 듣고) 네. 네. (종이를 가져와 보더니) 아, 그 책은 …다섯 권이요. 예. 알겠습니다.**

전화를 끊고 문득 앞을 보는데 해원이 닿았던 모든 곳들은 여전한데 해원은 없다. 은섭, 잠시 보다

은섭　　　**(E) 나 역시**

곧 뒤돌아 나머지 일상을 이어간다.

은섭　　　**(E) …그래.**

창 너머 호두하우스로 가니.

S #5　　　　(D) 호두하우스: 뒷마당

짱! 짱! 뒷마당에서 장작을 패는 명여. 다 팬 장작을 한쪽에

우르르 놓자 군밤이 나와 신나게 컹! 컹! 짖어대는데.

명여   **알았다. 알았어. (도끼를 던지고 집 안쪽으로 들어가니)**

S #6   (D) 호두하우스: 1층 부엌

부엌에서 보글보글 끓어오르는 찌개. 군밤이가 부엌 근처
를 쫑쫑쫑 다니는데. 선글라스를 쓴 명주가 찌개를 식탁 위
에 툭 올려놓자

명여   (밖에서 들어와 자리에 앉으며) …이번엔 찌개야?
명주   (자리에 앉으며) 어. (밥을 먹기 시작하는데)
명여   (찌개에서 미역을 건지며) 근데 왜 미역이 들어가 있어?
명주   (보더니 생각하고) …미역찌개.
명여   (어이가 없다는 듯 보더니 한숨을 쉬고) 이, 언니도 이따위면
서 나한테 해원이 밥 챙기라고 한 거야?

명주가 '내가?' 하듯 명여를 보면.

명주   **(O.S) 근데 명여야.**

S #7   5회 S #23 (D) 혜천 시내: 중국집

단무지와 짜사이가 듬성듬성 차려진 중국집 식탁. 명주가

466

무서운 얼굴로 단무지를 집어 들어 먹으며.

명주   (무서운) 너 해원이 밥은 먹이면서 데리고 있는 거지?

명여   (짬뽕을 열심히 먹다가 놀라) 응?

명주   설마… 시리얼 같은 거나. 누가 준 호두파이 같은 거나
먹이면서. (무서운) …데리고 있는 건 아니지?

겁먹은 명여의 젓가락 사이로 면이 스르르 빠져나가는.
마침 해원이 손을 씻고 들어와 '다 먹었어?' 하듯 두 사람을
쳐다본다.

S #8   (D) 호두하우스: 1층 부엌

명여   그게 기억 안 나신다고요.

명주   (상관없음. 태연) 너는 언제 가냐.

명여   일주일 뒤.

명주   아하. (찌개 먹으며 쳐다보곤) 잘 가라.

명여   어. (밥 먹는데)

명주   근데 다신 안 올 거야?

명여   그럴 수 있다면 그러는 게 서로에게 좋지 않을까?

명주   아, 그럼 그러시든지.

명여가 코로 웃으며 밥을 먹는데. 두 사람이 밥 먹는 식탁
위 불빛으로 가면.

S #9   (D) 강남: 천장 높은 커피숍

높은 천장의 커피숍. 살살 돌아가는 팬.

여기자   **출판계는 벌써 몇 년째 불황이에요.**

그 아래 여기자와 윤택이 인터뷰 중인데.

여기자   **이 불황시장에서 매번 5만 부 이상의 베스트셀러를 뽑**
           아내는 능력은 도대체 어디서 나오는 건가요?
윤택   **(자리에 앉아 웃더니) 글쎄요. 그런 건 제 능력이라기보다**
           는, 저 위의 누군가가 주시는 선물이 아닌가 싶은데.
여기자   **(웃으며 마무리) 아, 그런가요? 오프 더 레코드로, 이번에**
           책 낸 심명여 작가님과 사귀는 사이라던데. …그게 맞나
           요?
윤택   **(조금 생각하더니 재킷을 입으며) 아뇨.**
여기자   **('응?' 쳐다보면)**
윤택   **오랜 연인이었죠. 지금은 헤어진.**
여기자   **아아. 그런데 이렇게 같이 작업을 하셨네요?**
윤택   **뭐, 너무 오래 사귀고 헤어지니, 서로의 앞날을 응원하는**
           쿨한 사이가 되더군요.
여기자   **(미소 지으며) 예. 오늘 정말 감사했습니다. (인사하니)**

윤택, 가볍게 목례를 하고 나서는데.

윤택　　　　(전화가 오자 받으며) 응. 어디야. (문을 여는데)

문이 열리자 바깥에 기다리던 사람들이 한꺼번에 분주해진다. 그중 스타일리스트인 듯한 스텝이 커다란 짐 더미를 쿵 내려놓는데.

S #10　　　(D) 호두하우스: 1층 거실

가방을 쿵 소리 나게 거실에 놓는 명여. 부욱 지퍼를 열어놓고 일어나 부엌으로 가 싱크대 서랍을 열어보면서.

명여　　　　언니. 혹시 여기 비닐봉지 못 봤어?

대답이 없자 마지막 서랍까지 다 열어보는데 마침 툭 떨어지는 편지. 주워서 서서히 일어나보니 [심명주]에게 온 편지다.

명여　　　　(편지를 쥐고서 2층을 향해) 언니!!!!

S #11　　　(D) 호두하우스: 1층 거실

소파에 앉은 명주에게 명여가 편지를 툭 던지는.

명주　　　　(받으며) 이게 뭔데.

명여	언니가 나한테 썼던 편지.
명주	그러니까 이걸 뭐, 어쩌라고.
명여	그런 걸 쓰라고.
명주	누구한테.
명여	(답답) 아, 언니 딸한테!
명주	(정말 모르겠다는 표정으로 명여를 보며) …왜?
명여	언니. …목해원은 아무것도 모르거든?
명주	('뭘 모르는데?' 하고 보면)
명여	언니가 왜 자기 면회를 다 거부하고, 모든 편지를 반송 시키고.

플래시 컷   5회 S #16

커피숍에서 나온 명주가 입구에 서서 선글라스를 쓰더니만

명주	다음에 보자. (저쪽으로 걸어가버리는데)

명여	(E) 왜 함께 살지도 않고

플래시 컷   5회 S #6

명주가 교도관 두 명과 함께 빈소로 와서는 빠르게 향을 피우고 두 번 절을 하더니 해원에게 알은체도 없이 나가버린다.

명여	(E) 왜 그렇게 매번 매몰찼었는지.

명여	걔 그런 거 하나도 모른다고요.
명주	(가만히 뚝 쳐다보는데)
명여	(벽난로 위에 놓인 편지지와 펜을 집어 명주에게 던져주면서) 그러니까 한번 써보시라고. (부엌으로 들어가면서 조금 더 큰 목소리로) 저기요. 자매님. 일부러 말해주지 않으면 어떤 건 영영 모르기도 하거든요?

명주가 부엌 쪽을 쳐다보다가 손에 쥔 편지지와 펜을 쳐다보는데. 왠지 어색하기만 하다.

S #12   (D) 헤천고: 3학년 휘의 교실

[영수 오빠에게
오빠. 대학 생활은 즐거우세요? 저는 오빠가 없는]

편지를 쓰는 휘의 손. 분주한 교실 그 사이에 앉아 휘가 또박또박 편지를 쓰는데.

[이 지루하고 하품 나는 동네에서
오늘도 사랑과 낭만 없이 나 홀로 쓸쓸하고 외롭고]

현지	(빠르게 들어와 앉으며) 야. 담탱이다.

학생들이 빠르게 자리로 돌아가 앉는 와중 담임이 들어와서.

담임	자! (하자)

멀끔하게 생긴 남학생이 뒤따라 들어온다.

학생들	(책상을 바바바 두드리며 환호하는) 오!!!!!!!
담임	조요옹!!
휘	(별 관심 없이 영수에게 계속 편지를 쓰는)
담임	전학생이 왔다. 이름이 (출석부 보더니) 임휘?
휘	(고개 꽉 들면서) 네?
담임	(신경 안 쓰고) 아, 뭐야. 니 이름도 임휘야?
전학생	(무뚝) 예. 그런데요.
담임	흔치도 않은 이름이 또 있네. (저쪽의 휘 가리키며) 쟤도 이름이 임휘야.
학생들	(괜히 휘를 돌아보며) 워어어어얼.

전학생은 '어쩌라고.' 하듯 휘를 보는데. 벌써 야간 입을 병 – 하니 벌리고 전학생을 쳐다보는 휘.

현지	(E) 그래서?

S #13   (D) 혜천고: 3학년 휘의 교실 복도

휘	(복도를 툭툭 걸어가며) 뽈 인 러브.
현지	(기가 막히네) 미쳤구만. 아주 니가. 야. 김영수 졸업한 지 보름도 안 됐어. 그 선배 졸업장 잉크도 아직 안 말랐거

든? 어?

휘	(현지 어깨에 손 올리며) 현지야. 영수 오빠는 행복할 거야.
현지	뭐?
휘	영수 오빠한텐 송제인이 있잖아.
현지	하이고?
휘	난 제인 언니와 영수 오빠의 행복을 빌어. 비나이다. 비나이다.
현지	(어이없네) 얼씨구?
휘	(불타오른다) 나 이번엔 꼭 사귀고 말거야.
현지	(무심히 팩트폭격) 그게 니가 사귀고 싶다고 사귈 수 있는 게 아니시거든요. 인생이 그렇게 만만하니?
휘	현지야. 혹시 나 질투하니?
현지	(동공이 흔들릴 정도의 충격. 멈춰서) 뭐. 뭐라고?
휘	내가 혹시라도 잘생기고 멋진 새로운 전학생과 잘되기라도 할까봐. 그래서 내가 너랑 밥이라도 먹지 못할까봐. 너 지금 질투하는 거냐고.
현지	그러지 마라. 스탑 잇. 베베.
휘	(해맑) 응?
현지	볼 쉿. 베베.
휘	아, 그래? 그럼 너는 날 사랑한다는 거야?
현지	("하." 깊은 한숨이면) 여보세요. 그쪽이 이제 고3이세요. 그리고 그쪽이 가진 그 성적 가지고는 이 동네에 있는 대학도 갈까 말까,
휘	(저 앞에 가는 임휘를 보더니) 어? 임휘다. (다다다 달려가는)
현지	저기요?

휘는 전속력으로 남자 임휘에게 달려가 "안녕? 난 너와 같은 이름을 가진 운명의 아이인데. 혹시 너 책 좋아하니?" 묻는. 대답이 없자 "넌 한자 뭐 써? 난 임상실험 할 때 임. 휘파람 할 때 휘를 쓰는데."

현지, 그런 휘를 '오 마이 갓.' 하고 쳐다보는데.

S #14   (D) 서울 지하철역 지하

빠르게 걷는 사람들 틈에 섞여 들어가는 해원. 플랫폼 안으로 지하철이 서서히 들어오는.

명주   **(E) (글씨 쓰는 소리) …해원아.**

지하철에 탄다. 쓰윽— 소리를 내며 지하철 출발하는데.

명주   **(E) 잘 지내니.**

S #15   (D) 호두하우스: 마당

마당을 쓰는 명주. 쓸다가 뭔가 떠오르면 에어컨 거치대로 가 그 위에 올려놓은 종이에 편지를 쓰는.

[나는 참 잘 지낸다]

쓰고 또 생각하며 마당을 쓸어내는 명주. 햇빛이 쏟아진다.

S #16   (D) 종로: 국숫집

             쨍하니 햇살 들어오는 국숫집 창가 자리.

명주   (E) 날씨가 좋네.

             그 앞에 혼자 앉은 해원이 마주 앉은 창밖의 풍경을 말없이
             보는데.

명주   (E) 할 말이 없네.

S #17   (D) 굿나잇책방: 1층

             책을 읽다 말고 창밖을 가만 바라보는 은섭. 밖에서 1톤 트
             럭이 와 멈추는 소리 들리더니 곧 문이 발칵 열리곤 택배기
             사가 새 책 무더기를 책방 안쪽에 놓기 시작한다.

은섭   (바 뒤에서 나와) 오셨어요.
택배기사   예. (앞쪽에 놓은 몇 개를 더 가져오며) 오늘 물건이 참 많네
             요.
은섭   (웃으며 책 무더기를 더 안쪽으로 옮기는)
택배기사   (마지막 책 무더기 안쪽에 놓으며) 근데 이게 아주 잘 팔리나

봐. 이게 주문이 좀 많더라고요. 저 시내 책방에서도 이 책 많이 가져갔어.

택배기사가 내려놓는 새 책 뭉치는 명여의 소설 [시스터필드의 미로]다.

은섭   예. 조금 팔려요. (미소)
택배기사 이 책… 저 위 호두하우스 처녀가 쓴 거라던데. 맞아요?
은섭   네. 맞습니다.

택배기사 다 내려놓고 가볍게 인사하곤 나간다. 은섭은 왠지 그 자리에 멈춰 서 있는데.

명주   (E) 너는 여전히 내가 싫으냐.

마침 책방 앞을 지나는 여학생들 목소리. "아, 싫어어!!" 웃고 떠드는. 잠시 후 은섭이 그제야 새 책 뭉치들을 들고 안으로 들어간다.

명주   (E) 네가 나를 미워하는 것에 대해 딱히 변명할 생각은 없지만.

S #18   (N) 호두하우스: 명여 방

옷장에서 가져갈 옷을 챙기는 명여. 하나하나 챙기는데 서

476

랍 안쪽에 명주와 어린 해원이 웃고 선 사진.

명주   (E) 명여가 그러는데, 말을 하지 않으면 영영 모르는 것
         도 있다길래.

명여가 액자 속 해원을 가만 바라보면.

S #19   (D) 종로: 국숫집

후루룩후루룩 국수를 먹는 해원. 먹다가 잠시 멈추고 앞을
보니 국숫집 앞으로 오색 풍선을 든 다섯 살배기 아이와 젊
은 엄마가 지난다.

명주   (E) 나는 네가 대학을 졸업하던 그 나이에 너를 낳았다.

아이가 엄마에게 "엄마. 나 안아줘." 말하는. 엄마가 짐도 많
은데 아이를 끙차 안아본다.

명주   (E) 그리고 지금 네 나이에 이미, 여섯 살 아이를 둔 엄마
         였다.

해원이 잠시 그들을 보더니 다시 후루룩후루룩 국수를 먹
는.

명주   (E) 또 그때는 이미 세상에서 가장 자상하다고 믿었던

네 아빠가 나를 때리고 있었고.

아이를 안은 엄마가 지나가고 엄마에게 포옥 안긴 아이의
손엔 풍선이 빛을 받아 따사롭다.

명주   **(E) 쓰레기 같은 그 인생에서**

마침 국숫집 종업원이 쓰레기를 들고 밖으로 나오는데. 창
너머엔 국수를 후루룩 먹는 해원.

S #20   5회 S #6 (D — 오후 5시 즈음) 혜천 시내 종합병원: 장례
             식장
             과거 ○ 4년 전 겨울 12월 5일 — 해원 24세, 명주 46세

교도관 두 명과 함께 장례식장으로 들어오는 명주. [윤혜자]
호실이 보이자 교도관들에게 수갑 찬 손을 내민다.

명주   **(E) 나 자신을 위로하는 법을 몰라 너에게 모질었다.**

슬쩍 경계하며 수갑 열쇠를 풀어주는 교도관. 그동안 명주
는 안쪽에 앉아 있는 해원을 뚫어져라 쳐다보는데. 수갑을
다 풀자 교도관 두 명과 함께 빈소로 들어가는 명주. 애써
차가운 얼굴. 해원의 얼굴을 보지 않으려 한다.

S #21 (D) 해원의 파주집: 마당

과거 ○ 2005년 초가을—명주 35세, 해원 13세

탕! 문이 열리고 명주가 두 눈이 시퍼런 채 집에서 나온다.
뒤쪽에서 해원이 따라 나와 "엄마!! 엄마!!" 부르는데 명주
는 뒤도 안 돌아보고 주머니에서 선글라스를 꺼내 쓰고 걸
어가버리는.

명주 **(E) 나만 생각하고**

힘없이 "엄마…" 부르며 서 있는 해원. 멀어지는 명주는 자
기 팔짱을 끼고 그저 가버리는데.

명주 **(E) 나만 돌보느라.**

해원이 서러움에 뚝뚝 눈물을 흘린다. 명주가 코너를 돌아
가는데.

S #22 (D) 해원의 파주집: 마당

과거 ○ 2017년 가을—명주 47세

부서진 담장 앞에 쭈그리고 앉아 벽돌을 하나씩 올리는 명
주. 하나하나 켜켜이 정성스레 올린다. 올리고 올리다 힘이
들어 몸을 쭉 펴서 일어나니 어느새 제법 올라간 담장.

명주　　　　　(E) 그렇다 할지라도 내가 너를 사랑하지 않은 적은 없었는데.

명주, 땀을 닦으며 조금 미소 짓는데.

S #23　　　(N) 북현리 동네

미소 지은 휘가 콧노래를 부르며 자전거를 타고 책방으로 달려간다.

명주　　　　　(E) 정말 그저

동네엔 밤이 내려앉아 있다.

S #24　　　(N) 굿나잇책방: 1층

가족사진들이 놓인 책방 안 선반 지나면 바 너머 은섭이 고개를 푹 숙인 채 뭔가를 쓰고 있는.

명주　　　　　(E) …표현하는 게 서툴렀을 뿐.

사각사각 묵직하니 뭔가를 집중해 쓰고 있는 은섭인데. 벌컥 문이 열리고 우당탕탕 휘가 들어오더니

휘	(세상 급한) 은섭아은섭아은섭아!
은섭	('어?' 쳐다보면)
휘	나 용돈. 나 용돈. 빨리빨리빨리. 급해급해급해.
은섭	(바보같이 지갑을 꺼내며) 어. (지갑에서 돈을 꺼내) 얼마.
휘	(만 원짜리 한 장 획 뺏으며) 만 원이면 돼.
은섭	(멍 쳐다보면)
휘	고마워. 근데 오빠. 우리 반에 전학생이 왔거든? 이름이 임휘야. 나랑 똑같아. 나 걔 너무 좋아.
은섭	(오빠로서의 걱정이 휘몰아친다) 남자야?
휘	그럼 남자지. 오빠. 나 남자 좋아해. 많이 좋아해. 벌써 좋아해. 오빠. 나 걔랑 사귈 거야.
은섭	근데. (헛기침 후) …벌써부터 남자를 사귀는 게.
휘	('어쩌라고' 하는 얼굴로 보니)
은섭	조심해서 만나. 언제나. …데이트할 때는 꼭 나 부르고.
휘	뭐래. 미쳤나봐. 너 돈 더 뺏기고 싶냐?
은섭	가.
휘	그럼 안녕. 은섭아. 잘 자. 은섭아. 굿나잇 은섭아.

우당탕탕 휘가 휩쓸고 가니 더욱더 적막감이 도는 책방 안.
은섭이 가만히 시계를 쳐다보니 밤 12시가 다 되어간다. 일
어나고 싶은데 잠이 전혀 오지 않는.
'잠도 오지 않는데 뭘 하지?' 옆을 바라보니 새로 들어온 책
들이 쌓여 있다. 아무 책이나 꺼내 아무렇게나 읽기 시작하
는 은섭. 창밖으로 어둠이 천천히 지나간다.

S #25   (D — 아침) 승호의 슬레이트 집: 거실

어둠이 지나 아침이 찾아온 북현리. 슬레이트 집 아래. 승호가 앉은뱅이책상 위에 놓인 책 몇 권을 가방에 넣고 벌떡 일어나더니

승호 **(우렁찬) 다녀오겠습니다!!! (달려 나가는)**

승호 할아버지가 웃으며 승호에게 손을 들어 인사하는. 슬레이트 집 굴뚝으로 연기가 모락모락 피어나는데.

S #26   (D) 수정의 집: 대문

호 – 입김을 불며 대문을 나서는 곱게 차려입은 수정.

수정 **(뒤쪽에 대고) 국 끓여놨으니까 차려 먹어!!**

쿵! 빨간 대문이 닫히는데.

S #27   (D) 혜천 시내: 근상의 LED 조명가게

짜랑, 종소리 들리며 손님이 들어오자

근상 **(힘차게) 어서 오십쇼!!**

482

근상이 환하게 웃으며 손님을 맞는다. 그 뒤론 조명집 문이
보이고.

S #28   (D) 헤천 시내: 로터리 하님약국

            조명집 지나 하님약국 문이 열리며 할머니가 들어오자

약사   (미소 지으며. 드링크제 꺼내 드리며) 어디가 불편해서 오셨
            어요?

            약사의 뒤엔 책가방을 메고 준비하는 현지의 뒷모습.

S #29   (D) 헤천고등학교: 정문 길

            책가방을 메고 자전거를 타고 신나게 가는 휘.

휘   (소리치는) 다 비켜어!!!

            등교하는 학생들 사이를 질주하는데.

S #30   (D) 서울의 빌딩숲 도로

도시의 아침. 사람들 사이에 파묻혀 걷던 해원이 뭔가 생각
난 듯 뚝 멈춰 선다. 가만히 가방을 여니 한쪽에 쑤셔 넣어
둔 명주의 편지가 있는.
해원, 한참 보다가 결국 꺼내서 마저 읽으니

[그렇다 할지라도 내가 너를 사랑하지 않은 적은 없었는데]

마지막 문장에 마음이 멈춘 해원. 길가를 지나는 사람들 사
이로 편지를 든 해원이 뚝 멈춰 있다.

명주 　　　**(E) 그리고 명여가 떠나기로 했어. 좀 멀리.**

해원을 두고 지나는 사람들의 웃음소리가 왕왕 울려 퍼진다.

S #31　　　(D ― 아침) 호두하우스·1층 부엌

짹짹 아침 새가 오가는 호두하우스의 창밖. 저 멀리 기차
지나는 소리 들리는 호두하우스 부엌 창가. 명여가 종종 들
어오더니 부엌에 있던 해원의 액자를 챙기곤

명주 　　　**(E) 그러니 그 전에 한 번 내려와줄래?**

'또 뭐가 없나.' 주변을 두르며 부엌을 나가는데.

S #32   (D) 버스정류장에서 굿나잇책방 가는 논둑길

아침 햇살이 눈부시게 내리쬐는 북현리 동네.

명주   **(E) 날씨가.**

은섭이 자전거를 타고 햇살이 내리쬐는 동네를 지난다. 자
전거에는 쇼핑백이 걸려 있는. 책방 앞에 자전거를 세워놓
고 들어가는 은섭.

명주   **(E) 날씨가 아주 좋아졌잖니. 해원아.**

햇살이 소소하게 동네를 지난다.

S #33   (D) 굿나잇책방: 1층

책방 안 은섭이 바 뒤에 앉아 고개를 한껏 숙인 채 뭔가를
하고 있다. 머플러에 바느질을 하는. 거의 다 해 시침질을
끝내고 상자에 머플러를 넣더니 곧 쿵 상자를 닫고 나가자

S #34   (D) 은섭의 본가: 거실

빨래 가득한 빨래통을 끙차 들고 마루에 쿵, 놓은 은섭 모.

은섭 모	(중얼중얼거리며 빨래 개는) 아이고. 하루에 옷을 몇 번 갈아 입어. 한 번 입고 자기 전에 속옷 딱 입으면 됐지. 아침에 진흙 묻었다고 갈아입어, 점심에 고추장 묻었다고 갈아 입어, 아니. 지가 빨래를 빨어? 내가 빨래,
은섭	어머니.
은섭 모	(금세 밝아져서) 응. 아들.

은섭, 살짝 머뭇대는데.
은섭 모가 '왜. 응?' 쳐다보자 은섭이 큼, 혼자 헛기침을 하 며 쓱 쇼핑백을 거실에 툭 놓는다.

은섭 모	(앉은 채 쇼핑백 가져와) 이게 뭐야?
은섭	생신⋯.
은섭 모	어머. 어머. 나 생일이었지 어머어머.
은섭	(괜히 쑥스러운 듯 고개를 숙이면)
은섭 모	(신이 나서) 나 생일이라고 우리 아들이 선물 산 거야? 세 상에. 아들밖에 없어. 아들. 딸 남편 다 필요 없지. 다 몰 라. 하이코, 그것들은⋯.

은섭 모가 포장 북북 뜯고 상자 거침없이 여니 머플러가 가 만히 놓여 있다. 은섭 모, 머플러를 쳐다보고 한참을 가만히 있는데.

은섭	사서 제가⋯.
은섭 모	(확 눈시울이 붉어진) 응. (눈물이 주르르 흐르자 빠르게 훔치며) 가. 아들. 엄마 혼자 있고 싶어.

486

은섭이 쭈뼛거리다가 뒤돌아 나온다. 은섭 모는 상자를 보고 그저 울면서 가만히 앉아 있는데.

S #35   (D) 은섭의 본가 앞: 은섭의 차 안

차에 탕. 탄 은섭. 작게 한숨을 쉬고 시동을 거는. 차 미러에 아직 [Good Night, Irene] 은빛 열쇠고리가 덜렁거린다. 은섭, 가만히 그 열쇠고리를 보는데.
차창 밖으로 바람이 불고 사람들이 지나간다. 하염없이 흔들리는 나뭇잎들과 은섭의 열쇠고리. 은섭, 잠시 보더니 열쇠고리를 빼서 글로브박스에 넣고 차를 출발시키는데.

S #36   (D) 강남: 짐 노페디 커피숍 앞

차들이 오가는 커피숍 앞. 뚝 서 있는 해원. 손에 든 명함을 쳐다본다.

[카페 짐 노페디
서울시 강남구 압구정로 221 예원빌딩
대표 오영우 H.P 010 - 0911 - 5050]

곧 앞을 보니 1층 간판, 크게. [짐 노페디]

해원   *영우가?*

플래시 컷   **8회 S #22**

장우   개가 서울에서 카페 하잖아. 봄에 서울에 오면 한번 들
           르래.

해원   ('그래?' 하듯 다시 명함을 보려는데)

          명함을 손에 쥔 해원이 곧 커피숍 문을 열고 들어가니.

남직원들   (커피 내리며) 어서 오세요!

          바리스타들 사이에 커피를 내리고 있는 영우가 보인다. 해
          원, 영우를 향해 가만히 미소를 지어 보이는데.

S #37   (D) 강남: 짐 노페디 커피숍

          자리에 앉아 신기한 듯 천천히 커피숍을 두르는 해원.

영우   (앞치마 벗으며 해원의 앞자리에 풀썩 앉더니) 잘 지냈어?
해원   응.
영우   (가만히 해원을 쳐다보자)
해원   (미소) 잘 어울리네.
영우   (마침 직원이 커피를 놓고 가니) 마셔봐.

해원	맛있어. (웃는) 근데 카페 이름.
영우	(채 가서) 어. 니가 그때 연주했던 그 곡 이름.
해원	(픽 웃으면서) 뭐야, 꼭 그러니까 니가 나를 정말 오랫동안 좋아했던 것 같잖아.
영우	(가볍게) 나 너를 정말 오랫동안 좋아했던 것 맞는데.
해원	('아닌데.' 하는 듯 똑바로 쳐다보자)
영우	(웃으면서) …들켰나?
해원	응. 들켰어.
영우	(웃으며) 어떻게 알았지?
해원	(천천히 커피를 마시면)
영우	(해원을 똑바로 보면서 말하는) 내가 널 계속 좋아했다는 말이 백 프로 진심이 아니었다는 걸.
해원	글쎄. 내가 어떻게 알았지. (웃으며) 그건 그냥, (하는데 생각나는)

플래시 컷 1회 S #14

까만 밤. 저 멀리 호두하우스를 뒤에 둔 해원과 은섭이 가만히 서로를 바라보는데.

플래시 컷 1회 S #12

은섭	(한참을 바라보다가) 안녕.

영우	(E) 내가 뭘 들킬 일을 했나.

해원	(천천히 영우를 보더니) 아니.
영우	('그럼.' 하듯 보면)
해원	내가, (깨달은) …아주 오랫동안 나를 좋아한 사람의 눈을 알고 있어서.

영우가 해원을 바라본다. 이내 해원이 미소 지으며 커피 잔을 내려놓고 일어서려고 하니.

영우	(조금 아쉬워) 가게?
해원	응. 근처에 온 김에 들른 거라서.
영우	이제 아주 서울에 사는 건가.
해원	(가만히 생각하다) 글쎄. 아마도?
영우	그럼 또 놀러 와. 이쪽에 오는 김에. 언제나 그때마다.
해원	그래. (미소) 좋아.

해원, 한 손을 들어 인사하곤 커피숍을 나서는데. 창 안쪽의 영우가 좀 더 밝게 미소를 짓는다.

S #38 　　(N) 혜천 시내: 어랑어랑 스시

사람들 몰려 들어오는 스시집. 그 안엔 동창회를 하고 있는 장우 일행인데.

| 장우 | (소주잔 탁 테이블에 소리 나게 놓으며) 그러니까 내가 말이지. 우리의 혜천시를 위하여~. |

혁기	그만해. 그만해라. 그놈의 혜천시.
지연	쟤가 저걸 안 하면 뭘 하겠니. 그냥 냅둬.
장우	내가 말이지. 혜천시의 자랑스런 공무원으로서!!!
은실	(들어오며) 얘들아. 늦었지. 안뇽안뇽. 안뇽!!
지연	(손 들고) 지은실!
혁기	오. 지은실!!
중희	야. 반갑다. 야. 얼마 만이야?
소민	지은실. 너 내일 출근은 어떻게 하려고 지금 왔어? 또 연차 쓴 거야?
은실	(신발 벗으며) 아니. 나 관뒀잖아.
지영	헐!!!! 지금이 어느 땐데!!
소민	미쳤어!
지연	배부른 소리 작작 하더니 결국 작작 관두는구나.
은실	늦었다고 생각했을 때 재빨리 관두는 게 상책이다. 야. 얼마나 힘들었는 줄 알아? (자리 잡고 앉으며) 그치, 장우야. 그치그치. (바로 딴 사람에게) 나 잔 좀 줘. 빨리빨리.
장우	(조용히 잔을 주면)
소민	이장우. 너 제법 지은실이랑 친해 보인다?
지연	(조금 의심스러운) 음. 그러게?
장우	아니. 그게. (죽어 들어가는) 내가 혜천시의 참 자랑스런 공무원으로서 실업자 복지를 위해 조금이라도 노력하며…,
지영	(전환) 참. 지은실. 저번에 너 없었을 때 이장우가 니가 자길 좋아했었다고. 아주아주,
혁기	난리도 아니었지. 총동창회 때도 야. 너만 없으면, 저기 지은실이 자길 좋아했었는데. 따발따발.

장우	(화제 돌리려고) 아이씨. 은섭이 안 오냐? 은섭이? (마침 은섭이 들어오자) 야. 임은섭!!!!
은섭	('왜?' 하는 듯 느긋하게 자리로 들어오자)
지영	(자리 챙겨주며) 은섭아. 어때? 책방은 잘 돼?
은섭	뭐. 그럭저럭. (미소 짓는데)
소민	근데 나 진짜 궁금했었는데. …이장우랑 임은섭은 어떻게 친해진 거야?
중희	아, 그러게? 희한한 조합이긴 해.
은실	(쩝쩝 먹으며 아무렇지도 않게) 몰라? 임은섭이 이장우 구해준 거잖아.
지연	그랬지.
장우	(풉! 뿜는)
은실	(먹으며 태연) 이장우 괴롭히던 애들이 쟤를 산에 던져놔 가지고. 거기에 밧줄로 꽁꽁.
장우	(흥분) 야, 너 그거 어떻게 알아?
은실	(어이없어) …니가 말해줬었잖아.
장우	(말도 안 돼) 내가?
윤조	어. 니가!
중희	(혁기에게) 쟤는 저 기억력 가지고 서울대는 어떻게 갔냐.
혁기	아, 몰라. 고스톱 쳐서 갔나보지.
장우	아니, 내가 언제!! 언제?!
은실	장미꽃 백 송이와 함께 준 편지에 써 있었잖아. (우습게 따라 하는) 은실아. 나는 사실 겉으론 멀쩡해 보이지만 (지연에게) …누구였지?
지연	재형이네.
은실	재형이네 무리에게 괴롭힘을 당하는….

장우   (얼굴이 새빨개져서) 그마안!!!!

동창들이 크게 웃는다. 은섭도 그 안에서 옅게 미소 짓는데.

S #39   (N) 혜천 시내: 어랑어랑 스시 앞

문을 열고 나오는 사람들. 다들 나와서 "조심해서 가라."
"들어가." 파하고 인사하는 분위기.

혁기   야. 다음에 만났을 땐 좀 다른 데 좀 가보자. 제발.
장우   아, 그럼 니가 알아보든지요. 단체석 잡기가 얼마나 어
           려운지 알아?
중희   고만 좀 싸우세요. 고만 좀.
지영   (픽 웃으며) 아무튼 다들 잘 가.
지연   은섭이도 잘 가라.
은섭   (고개 끄덕)
소민   근데 해원이도 왔으면 좋았을걸.

다들 왠지 뚝 멈춰버린다.

장우   (분위기 업 시키며) 아. 뭐뭐. 뭐. 야. 서울 간 애를 왜 찾아.
           야. 그치 않나? 아, 다들 빨리 흩어져. 빨리.
혁기   (이럴 땐 쿵짝) 그러게. 빨리. 빨리. 야. 가자!!
중희   그래. 가. 가. 이제 가!

은섭도 미소를 지으며 사람들 사이에 섞여 밤거리를 천천히 걸어가는데.

S #40   (N) 굿나잇책방

밤의 논둑길을 걸어 은섭이 책방 문을 열고 들어온다. 정신을 차리려는 듯 소파에 풀썩 앉으니 확 풀리는 긴장. "하." 한숨을 쉬며 눈을 감으니 까르르까르르 해원의 웃음소리가 들리는 것 같다. 기분에 확 눈을 뜨는 은섭. 확 뒤를 돌아 문가를 확인하는데. 누구도 없다. 휘조차 없는.
한순간에 공허해진 은섭이 멀거니 빈 책방을 바라만 보면.
창밖으로 느리게 지나는 밤.

S #41   (D — 아침) 북현리 동네

아침이 찾아온 북현리. 강아지가 뛰어다니고 학생들이 오가고 버스가 지나간다.

S #42   (D) 호두하우스: 1층 거실

명여   **언니!!! (서랍 열더니 손톱깎이가 없자) 언니! 내 손톱깎이 어쨌어? (두리번두리번. 거실에 명주가 없자 현관문 쪽으로 가 슬리퍼를 신으며) 언니!! 내 손톱깎이…. (문을 탁 열자)**

눈앞에 서 있는 해원.

명여   (약간 넋이 나가서) …너.
해원   (태연) 뭐야. 아직 안 떠났네? (들어가며 괜히) 간 줄 알고
         온 건데.
명여   뭐야. (쳐다보자)
해원   (대답 없이 계단을 올라가버리는)
명여   야, 목해원!

해원이 2층으로 올라가는데.

명주   (E) 야. 다 나와. 밥이나 먹으러 가자.

쿵! 문 닫히는 소리가 들리는데.

S #43   (D) 혜천 시내: 중국집

쿵. 접시를 테이블에 내려놓는 중국집 직원. 그 옆 테이블엔
명주와 해원, 명여가 앉아 밥을 먹고 있는데.

명주   (자장 먹으며) 이번엔 언제 올라가는데.
해원   (볶음밥 먹으며) 몰라. 한 일주일 뒤?
명주   학원 면접은.
해원   다 떨어졌지.

명주	아. 그러셔요.
해원	그래서 그냥 음대 친구들이랑 아파트 상가 빌려서 교습소를 하나 차릴까 고민 중이야. 내가 생각보다 애들 가르치는 거 말고는 딱히 재능도 없더라고.
명여	(짬뽕 먹으며 해원을 흘끔 보고) 너는 누굴 가르칠 만한 자격이 없는 사람이라며.
해원	응. 그렇긴 해.
명여	그런데.
해원	자격은 여전히 모르겠는데. (명여를 똑바로 보고) 다시 해보니까 지금껏 생각했던 것처럼 최악의 일을 하고 있는 건 아니더라.
명여	뭔 소리지.
해원	서울 생활이 외롭고 힘드니까, 내가 하는 일까지 다 싫어져버렸거든. 그런데. (잠시 생각하다) …몸이 좀 데워지고 다시 돌아가니. …내가 하던 일이 제대로 보이기 시작했어.
명여	어떻게 보였는데.
해원	그 정도는 아니었네. 행복했을 때도 있었네.
명주	아주 좋네.
명여	그럼 언제 교습소를 열 건데.
해원	(명여 흘끔 보고) 뭐. 아직 완전히 결정된 건 아니고요. (밥 먹다가) 근데 엄마는 여기 아주 내려온 거야?
명주	어. 파주집 팔았거든.
해원	잘했네.
명주	(자부심) 잘했지.
해원	거기 살았었어?

명주	살았지. 잘 가꿔서 잘 팔았다.
해원	(쳐다보는. '그런 거였구나.' 싶어서)
명주	왜.
해원	아냐. 근데 엄마, 나도 사실, ('그때 엄마가 같이 살자고 했으면 같이 살았을 수 있어.'라고 말하려는 찰나)
장우	(마침 문을 열고 들어오며) 아, 여기 짬뽕이 어마어마하게 맛있거든요. 거, 자리가…, (들어오다가 해원에 놀라 뚝 멈춘)
해원	(쳐다보자)
장우	야. (왠지 어색하게) 와. 야아. 아이고. 목해원!
해원	('응.' 하듯 보면)
장우	(좀 당황) 야. 너 언제. (괜히 두리번두리번. 소곤) 언제 내려왔냐.
해원	지금. …밥 먹으러 왔어?
장우	어? 아. 먹으러 왔는데. (두리번) 아, 자리가 없네.
중국집 직원	(서빙하러 가며) 자리, 저쪽으로 가시면,
장우	아. 저쪽. 거긴 안 되겠네. 너무 구석이야. (어색하고 당황해) 뭐. 해원아. 그래. 나중에 보자. 나중에. 엉? (웃으며 급하게 나가서 밖의 일행에게) 자리가 없어. 자리가. 하나도 없어. 다른 데 가. 엉?

그 틈. 슬쩍 열린 문 사이로 얼핏 은섭의 얼굴이 보였던 것 같은데. 해원이 조금 뚝 멈춰 그걸 보고 있자

민정	(안쪽 흘끔 보며. 웃고) 근데 오빠. 안쪽에 자리 있는 것 같은데.
장우	아냐 없어. 민정아. 야. (모두를 이끌며) 다른 데 가죠. 거 베트남 쌀국수는 어떠세요? 네?

다른 손님이 문을 열고 들어와 장우 일행이 좀 더 확실하게
보인다. 은섭이 조금 웃으며 민정과 함께 걸어가고 있다.
해원, 밥을 먹다 말고 뚝 멈춰 그걸 보는데 마침 은섭이 뒤를
돌아봐 안쪽 해원과 눈이 마주치려는 찰나 닫히는 문. 뚝 멈
춰 있는 해원의 앞, 중국집 창 너머로 느리게 버스가 지난다.

S #44   (D) 삼거리 버스정류장

봄이 찾아와 개나리 활짝 핀 무수한 들판. 그 들판을 한참
지나 삼거리에 닿은 버스. 버스가 멈추자 사람들 와자지껄
담소를 나누며 내리는데. 저 먼 곳 은섭의 본가가 희미하게
보이고 그 뒤, 연기가 모락모락 피어오르는 굿나잇책방이
보이면.

S #45   (D) 호두하우스: 마당 바로 옆 주차장

마당에 도착하는 윤택의 차. 명여가 캐리어를 끌고 나오자
윤택이 캐리어를 들어 차에 싣는다. 명주도 나와서 슬쩍 윤
택에게 인사를 하고 해원도 인사를 하는데.

명주   (명여에게) 가라.
명여   어.
해원   가. 이모.

498

명여	어.
윤택	(세 사람이 더 이상 말이 없자) …저기. 이게 끝이야?

명여가 픽 웃으며 차에 탄다.
해원도 명주도 덤덤히 명여를 보는데.

윤택	아, 질척임이라곤 1도 없는 가족이네요. (명주와 해원에게 인사하며) 그럼 가보겠습니다.
명주	(픽 웃으며) 그래. 잘 가요.
해원	(조금 손을 흔드는)
윤택	(차에 팡 타서는. 안전벨트 하면서) 야. 너는 뭐 그런 식으로 인사를 하냐.
명여	(툴툴) 내가 뭐. 그 정도면 충분하지.

사이 윤택은 창문을 열고 인사를 한 번 더 하면서 차를 출발시킨다. 명여, 그 모습을 가만히 바라보는데. 흔들리는 사이드미러로 서 있는 명주와 해원의 모습이 보이는.

윤택	돌아올 거야?
명여	(사이드미러 보며) 아니.
윤택	(운전하다 획 보면)
명여	안 돌아와. (사이드미러 보면서. 픽 웃고는) …평생.

사이드미러 속 명주와 해원을 보이지 않을 때까지 쳐다보는 명여. 북현리 동네가 점점 멀어지기만 하는데.

S #46   (D) 호두하우스: 1층 현관

명주와 해원이 집 안으로 들어간다. 명주는 먼저 들어가는
데 해원은 벌써 그리운 듯 흘끗 돌아보는. 돌아본 저 너머
에는 윤택의 차가 지나고 연기가 모락모락 흘러나오는 책
방도 여전히 있다. 해원, 잠시 바라보다가 책방 쪽을 향해
한 걸음 앞으로 내디뎌보는데.

S #47   (D) 굿나잇책방 앞

책방 문을 닫고 나온 은섭, 외투를 입으며 차 트렁크를 열
고 짐을 싣는다. 다 싣고 이제 트렁크 문을 닫으려는 찰나.

해원   **(O.S) …어디 가?**

소리에 뚝 멈춰 돌아보는 은섭. 해원이다. 해원의 모습에 은
섭, 그대로 멈춰 꼼짝도 못 하는데.
해원도 아무것도 못 하고 서 있다가 조금 멋쩍은 듯 고개를
살짝 숙이면.

은섭   (트렁크 문을 서서히 닫고는) 그냥. (잠시 보고) **어디 좀 가.**
해원   (다시 고개를 서서히 들자)
은섭   **어머니 기일이라.**
해원   (아)

은섭	(더 이상 할 말이 없는 듯해 해원을 보고) …그럼.

은섭, 제법 아무렇지도 않은 듯 운전석으로 가 차에 탄다.
그사이 해원은 한 발짝, 은섭의 차 곁으로 가니 은섭이 앉
은 운전석 앞 미러에 [Good Night, Irene] 열쇠고리가 더는
없다. 해원이 더 생각할 새도 없이 벌써 쌩- 떠나버리는 은
섭의 차.

S #48   (D) 논둑길: 은섭의 차 안

열쇠고리 없는 은섭의 차 안. 은섭이 말없이 운전을 해 동네
를 나간다. 논둑길 끝 다리에서 기다리다 곧 다리 쪽을 넘
어가는데. 사이드미러로 누군가 미친 듯이 뛰어오는 게 보
이는. 확 돌아보니 해원이다.
은섭, '뭐지?' 다리 중간에 차를 세우고 내리니

은섭	…왜.
해원	아니. (헉헉) 아니. 그게…,
은섭	(보고 있자)
해원	(헉헉) 한 번만.
은섭	(보면)
해원	그냥 한 번만.
은섭	(쳐다보고 있으면)
해원	(숨을 좀 고르며) 나 한 번만 너 안아보고 싶어서.
은섭	(너무 갑작스러워) 뭐?

해원	(좀 나아졌다. 간절해지는) …그냥 한 번…만.
은섭	(보자)

해원이 대답을 기다리지 못하고 은섭을 풀썩 안는. 은섭은
굳어 그대로 있는데.
해원이 잠시 안고 있다가 서서히 놓아준다.

해원	(은섭을 쳐다보지 못하고 고개 푹 숙인 채) …미안. …끝까지 모른 체하고 싶었는데. (조금 고개를 들더니 괜히 다른 델 보면서) 막상 너를 보니까. (꿀꺽) 그게. 안 됐어.
은섭	(보고 있자)
해원	(애써 다른 데를 보며) 이제 됐어. (가려고 하자)
은섭	(뚝 보다가. 다시 겨우 낸 용기) 이번에는,
해원	(보면)
은섭	너 이번에는 언제까지 있을 건데?
해원	(뭐?)
은섭	(해원의 눈 보면서) 이번에는, (꿀꺽) …여기에 언제까지.

해원이 은섭을 향해 웃는다.
마치 아주 오래오래 있을 것 같을 그런 얼굴로.

해원	(E) …잊힐 거라고.

은섭, 그 미소에 대답을 예감한 듯 해원을 바라보는데.

해원	(E) 당연하지. 겨울 한때 만난 네가 뭐라고.

다리 위로 새로운 바람이 불고 두 사람이 서로 마주 보고
서 있다.

해원   (E) 당연하지. 나는 너를 까맣게 잊어.

S #49   (D) 굿나잇책방: 1층

책방 문을 열고 들어온 해원. 들어와 아무것도 변하지 않은
책방 안을 찬찬히 바라본다.

해원   (E) 그게 정말 바보 같은 생각이었던 게,

그러다 한쪽에 놓인 간이 스토브를 보는 해원.

플래시 컷   **1회 S #34**

자리에 앉은 해원의 곁으로 간이 스토브를 옮겨주는 은섭.

해원   (E) 너는 다른데.

부스스 일어나 자리에 앉아 창밖을 보니

플래시 컷   **6회 S #62**

책방과 호두하우스 사이에 있는 가로등.

그곳에 사다리를 타고 올라가 나사로 가로등 뚜껑을 열고 전구를 갈아 끼우는 은섭이 보인다.

해원 (E) 너는,

플래시 컷 **8회 S #62**

어두운 오솔길을 환하게 비추고 있는 은섭이 고친 노란 가로등.

해원 (E) 겨울의 눈처럼 묵직하게 내려앉아

창밖을 잠시 보다가 은섭이 늘 있는 자리를 보는 해원. 생각하는 것만으로도 따뜻해지는 기분이다.

해원 (E) 내게서 떠나지 않을 사람이라는 걸 …잠시 잊었어.

픽. 웃으며 고개를 숙이는데.

S #50 (D) 혜천 시내: 시청 가는 길

자전거를 타고 시청으로 출근하는 장우. 늘 그렇듯 깨끗하고 기분 좋은 얼굴로 "안녕하세요. 안녕하세요." 인사를 하며 가는데. 갑자기 끼이이익 멈춰 서는 건 저 앞에 횡단보도

앞에 서 있는 은실 때문.

장우, 쭈뼛쭈뼛 은실 옆으로 가더니

장우	(멋진 척) 야. 지은실.
은실	(음악 들으며 제법 크게 몸을 흔들고 있다가 '어?' 쳐다보면)
장우	어디 가냐.
은실	백수가 어딜 가겠니. 산책 간다. 산책. 너는.
장우	난 뭐. (고개를 앞을 가리키는)
은실	(저 앞에 뭐가 있는데. 뭐. 뭐)
장우	(갑자기) 근데 나 오늘 반차 낼 거다?
은실	내라.
장우	지금 회사 가서 딱 내고 올 거야.
은실	그래라.
장우	너 산책하고 시간 있냐?
은실	(빛의 속도급 대답) 어. 있지.
장우	(미소 지으면)
은실	뭐 하게?
장우	(벌써 들떠서) 글쎄. 그건 뭐. 생각해보는 거지. (괜히 자전거의 버저 누르며) 영화를 볼지. 뭐, 뒷산에 갈지. 뭐. 시내나 휙 돌든가. 혹은 시장이나 가든가.
은실	편의점 갈래? 편의점?
장우	(듣고도 믿기지 않는다) 뭐. 편의점?
은실	(먹는 얘기에 흥분. 따발총) 이번에 새로 나온 아이스크림이 있는데 그게 시장 쪽 편의점에서밖에 안 판다고 하더라고. 나 그거 너무 먹고 싶거든. 그게 솔티드 캐러멜인데. 너도 알다시피 솔티드 캐러멜은 세상 최고의 맛이잖아.

단짠의 정석. 죽을 때까지 먹을 수 있어. 나 그거 먹고 싶어. 먹어야만 해.

장우   (포기) 그래. 가자.

은실   넌 진짜 멋진 애구나.

장우   뭐?

은실   (앞을 보고 씨익 웃으면)

장우   나 지금 어느 부분이 멋졌는데.

은실   아, 몰라. (헤드폰을 다시 귀에 꽂고 음악을 들으며 횡단보도를 건너며) 나 지금 쟤랑 얘기하느라고 파란불을 몇 개나 놓친 거야. 30개는 놓친 것 같은데, 뭐야.

장우   (따라가며) 야. 지은실. 대답해줘어.

두 사람이 걸어가는데.

S #51   (D) 호두하우스: 1층

아무도 없는 호두하우스. 곧 명주가 현관문을 열고 들어온다. 군밤이도 쫑쫑 따라 들어오는. 명주가 외투를 소파에 던지고 해원을 찾는다.

명주   목해원. 어딨냐. 밥 안 먹냐. (해원이 없으니 명여를 자연스레 찾는) 심명여, 너는. (하다 툭 멈춘다. 이제 없지)

명주가 옅게 한숨을 쉬고 부엌으로 힘없이 툭툭 걸어간다.

| 명주 | (혼잣말처럼) 이제 아무도 없네. |

S #52   (D) 안동 가는 길: 은섭의 차 안

운전을 하는 은섭. 말이 없고 생각이 많은데.

S #48

| 은섭 | (E) 너 이번에는 언제까지 있을 건데? |

플래시 컷   S #48

| 은섭 | (해원의 눈 보면서) 이번에는, (꿀꺽) …여기에 언제까지. |

해원이 은섭을 향해 웃는다.
마치 아주 오래오래 있을 것 같을 그런 얼굴로.

마치 해원처럼 천천히 얼굴에 미소가 번져드는 은섭. 가다가 신호에 걸려 차가 멈추니 가만히 글로브박스를 열어 [Good Night, Irene] 열쇠고리를 꺼내 미러에 단다. 신호가 바뀌고 출발하면 하염없이 흔들리기 시작하는 열쇠고리. 은섭, 픽 웃으며 커브를 도는데.

| 은섭 | (E) 언젠가 해원이 말했다. |

S #53   (D) 혜천시청 신축 청사 앞길

해천시청 앞길에서 주머니에 손을 넣고 장우를 기다리는
은실. 후다다다닥 장우가 뛰쳐나오고 은실이 그런 장우를
보고 손을 쭉 들고 너무 반갑게 흔들며 인사하는.

은섭   **(E) 행복에 대하여.**

장우도 활짝 웃으며 뛰어 내려오는데.

S #54   (D) 혜천 시내: 편의점

사람들 드나드는 편의점. 구석에 달린 라디오에서 들리는
멘트.

라디오 아나운서 **(E) 행복은 언제나 우리 곁에 있죠. 아주 찾기 쉽답니다.
다만 우리가 잘 모르고 있을 뿐.**

은섭   **(E) 자신은 전혀 그렇게 생각하지 않는다고.**

은실이 줄을 서서 기다리다

은실   (아이스크림 계산하고) 고맙습니다. (편의점에서 나오니 앞에
서 기다리던 장우에게) 근데 이장우.
장우   (같이 걸으며) 응?

은실	(아이스크림을 까먹으며) 넌 왜 서울대까지 가서 여길 다시 내려온 거야?
장우	갑자기?
은실	(아삭 먹으며) 응. 나 항상 이해가 안 됐거든.
장우	그야 고향이 좋으니까.
은실	아. 뭐. 나도 여기가 좋긴 한데. 그래도 서울대까지 갔으면 보통 서울에 있는 대기업에 들어가지 않나?
장우	뭐, 부모님이 권했어. 고향으로 내려와 시청에 들어가보는 건 어떠냐고.
은실	너 은근히 부모님이 하라는 대로 산다.
장우	응. 나한텐 그게 확실한 행복이거든.
은실	아, 그게 확실한 행복이라고?
장우	(확고한) 응. 당연하지.
은실	(약간 화난 듯) 그러니까 이장우. 니 말은, 이 세상에 우리가 이렇게 태어나가지고. 내 의지가 아닌 부모님이 정해준 대로 먹고 자고 공부해서. 전교 2등도 아니고 초중고 12년 내내 전교 1등만 하다가 서울대까지 갔는데. 거기서 더 넓은 세계로 나아가지도 않고 고향으로 내려와 부모님이 공무원을 하라고 했다면서 시험을 본 뒤 붙어서 그 갑갑한 시청 청사 안에 갇혀 나인 투 식스로 일을 하다가 퇴근해서 집에 와서 잠을 자는 인생이,
장우	있잖아. 은실아.
은실	('뭐.' 쳐다보면)
장우	그게 너한테는 답답할 수도 있고 별거 아닐 수도 있는데.
은실	(보면)
장우	나는 그런 일상들을 행복이라 불러.

은실   뭐?

장우   누구는 서울대를 나와서 우주를 가는 게 꿈이겠지만, 난
       서울대를 나와 평범한 일상들을 쌓아 차곡차곡 매일을
       사는 게 꿈이거든.

은실   (뚝 보면)

장우   난 평범하고 성실하게 사는 게 행복해. 그걸 아는 편이야.

은실   (잠시 보더니 괜히 얼굴이 좀 빨개져서) 편지에 그런 걸 쓰지
       그랬니.

장우   잉?

은실   애들한테 맞았다는 얘기 말고. (바보같이 따라 하며) 은실
       아. 나는 내가 행복한 게 뭔지 알아. (절레절레) 그런 걸 썼
       으면 내가 좀 더 좋아했을 텐데.

장우   그게 좋은 거야? 멋진 거야?

은실   응. 자기가 뭘 하면 행복한지 아는 사람, 몇 안 되거든
       요?

장우   (정말 몰라) 아, 그래? 진짜야? 나 그게 매력이야?

은섭   (E) 행복은 스스로 알아차리기도 힘들뿐더러

은실   (아이스크림을 먹으면서) 아, 배고프다.

장우   방금 밥을 먹고 아이스크림을 먹은 거면서 또 배가 고픈
       건 뭐야, 대체. 니 장은 어디서부터 어디까지냐. 야. 너 전
       번에 먹는 걸로 5차까지 갔었잖아. 나도 니가 이렇게 많
       이 먹는 건 몰랐어. 좀 알려주지 그랬냐. 어?

은실과 장우가 북적이는 시장 안쪽으로 들어가면. 은실이

510

가다가 쪽! 장우의 볼에 뽀뽀를 하려는데 장우가 다른 걸 보느라 어긋나는. '에이.' 은실이 실망을 하자 눈치 백 단 장 우가 그런 은실의 볼을 두 손으로 감싸 입술에 뽀뽀를 하 고는 태연한 척 걸어가버린다.

은섭   (E) 알더라도 내 것으로 만드는 데 꽤 많은 수고와 노력
           이 필요하다며.

은실이 씨익 웃더니 장우를 쫓아가며 "야, 우리 그럼 오늘
부터 얼레리 꼴레리니?" 말하자 제법 근엄한 장우가 "야. 말
을 왜 그렇게 해. 신성하고 소소하며 고고한 연애를 어떻게
얼레리 꼴레리라는 하찮은 언어로." 말하고 웃는.

은섭   (E) 그래. 맞아.

S #55   (D) 혜천 시내: 시장

활기가 넘치는 시장 안. 생선을 가져와 좌판에 벌이는 사람.
이불을 탁탁 털어 진열하는 사람. 떡볶이와 만두를 열심히
만드는 사람. 쭈그리고 앉아 다듬은 나물을 파는 할머니.

은섭   (E) 행복해지기 위해 우린 모두 애쓰지.

모두가 열심히 일을 하고 있다.

은섭 모	(떡집 앞에서) 저기 미연 엄마! 나 저거. (떡 가리키며) 저거 하나만 줘.
미연 엄마	(비닐봉지 가져와 떡 담으며. 피식) 왜. 또 아들 주게?
은섭 모	(맞다는 듯 웃자)
미연 엄마	자기는 아들이 그렇게 좋아? 아주 꿀이 뚝뚝. (속삭) …친 딸이 서운해하겠어. (비닐봉지 주자)
은섭 모	(돈 꺼내며. 혼잣말처럼) …데려와서.
미연 엄마	(웅?)
은섭 모	(돈 건네며) 데려와서 친자식이랑 차별 없이 키우려고 일 부러 훨씬 더 좋아했었는데.
미연 엄마	(거스름돈 주는) 그랬더니. 뭐.
은섭 모	진짜로 더 사랑하게 돼버린 걸 어떡해?
미연 엄마	뭐어?
은섭 모	(목에 감은 머플러 보여주며. 자랑) 이것 봐라.
미연 엄마	뭔데. 또. 어?
은섭 모	(수줍어 몸을 베베 꼬면서) 우리 아늘이 만들어줬잖아?
미연 엄마	아이코. 보자보자. 뭔지 보자. 어떻게 만들었는데? 어?

투박한 머플러 끝 즈음 실로 삐뚤삐뚤 꿰맨 글씨는.

[사랑하는 나의 엄마, 윤여정 님께]

미연 엄마	하이고.
은섭 모	사랑한대.
미연 엄마	어머?
은섭 모	나보고 사랑한대. (꺄꺄꺄 웃는데)

| 미연 엄마 | 하이고. 사랑이 넘치는 집 마나님. 두 개는 서비스입니다. 사이좋게 나눠 드십시오. (떡을 두 개 더 담아준다) |

은섭 모가 후후후 웃는데.

| 은섭 | (E) 조금 디 사랑하고 |

S #56 (D — 늦은 오후) 인천공항 가는 길: 윤택의 차 안

명여, 차창으로 헛헛하게 지나는 풍경을 보다가

명여	차윤택 고맙다. 데려다줘서.
윤택	(운전하다가 잠시 보면)
명여	안 우냐.
윤택	(픽 웃는) 이제는 안 울지.

명여도 픽 웃는데.

| 은섭 | (E) 더 나아지거나 |

윤택	(한참을 운전하다가) 야. 심명여.
명여	(쳐다보자)
윤택	정말 안 올 거야?
명여	응. 평생 안 오지.
윤택	(일부러 아무렇지도 않게) 그래도 좀 오면 안 되나?

명여	(쳐다보면)
윤택	그냥. 가끔. 중간에 너무 그리우면. …올 수도 있잖아.
명여	(가만히 미소를 지으며) 음. (풍경을 잠시 쳐다보다가 선글라스를 쓰면서) 싫은데.
윤택	('뭐?' 하듯 명여를 보면)
명여	(웬일로 조금 많이 웃으며) 싫어.

윤택, 그렇게 웃는 명여를 쓸쓸한 눈으로 바라보는데.

은섭	**(E) 떠나기도 한다.**

S #57   (D) 굿나잇책방: 1층

책방 테이블에 앉아 책의 글귀를 필사하는 해원. 그러다 차소리가 나면 휙 돌아본다. 다시 필사를 하다가 또 소리가 나서 휙 돌아보니 창밖 너머 책방 앞으로 막 도착한 은섭의 차. 해원이 책장을 덮고 확 튀어 올라 엄청 빠르게 뛰어나간다.

은섭	**(E) 행복은,**

S #58   (D) 굿나잇책방 앞

차에서 내려 트렁크에서 짐을 꺼내는 은섭. 책방 문 앞에 짐을 놓고 열쇠로 문을 여는데 와다다 달려 나온 해원이 은섭을 확 안아버리는.

은섭   (E) 애쓰고 애써야 겨우 얻을 수 있으며

은섭이 돌아보고 웃자 해원도 함께 웃는다. 문을 열고 들어
가는데.

해원   (은섭의 허리에 아이처럼 매달려 졸졸졸 따라 들어가면서) 나 커
       피 마시고 싶은데.
은섭   (열쇠 한쪽에 놓으면서) 알았어. 금방 내려줄게. (뒤돌아 문 쪽
       으로 가 밖에 있던 짐을 안에 놓고)

은섭   (E) 쉬이 곁에 있어주지도 않는 것.

콩 닫히는 문.

S #59   (D) 혜천 시내: 커피숍

드륵 문이 열리더니 나오는 명주. 커피숍 앞에 서서 주머니
의 담배를 찾고 있자

흰돌   (담배를 내밀며) …저기.
명주   (담배 보고는) 아. 그건 제가 피우는 게 아니라서.
흰돌   (주머니에 넣는) 아. 예. (명주를 홀끔 보니)
명주   (힐끔 보다가) 아. …혹시 그 편지 양반?

흰돌	네. 그렇습니다. 제가 그 편지를 보냈던.
명주	(어이없다는 듯) 이제야 물어보네. 왜 그걸 저한테 보냈어요? 7년씩이나?
흰돌	아. 그거야…
명주	(말 끊으며) 진짜 이해가 안 됐어. 아주. 일면식도 없는데. 나를 언제 봤다고. 7년 동안 책의 좋은 글귀를 적은 편지를. 매주. 빠지지 않고.
흰돌	그… 그게.
명주	(보면)
흰돌	좋은 글을 읽으면 기분이 좋아지거든요.
명주	아하. 기분.
흰돌	예. (괜한 헛기침) 큼. 하. 거. 제가 할 줄 아는 위로가 그것뿐이라…

명주가 '뭐?' 하는 듯 흰돌을 쳐다보는데.

| 은섭 | (E) 꽤 오랫동안 공을 들이더라도 |

명주	근데 저랑 같은 학교를 다녔더라고요. 몇 년 선배세요?
흰돌	예. 1년 선배입니다.
명주	누가.
흰돌	제가요. (미소를 짓는)
명주	고작?
흰돌	예. 고작이요.

| 은섭 | (E) 잘 안 될 수도 있는 것. |

명주, 인상을 쓰고 있긴 하지만 횐돌을 희한하게 쳐다보는
데. 명주의 뒤로 누군가 커피를 들고 나온다.

S #60   (D) 굿나잇책방: 1층

커피가 놓인 책방의 바. 책방 문 앞에서 키스하는 은섭과
해원.

은섭   **(E) 그러나 우리의 미래는 누구도 몰라**

책방의 창밖으로 희미하게 산이 보이는데.

S #61   (D) 큰 산

눈이 걷히고 조금은 초록이 된 거대한 산.

은섭   **(E) 이렇게.**

S #62   (D) 산등성이

우거진 산등성이를 타고 달려 나가는 기차.

| 은섭 | (E) 쉬지 않고 달려 나간다면. |

산등성이 밑으로 들판이 펼쳐지면.

| S #63 | (D) 들판 |

들판에 감자 파종을 하는 사람들. 옆에선 텃밭마다 새싹들이 건강하게 자라라고 퇴비를 한 포씩 뿌리고 있다.

| 은섭 | (E) 살아나간다면 |

감자 파종을 하던 은섭 부가 허리를 쭈욱 펴고 저 멀리 지나는 사람에게

은섭 부	어이! 그쪽은 다 심었는가?
동네주민	아직 멀었다!
은섭 부	이따 당구장에서 모이기로 했는데. 올 수 있는가?
동네주민	가지! 내 밤을 새워서라도 하고 간다!

은섭 부가 껄껄껄껄 웃는데.

| S #64 | (D) 나무 오솔길 |

빼곡한 나무숲을 가르는 자전거를 탄 휘. 저 앞에 전학생

518

임휘가 자전거를 타고 있는 게 보인다. 있는 힘껏 젖 먹던 힘을 짜내 페달을 밟는 휘.

S #65   (D) 혜천 시내

너르게 펼쳐진 혜천 시내를 걷고 있는 보영. 수업을 하러 가는 중인데. 휴대폰으로 문자메시지가 온다. 보영, 휴대폰을 꺼내 메시지를 확인하면 뭔지는 모르지만 보영, 자기도 모르게 조금 미소를 지어 보이는데.

은섭   **(E) 노력해나간다면**

그런 보영의 미소가 따뜻하다.

S #66   (D) 북현리 동네: 정자

동네 정자에 모인 사람들. 한쪽엔 꽃무늬 티셔츠를 나눠 가지는 할머니들이 있고.

이장   (다른 한쪽에서 부채질하며) 이제 봄이 왔어.
할아버지1 겨울이 참 질었싸.
아주머니4 날씨가 참… (하늘을 보더니) 좋아졌어요. (옆을 보고) 그죠.
       (웃는데)

은섭 (E) 믿어. 그런 날이 올 거라고.

S #67 (D) 굿나잇책방 옆: 커다란 나무

책방 문을 열고서 사박사박 걸어온 해원이 버드나무 아래
에 서서 나무를 쳐다본다.
나뭇잎 사이사이로 햇살이 틈틈이 들어오는. 바람이 천천
히 불어오고 버드나무 잎사귀가 마구 흔들린다. 인상을 찌
푸리며 쏟아져 내리는 빛을 손으로 가리는 해원.

해원 (E) 응.

버드나무 잎사귀는 여전히 햇볕에 반짝반짝거리는데.

S #68 (D) 북현리 구석구석

반짝거리는 햇빛 아래. 봄이 찾아온 북현리 구석구석이 천
천히 비춰진다.
기다란 호수로 땅에 물을 주며 "어이!" "어이!" 동네 사람들
모여 봄배추를 심는가 하면. 사과밭에서는 사과나무 가지
치기가 한창. 나무가 바로 자랄 수 있도록 끈으로 단단히
묶어주기도 하는. 어느 한옥의 할아버지는 한지에 붓으로
立春大吉(입춘대길) 글귀를 써 대문에 붙여놓는다.

해원   (E) 믿어. 나 역시.

S #69   (D) 굿나잇책방 옆: 커다란 나무

은섭   (O.S) 해원아!

반짝이는 나뭇잎을 보다가 은섭의 소리에 뒤돌아보는 해원.
그녀의 옆얼굴이 나뭇잎 사이로 쏟아지는 빛에 환해진다.

해원   (E) 정말 그런 날이 올 수 있을 거라고.

봄처럼 싱그럽게 미소를 짓는 그녀, 해원이다.

해원, 은섭   (E) 그렇게.

제16회 끝

책방 일지

오랜만에 다시 아이린을 만났다.
그토록 기다렸고 보고 싶었던 그녀인데
애써 마음을 숨기고 바라만 보던 나는 바보처럼 그냥
돌아서버렸다.
그런 내게 달려와 풀썩 안겨버린 그녀는
나의 꽁꽁 언 마음을 또다시 무장해제 시켜버렸다.

한동안 넋이 나간 채 멍한 상태였던 나날들. 다시 잠 못
이루던 지난날. 거짓말처럼 다시 과거가 되었네요.

야심한 시각, 그녀는 지금 내 팔을 베고 잠들었습니다.
그녀는 가볍고… 봄바람이 실어 오는 풀냄새처럼 좋은
향기가 납니다.
여러분. 여기는 다시 아카시아 향기가 만발합니다. 로저.

굿나잇책방 블로그 비공개글

posted by 葉

덧: 그녀가 잠결에 눈을 떠 코에 키스해주고는, 내 가슴에 얼굴을
묻고 다시 잠이 들었습니다. 키스는 좋은 거로군요.

| 인 | 용 | 문 | | 출 | 처 |

1   히가시노 게이고, 《백야행》(재인, 2016)

2   로맹 가리, 《자기 앞의 생》(문학동네, 2003)

3   백석, 〈머루 밤〉, 《사슴》(남북경제문화협력재단)

4   나태주, 〈우리가 마주 앉아〉, 《끝까지 남겨두는 그 마음》(북로그컴퍼니, 2019)

5   조지훈, 〈사모〉(문예학술저작권협회)

6   아놀드 로벨, 《집에 있는 부엉이》(비룡소, 1998)

아주 어릴 때부터 시나리오 작가를 꿈꿨습니다.

저는 조급한 사람이라 얼른 작가가 되는 그날을 열망하고 열망했죠.

열여섯에도, 열여덟에도, 스물셋에도 얼른 작가가 되어 빛이 나길 바랐습니다.

아, 빨리 작가가 되고 싶다. 아, 얼른 사람들한테 박수를 받아보고 싶다. 아, 나는 잘할 수 있는데. 저기 이봐요. 저는 이렇게 잘 쓸 수 있는데요. 그럼 얼른 제 대본을 가지고 뭐든 만들어주시면 안 되겠어요? …라는 아주 오만한 생각들.

지금 제가 알게 된 것은, 이제야 된 것이 너무나도 감사한 일이라는 거예요.

드라마 작가라는 직업은 어리다고 좋은 게 아니더라고요.

나이가 들어야만 가지고 있는 경험과 캐릭터가 풍부해져 정말 많은 세월을 대본에 녹일 수 있는 거더라고요.

저는 아직 그만큼은 아니고요. 이제 막, 정말 막 그럴 수 있는 나이가 되었습니다. 정말 겨우겨우.

인생은 초콜릿 상자와도 같다던 영화 〈포레스트 검프〉의 대사를 좋아
합니다.

살아보니 정말 그래요.

그리고 저는 지금 막, 맛있는 초콜릿을 집어 들었죠.

다음 초콜릿은 맛이 없을 수도 있는데요. 두렵지는 않아요.

지금까지 꼭 맛있는 초콜릿만 먹으면서 산 것도 아니거든요.

충분히 맛없고 질색할 만한 초콜릿도 만났었죠.

그때 견딜 수 있던 스스로에 대한 위로는 '다음엔 맛있는 초콜릿을 먹
을 거야.'가 아닌 '뭐야, 지금 이 초콜릿도 생각보다 나쁘진 않은걸? 뭐,
조금 쓰지만 쓴맛이 있다는 건 분명 건강에도 좋은 일일 거야.' 정도.

산다는 건 좋은 일이죠.

아침부터 재수 없는 일만 일어나도 저는 저녁에 늘 기쁨을 느껴요.

내일이 있잖아요. 내일의 나는 더 나아지고 행복해질 거라는 걸 믿으
니까요.

자선을 베푸는 사람은 아니지만

단 한 가지의 소망이 있다면

이 세상 모든 사람들이 내일을 기대하며 잠들었으면 하는 것.

제 드라마가 그런 일에 조금이라도 도움이 되길 바랍니다.

그렇다면 내가 태어난 이유도 조금은 이해가 될 것 같으니.

수많은 이 세상의 재미 중 내가 만든 재미가 하나 있고

그것으로 오늘 하루 조금, 정말 조금이라도 행복해지는 사람이 있다면

그래요. 정말이죠.

저는 그걸로 됐다고 생각해요.
그걸로 살아가는 이유는,

정말 충분한 거예요.

2020년 4월 1일 한가람

행복은 그래요. 어려운 거예요.

하지만 당신도
아침에 눈을 뜨고 하루를 시작하는 것만으로도
그렇게 묵묵히 오늘을 살아가는 것만으로도
그 어려운 행복을 누군가에게 주고 있을 거라고.

우리는 참 누군가에게 감사한 사람.
저도 모르게 그런 사람.

어디선가 그토록 살아가는 것만으로도 수고한 당신.
감사한 당신.

오늘도 부디 굿나잇.

_한가람 올림

한가람 대본집 2

날씨가 좋으면
찾아가겠어요

2020년 4월 28일 초판 1쇄 인쇄
2020년 5월 8일 초판 1쇄 발행

지은이 한가람
발행인 윤호권 박헌용

책임편집 박윤희
마케팅 조용호 정재영 이재성 임슬기 문무현 서영광 이영섭 박보영

발행처 (주)시공사
출판등록 1989년 5월 10일(제3-248호)

주소 서울특별시 서초구 사임당로82(우편번호 06641)
전화 편집 (02)2046-2852 · 마케팅 (02)2046-2881
팩스 편집 · 마케팅 (02)585-1755
홈페이지 www.sigongsa.com

ISBN 978-89-527-7304-3 04680
ISBN 978-89-527-4329-9 (set)

이 도서의 국립중앙도서관 출판예정도서목록(CIP)은 서지정보유통지원시스템 홈페이지
(http://seoji.nl.go.kr)와 국가자료종합목록 구축시스템(http://kolis-net.nl.go.kr)에서
이용하실 수 있습니다. (CIP제어번호 : CIP2020016468)